U0112260

宋代研究文萃丛书

包伟民　总主编

知宋
宋代之军事

陈峰　主编

浙江人民出版社

图书在版编目（CIP）数据

知宋·宋代之军事 / 陈峰主编 . — 杭州 : 浙江人
民出版社，2024.4
ISBN 978-7-213-11345-1

Ⅰ．①知⋯ Ⅱ．①陈⋯ Ⅲ．①军事史-研究-中国-
宋代 Ⅳ．①E294.4

中国国家版本馆CIP数据核字（2024）第037859号

知宋·宋代之军事

陈峰 主编

出版发行:浙江人民出版社(杭州市体育场路347号 邮编 310006)

市场部电话:(0571)85061682 85176516

丛书策划: 王利波 李 信	营销编辑: 陈雯怡 陈芊如 张紫懿
责任编辑: 吴玲霞	责任校对: 杨 帆
责任印务: 程 琳	封面设计: 毛勇梅 袁家慧

宋代研究文萃印章设计:高 阳
电脑制版:杭州天一图文制作有限公司
印 刷:杭州钱江彩色印务有限公司

开 本:710毫米×1000毫米 1/16	印 张:20.5
字 数:270千字	插 页:6
版 次:2024年4月第1版	印 次:2024年4月第1次印刷

书 号:ISBN 978-7-213-11345-1
定 价:79.00元

如发现印装质量问题,影响阅读,请与市场部联系调换。

"浙江文化研究工程成果文库"总序

  有人将文化比作一条来自老祖宗而又流向未来的河，这是说文化的传统，通过纵向传承和横向传递，生生不息地影响和引领着人们的生存与发展；有人说文化是人类的思想、智慧、信仰、情感和生活的载体、方式和方法，这是将文化作为人们代代相传的生活方式的整体。我们说，文化为群体生活提供规范、方式与环境，文化通过传承为社会进步发挥基础作用，文化会促进或制约经济乃至整个社会的发展。文化的力量，已经深深熔铸在民族的生命力、创造力和凝聚力之中。

  在人类文化演化的进程中，各种文化都在其内部生成众多的元素、层次与类型，由此决定了文化的多样性与复杂性。

  中国文化的博大精深，来源于其内部生成的多姿多彩；中国文化的历久弥新，取决于其变迁过程中各种元素、层次、类型在内容和结构上通过碰撞、解构、融合而产生的革故鼎新的强大动力。

  中国土地广袤、疆域辽阔，不同区域间因自然环境、经济环境、社会环境等诸多方面的差异，建构了不同的区域文化。区域文化如同百川归海，共同汇聚成中国文化的大传统，这种大传统如同春风化雨，渗透于各种区域文化之中。在这个过程中，区域文化如同清溪山泉潺潺不息，在中国文化的共同价值取向下，以自己的独特个性支撑着、引领着本地经济社会的发展。

  从区域文化入手，对一地文化的历史与现状展开全面、系统、扎实、有序的研究，一方面可以借此梳理和弘扬当地的历史传统和文化资源，繁荣和丰富当代的先进文化建设活动，规划和指导未来的文化发展蓝图，增强文化软实力，为全面建设小康社会、加快推进社会主义现代化提供思想保证、精神动力、智力支持和舆论力量；另一方面，这也是深入了解中国文化、研究中国文化、发展中国文化、创新中国文化的重要途径之一。如今，区域文化研究日益受到各地重视，成为我国文化研究走向深入的一个重要标志。我们今天实施浙江文化研究工程，其目的和意义也在于此。

千百年来，浙江人民积淀和传承了一个底蕴深厚的文化传统。这种文化传统的独特性，正在于它令人惊叹的富于创造力的智慧和力量。

浙江文化中富于创造力的基因，早早地出现在其历史的源头。在浙江新石器时代最为著名的跨湖桥、河姆渡、马家浜和良渚的考古文化中，浙江先民们都以不同凡响的作为，在中华民族的文明之源留下了创造和进步的印记。

浙江人民在与时俱进的历史轨迹上一路走来，秉承富于创造力的文化传统，这深深地融汇在一代代浙江人民的血液中，体现在浙江人民的行为上，也在浙江历史上众多杰出人物身上得到充分展示。从大禹的因势利导、敬业治水，到勾践的卧薪尝胆、励精图治；从钱氏的保境安民、纳土归宋，到胡则的为官一任、造福一方；从岳飞、于谦的精忠报国、清白一生，到方孝孺、张苍水的刚正不阿、以身殉国；从沈括的博学多识、精研深究，到竺可桢的科学救国、求是一生；无论是陈亮、叶适的经世致用，还是黄宗羲的工商皆本；无论是王充、王阳明的批判、自觉，还是龚自珍、蔡元培的开明、开放，等等，都展示了浙江深厚的文化底蕴，凝聚了浙江人民求真务实的创造精神。

代代相传的文化创造的作为和精神，从观念、态度、行为方式和价值取向上，孕育、形成和发展了渊源有自的浙江地域文化传统和与时俱进的浙江文化精神，她滋育着浙江的生命力、催生着浙江的凝聚力、激发着浙江的创造力、培植着浙江的竞争力，激励着浙江人民永不自满、永不停息，在各个不同的历史时期不断地超越自我、创业奋进。

悠久深厚、意韵丰富的浙江文化传统，是历史赐予我们的宝贵财富，也是我们开拓未来的丰富资源和不竭动力。党的十六大以来推进浙江新发展的实践，使我们越来越深刻地认识到，与国家实施改革开放大政方针相伴随的浙江经济社会持续快速健康发展的深层原因，就在于浙江深厚的文化底蕴和文化传统与当今时代精神的有机结合，就在于发展先进生产力与发展先进文化的有机结合。今后一个时期浙江能否在全面建设小康社会、加快社会主义现代化建设进程中继续走在前列，很大程度上取决于我们对文化力量的深刻认识、对发展先进文化的高度自觉和对加快建设文化大省的工作力度。我们应该看到，文化的力量最终可以转化为物质的力量，文化的软实力最终可以转化为经济的硬实力。文化要素是综合竞争力的核心要素，文化资源是经济社会发展的重要资源，文化素质是领导者和劳动者的首要素质。因此，研究浙江文化的历史与现状，增强文化软实力，为浙江的现代化建设服务，是浙江人民的共同事业，也是浙江各级党委、政府的重要使命和责任。

2005年7月召开的中共浙江省委十一届八次全会，作出《关于加快建设文化大省的决定》，提出要从增强先进文化凝聚力、解放和发展生产力、增强社会公共服务能力入手，大力实施文明素质工程、文化精品工程、文化研究工程、文化保护工程、文化产业促进工程、文化阵地工程、文化传播工程、文化人才工程等"八项工程"，实施科教兴国和人才强国战略，加快建设教育、科技、卫生、体育等"四个强省"。作为文化建设"八项工程"之一的文化研究工程，其任务就是系统研究浙江文化的历史成就和当代发展，深入挖掘浙江文化底蕴、研究浙江现象、总结浙江经验、指导浙江未来的发展。

浙江文化研究工程将重点研究"今、古、人、文"四个方面，即围绕浙江当代发展问题研究、浙江历史文化专题研究、浙江名人研究、浙江历史文献整理四大板块，开展系统研究，出版系列丛书。在研究内容上，深入挖掘浙江文化底蕴，系统梳理和分析浙江历史文化的内部结构、变化规律和地域特色，坚持和发展浙江精神；研究浙江文化与其他地域文化的异同，厘清浙江文化在中国文化中的地位和相互影响的关系；围绕浙江生动的当代实践，深入解读浙江现象，总结浙江经验，指导浙江发展。在研究力量上，通过课题组织、出版资助、重点研究基地建设、加强省内外大院名校合作、整合各地各部门力量等途径，形成上下联动、学界互动的整体合力。在成果运用上，注重研究成果的学术价值和应用价值，充分发挥其认识世界、传承文明、创新理论、咨政育人、服务社会的重要作用。

我们希望通过实施浙江文化研究工程，努力用浙江历史教育浙江人民、用浙江文化熏陶浙江人民、用浙江精神鼓舞浙江人民、用浙江经验引领浙江人民，进一步激发浙江人民的无穷智慧和伟大创造能力，推动浙江实现又快又好发展。

今天，我们踏着来自历史的河流，受着一方百姓的期许，理应负起使命，至诚奉献，让我们的文化绵延不绝，让我们的创造生生不息。

2006年5月30日于杭州

"浙江文化研究工程成果文库"序言

易炼红

国风浩荡、文脉不绝，钱江潮涌、奔腾不息。浙江是中国古代文明的发祥地之一，是中国革命红船启航的地方。从万年上山、五千年良渚到千年宋韵、百年红船，历史文化的风骨神韵、革命精神的刚健激越与现代文明的繁荣兴盛，在这里交相辉映、融为一体，浙江成为了揭示中华文明起源的"一把钥匙"，展现伟大民族精神的"一方重镇"。

习近平总书记在浙江工作期间作出"八八战略"这一省域发展全面规划和顶层设计，把加快建设文化大省作为"八八战略"的重要内容，亲自推动实施文化建设"八项工程"，构筑起了浙江文化建设的"四梁八柱"，推动浙江从文化大省向文化强省跨越发展，率先找到了一条放大人文优势、推进省域现代化先行的科学路径。习近平总书记还亲自倡导设立"文化研究工程"并担任指导委员会主任，亲自定方向、出题目、提要求、作总序，彰显了深沉的文化情怀和强烈的历史担当。这些年来，浙江始终牢记习近平总书记殷殷嘱托，以守护"文献大邦"、赓续文化根脉的高度自觉，持续推进浙江文化研究工程，接续描绘更加雄浑壮阔、精美绝伦的浙江文化画卷。坚持激发精神动力，围绕"今、古、人、文"四大板块，系统梳理浙江历史的传承脉络，挖掘浙江文化的深厚底蕴，研究浙江现象、总结浙江经验、丰富浙江精神，实施"'八八战略'理论与实践研究"等专题，为浙江干在实处、走在前列、勇立潮头提供源源不断的价值引导力、文化凝聚力、精神推动力。坚持打造精品力作，目前一期、二期工程已经完结，三期工程正在进行中，出版学术著作超过1700部，推出了"中国历代绘画大系"等一大批有重大影响的成果，持续擦亮阳明文化、和合文化、宋韵文化等金名片，丰富了中华文化宝库。坚持砥砺精兵强将，锻造了一支老中青梯次配备、传承有序、学养深厚的哲学社会科学人才队伍，培养了一批高水平学科带头人，为擦亮新时代浙江学术品牌提供了坚实智力人才支撑。

文化是民族的灵魂，是维系国家统一和民族团结的精神纽带，是民族生命力、创造力和凝聚力的集中体现。在以中国式现代化全面推进强国建设、民族复兴伟业的新征程上，习近平文化思想在坚持"两个结合"中，以"体用贯通、明体达用"的鲜明特质，茹古涵今明大道、博大精深言大义、萃菁取华集大成，鲜明提出我们党在新时代新的文化使命，推动中华文脉绵延繁盛、中华文明历久弥新，推动全党全国各族人民文化自信明显增强、精神面貌更加奋发昂扬。特别是今年9月，习近平总书记亲临浙江考察，赋予我们"中国式现代化的先行者"的新定位和"奋力谱写中国式现代化浙江新篇章"的新使命，提出"在建设中华民族现代文明上积极探索"的重要要求，进一步明确了浙江文化建设的时代方位和发展定位。

文明薪火在我们手中传承，自信力量在我们心中升腾。纵深推进文化研究工程，持续打造一批反映时代特征、体现浙江特色的精品佳作和扛鼎力作，是浙江学习贯彻习近平文化思想和习近平总书记考察浙江重要讲话精神的题中之义，也是浙江一张蓝图绘到底、积极探索闯新路、守正创新强担当的具体行动。我们将在加快建设高水平文化强省、奋力打造新时代文化高地中，以文化研究工程为牵引抓手，深耕浙江文化沃土、厚植浙江创新活力，为创造属于我们这个时代的新文化贡献浙江力量。要在循迹溯源中打造铸魂工程，充分发挥习近平新时代中国特色社会主义思想重要萌发地的资源优势，深入研究阐释"八八战略"的理论意义、实践意义和时代价值，助力夯实坚定拥护"两个确立"、坚决做到"两个维护"的思想根基。要在赓续厚积中打造传世工程，深入系统梳理浙江文脉的历史渊源、发展脉络和基本走向，扎实做好保护传承利用工作，持续推动优秀传统文化创造性转化、创新性发展，让悠久深厚的文化传统、源头活水畅流于当代浙江文化建设实践。要在开放融通中打造品牌工程，进一步凝炼提升"浙学"品牌，放大杭州亚运会亚残运会、世界互联网大会乌镇峰会、良渚论坛等溢出效应，以更有影响力感染力传播力的文化标识，展示"诗画江南、活力浙江"的独特韵味和万千气象。要在引领风尚中打造育德工程，秉持浙江文化精神中蕴含的澄怀观道、现实关切的审美情操，加快培育现代文明素养，让阳光的、美好的、高尚的思想和行为在浙江大地化风成俗、蔚然成风。

我们坚信，文化研究工程的纵深推进，必将更好传承悠久深厚、意蕴丰富的浙江文化传统，进一步弘扬特色鲜明、与时俱进的浙江文化精神，不断滋育浙江的生命力、催生浙江的凝聚力、激发浙江的创造力、培植浙江的竞争力，真正让文化成为中国式现代化浙江新篇章中最富魅力、最吸引人、最具辨识度的闪亮标识，在铸就社会主义文化新辉煌中展现浙江担当，为建设中华民族现代文明作出浙江贡献！

2023年12月

引言：认识一个时代

我们这一套"知宋"丛书，旨在为有一定文史基础并有兴趣进一步了解两宋历史的读者，提供一个方便学习的门径。

中华民族五千多年文明史的各个发展阶段，都有其独特的历史地位，两宋时期尤其如此。历史的演进，如长河奔流，不舍昼夜，平缓湍急，变化百态，然而必有关键河段，决定着下游走向。如长江之出三峡、黄河之过龙门，终于一泻千里，奔腾入海。由唐入宋，正是这样一个关键节点。不同解释体系，从各自视角出发，截取的起讫时间往往并不一致：陈寅恪先生观察古代文化史流变，以唐代中后期的韩愈为"唐代文化学术史上承先启后转旧为新关捩点之人物"；近数十年来，不少欧美学者从社会阶层演变入手分析，多视两宋之际为转变节点。国内学界更多视唐（五代）宋之际为转折点，除了由于改朝换代具有天然的标识意义外，还因为国家制度大多随着新政权的建立而更新。对这一历史转折的定性，无论视之为"变革"，还是"中国封建社会从前期向后期的演进"，总之可以肯定的是，自南宋以降，我国传统农业社会进入发展后期，从唐末到南宋三四百年间则是它的调整转折时期。前贤曾论今日中国"为宋人之所造就"，就是指自南宋以降奠定了我国传统社会后期基本格局这一点而言的，所以南宋尤其值得重视。

但是，想要全面地认识一个时代，并不容易。人类社会现象之错综复杂，无论怎样强调都不为过。如果说自然界最复杂的事物是宇宙，那么与之相对应的人类社会中最为复杂的事物就是社会本身了。对于我们生于此、长于此的现实世界，且不说域外他国，即便身边的人与事，人们也不免常有孤陋寡闻之叹；更何况对千百年前的历史世界，存世的资料总是那么的零散与片面，想要接近真实就更难了。

具体就10—13世纪的中国历史而言，在传统正史体系中，除《宋史》外，同时有《辽史》《金史》并存。还有其他未能列入正史的民族政权，例如西北的西夏、西南的大理国；更往西或西南，包括青藏高原，都存在众多地方性的族群与统治力量。赵宋政权尽管占据了以黄河与长江两大流域为主的核心经济区，历时也最久，但毕竟不过是几个主要政权中的一个而已。在某些重要方面，例如对西北地域的经略以及国家政治的走向等，赵宋甚至难说代表着一般的发展趋势。

这套文萃选编以两宋为中心，有一定的局限性，并不能等同于10—13世纪全部的中国历史。选编共列出了政治制度、君臣、法律、科举、军事、城市与乡村、货币、交通、科技、儒学、文学、书画艺术、建筑等专题，每题一册，试图尽可能涵盖目前史学研究中关于两宋历史的核心议题，但难免仍有欠缺。出于各种原因，还有其他一些重要议题，例如经济生产、人口性别、社会生活、考古文物等，都暂未能列入。即便是已经列入的这些议题，今人既有的认识——假设它们准确无误，对于极其丰富的真实历史生活而言，恐怕也不过是浮光掠影而已。这既有我们当下的认识能力尚有不足的原因，也因史文有缺，造物主吝于向我们展现先人生活的全貌。总之，我们必须直面历史知识不得不大量留白之憾，切不可为既有的史学成就而沾沾自喜。

但是，人们认识先人生活的努力从未懈怠。自20世纪80年代以来，中国史学成绩蚝然，两宋史领域也不例外。可以说，举凡存世资料相对充分、足以展开讨论的议题，差不多都已经有学者撰写了专书，更不必说数量无法统计的专文了。近半个世纪以来，在两宋史领域，每一个知识点基本上都得到了更新与拓展。在许多议题上，学者们更是相互讨论辩难，意见纷呈，远未取得相对一致的"共识"。那么，在这样先天不足、后天失调的前提之下，以每册区区20余万字的篇幅，来反映目前史学界对宋史领域相关议题的研究成果，又有什么意义呢？或者说，我们将如何坦然面对挂一漏万之讥，以使选编工作对读者，同时也对选编者都能呈现一定的价值呢?

首先必须指出，每一专题对于相关研究文献的择取，都出于选编者自身的理解，具有一定的主观性。也可以说，选编工作本身就体现了对相关专题的某种认识思路，这自然毋庸讳言。

其次，我们请每册主编都撰写了一篇导言，以尽可能客观地总结各不同专题的学术史概况。这既是对每册字数容量有限之憾的弥补，也是对每个专题学术史展开的基本路径的梳理，以供读者参考。也正因此，在尽可能选择最新研究成果的前提之下，选编者还会择取少量发表时间稍早、但在学术史上具有重要地位、迄今仍具有相当影响力的专文。

最后，本套文萃选编的目的不是试图提供关于各个专题的"全面"的知识框架，而是借几篇研究精品，向读者展示本领域研究者如何利用可能获取的历史信息，在大胆假设与小心求证之间驰骋智力，以求重现先人生活某一侧面之点滴的过程与成果。因此，本丛书除了对相关史学领域的初学者在了解两宋历史时提供一些帮助外，相信还能使更广大的资深文史爱好者开卷有益。

以上就是我们出版这一套文萃选编的基本设想，谨此说明。

总主编　包伟民

2023 年 10 月

目录

导　论

陈　峰

引　言

战争是人类文明演进的伴生物，其本质为毁灭性暴力，战争又具有鲜明的双重属性，即正义性的保卫战与非正义性的侵略战。换言之，战争既是世人挥之不去的梦魇，又是保家卫国的利器，战争与和平遂构成了相互依存的孪生关系。在人类社会几千年的历史上，各种内外战争几乎从未断绝，因此无论是国家机器的运行还是民众的生产、生活，都深受其影响。有多少累积的文明为之毁于一旦，乃至余绪飘散；还有多少新兴的帝国就此崛起于一方，续写新的历史篇章。于是，围绕战争而展开的所有活动，便成为历史进程中的重要内容，可谓江山成败皆与此息息相关。从这一意义上说，研究军事史就显得十分必要，其不仅属于重大的学术问题，也对现实具有深刻的启示意义。

从中国历史来看，历代王朝因既受到来自内部的各种威胁，又面临外部的边患挑战，故军队须臾不可离。如孙子所说："兵者，国之大事，死生之地，存亡之道，不可不察也。"[①]因此，军事从来都是国家的紧要大政，在治国中占有至关重要的地位，先秦即有"国之大事，在祀与戎"[②]之说。而军事问题从来就不单纯，往往涉及王朝统治的方方面面，举凡制

---

① 〔春秋〕孙武撰，〔三国〕曹操等注，杨丙安校理：《十一家注孙子校理》卷上《始计篇》，中华书局1999年版，第1页。

② 杨伯峻编：《春秋左传注》成公十三年，中华书局1981年版，第861页。

度设置、社会秩序、财政赋税、民户人口、生产贸易、工程科技乃至于思想文化、风俗民情等领域，都不同程度地受到牵引。至于军事活动与王朝政治的关系，更是密不可分，事实上，统治者的意志常常需要通过军事手段来实现，朝政演变背后的动因亦多与武力变动存在关联，诚如西方近代军事家克劳塞维茨所言："战争是政治的继续。"正因为如此，古代的哲人、政治家皆对武备的重要性有着清醒的认识，如孔子云："有文事者必有武备，有武事者必有文备。"①富有统治经验的唐太宗也指出："是知文武二途，舍一不可。"②

在中国历史上，历代统治集团因各自背景和构成的特性，对战争的态度与应对方式不尽相同，从而使王朝的命运呈现出相应的样态。总体而言，在宋代之前，强军强国的主流意识有很大的影响力，尤其是军功阶层崇尚开疆拓土，故统治者在军事与边防建设上通常采取积极的政策与措施。由此，统军将领显现出重要的作用及地位，如孙子所说："故知兵之将，生民之司命，国家安危之主也。"③为了保证将帅作战的主动性，帝王还往往接受"将能而君不御者胜"④的观念。与此同时，军事制度、军事思想、战略战术以及军费、装备等状况，也从不同方面关乎战争的形态与成败，亦成为君臣高度关注的朝政议题。从历史轨迹留下的经验教训不难发现，用兵具有"双刃剑"的效果，要精确地把握尺度并不容易：一味穷兵黩武，必将国力消耗殆尽，因此难逃亡国的厄运；只顾消极防守，则处处被动挨打，最终也难免被灭国的结局。诚如兵家所告诫："故国虽大，好战必亡。天下虽安，忘战必危。"⑤而战争的灾难性后果同样不容忽视，如先秦时期不仅发生过"易子而食"的交战惨剧，并且动辄坑杀数以万计

① 〔西汉〕司马迁：《史记》卷四七《孔子世家》，中华书局1982年版，第1915页。
② 〔唐〕李世民：《帝范》卷四，《丛书集成新编》第31册，新文丰出版公司2008年版，第655页。
③ 《十一家注孙子校理》卷上《谋攻篇》，第50页。
④ 《十一家注孙子校理》卷上《谋攻篇》，第61页。
⑤ 〔春秋〕司马穰苴：《司马法·仁本第一》，骈宇骞等译注：《武经七书》，中华书局2007年版，第140页。

降卒的现象也不稀见。自秦朝以降，无论是域内的交兵还是对外的征战，其规模与程度都是愈演愈烈。民众所蒙受的兵燹苦难，历代都不乏诗文反映，如汉代乐府诗《战城南》对战争惨况的描写，曹操《蒿里行》中"白骨露于野，千里无鸡鸣"的写照，杜甫的"三吏""三别"诗对战乱下百姓悲苦状态的揭露等。唐末五代时期，兵戈不息对社会带来的巨大破坏，同样令史家哀叹不已。

一、宋朝军事与边防的基本面貌

宋朝存续三百余年，其域内统治秩序相对长期稳定，并且在经济生产、文教科技及制度建设等方面取得长足的发展，显然这都离不开军事力量发挥的保障作用。但宋朝在军事上有得也有失，其所产生的消极影响不仅波及边防领域，也是促成鲜明时代特征的重要因素之一。

宋朝脱胎于五代乱世，赵匡胤君臣为了避免重蹈覆辙，充分汲取了历史教训，在重建统治秩序的过程中，采取了一系列的拨乱反正举措。其中针对因兵权失控引发的武夫跋扈、兵变频仍、地方割据以及兵燹不绝的痼疾，实施了以"收兵权"为主的各项治军措施。宋太祖朝确立的治军思想，其要义在于从严管控武将及军队，以便使其成为驯服的工具。不过，赵匡胤为了完成削平诸国的目标，对出征和御边的将领还是赋予了必要的责权，以发挥其指挥作战的积极性。揆诸宋太祖朝的军事战略及部署，可以看出具有稳健与积极相融的特点。如"先南后北"的用兵规划，就是基于当时内部秩序亟待整顿的考量，采用了先易后难的务实方案，最终的结果也验证了其成效。然而，自宋太宗朝完成域内统一后，随着两次北伐的失败，统治集团放弃了大一统的追求，转而奉行"崇文抑武"的治国理念以及"守内虚外"的国策，其军事思想与战略随之日益转向保守。如此一来，军队本应承担的内外并重的使命发生变化，维护秩序稳定成为其主要任务，而与外敌争锋则退为次要位置。从此之后，君臣对军事将领的管控愈益强化，在宋仁宗朝还出现了以文驭武的规制，并相沿至南宋后期。[1]
因此，宋朝军队的战斗力在相当程度上被弱化了，可谓对内镇压有余，对外攻防则不足。此外，党项势力在宋太宗、真宗之际崛起后，控制了西北传统的战马供应区，使得宋廷无法保持如汉唐那样的强大骑兵，也制约了军队的机动灵活性和长途突袭能力，也就难以展开快速的大规模运动战。这些问题在边防上暴露得尤其突出：在长期的消极防御战略及部署主导下，面对以骑兵为主的辽、夏、金及蒙元军队先后发动的进攻，宋军只能被动应战，故常常处于被动挨打的境地。

宋太祖在收缴藩镇精兵后，扩充了中央禁军的规模，地方剩余的军队转为承担劳役的厢军。开宝时期，作战的禁军为十九万三千人。其后，由于长期受到外患的巨大压力，宋廷不得不维持庞大的常备军，军队的规模遂不断得到扩大。其中在北宋中期，禁军达到八十万以上，南宋即使仅有半壁江山，正规军也一般保持在四十万以上。[2]宋代又主要实行募兵制，因此军费支出浩大，如北宋中叶的富弼即反映："自来天下财货所入，十中八九赡军。"[3]此后，朝官陈襄也说："乃是六分之财，兵占其五。"[4]南宋时，军费开支依旧居高不下，甚至有加剧之势，如绍兴末的官员指出："况大农每岁养兵之费，几十之九。"[5]可以说，巨额的军费支出长期成为宋朝政府财政的沉重包袱，也极大地加重了民众的负担。

在宋代的大多数时期里，朝堂围绕武备的讨论几乎不绝于耳。诸如对边地的弃与守、兵员招募与强征的长短、步兵与骑兵的优劣、武臣与文官之间的是非、兵费的多与寡、主战还是议和乃至武成王庙的地位等问题，

---

[1] 陈峰：《宋代主流意识支配下的战争观》，《历史研究》2009年第2期。

[2] 王曾瑜：《宋朝军制初探》（增订本），中华书局2011年版，第22、29、189、246页。

[3] 〔宋〕李焘：《续资治通鉴长编》（以下简称《长编》）卷一二四，宝元二年九月丁巳，中华书局2004年版，第2928页。

[4] 〔宋〕陈襄：《上神宗论冗兵》，《宋朝诸臣奏议》卷一二一《兵门》，上海古籍出版社1999年版，第1330页。

[5] 〔宋〕李心传撰，胡坤点校：《建炎以来系年要录》卷一九九，绍兴三十二年四月己巳，中华书局2013年版，第3911页。

都会引起不同的意见与争执。文臣在驭将上的偏见也值得关注，如欧阳修等人对狄青进入枢密院的忧虑，[1]苏轼针对《孙子兵法》中"将能而君不御者胜"名言的反驳，[2]汪藻在绍兴初上的《驭将三说》[3]等。毋庸置疑，主政的士大夫集团在军事上既缺乏主动性，又拙于用兵，故议论往往流于纸上谈兵，致使军事决策时常出现延误甚或失误。而文臣节制武将作战的结果，亦难免败多胜少。倒是有个别清醒的文官意识到自身的不足，如韩琦到陕西前线任职时就承认："臣素昧兵机，不经边任。"[4]北宋末，杨时也对宋钦宗表示："臣本书生，军旅之事，未之学也，不敢自信其说。"[5]清人王夫之便指出："匪特夏竦、范雍之不足有为也。韩、范二公，忧国有情，谋国有志，而韬钤之说未娴，将士之情未浃，纵之而弛，操之而烦，慎则失时，勇则失算。"[6]可谓一针见血。还值得一提的是，宋代文人论兵也蔚然成风，不过实效有限。

宋代军事上取得的成就，主要表现于技术层面。其中武器装备受益于高水平的制造业与科技的支撑，有了很大的进步。宋代在传统冷兵器上有很多改良，典型的例证如宋神宗朝制造的"神臂弓"，可以有效地远程杀伤重装甲骑兵，在其后的抗金战争中发挥了利器的作用。其余水陆攻防军械，也多有改进，这些在《武经总要》中都有一定的反映。最为突出的则是火器的出现，两宋发明了各类火药武器并应用于实战，就此改变了传统的冷兵器格局，具有全球性的革命意义。宋朝在构建防御工事方面，也取得不少成功的经验。其中北宋在河北前线构筑的河塘体系，对辽军形成阻

① 〔宋〕欧阳修：《上仁宗乞罢狄青枢密之任》，《宋朝诸臣奏议》卷四六《百官门》，第494页；《长编》卷一七二，皇祐四年六月丁亥，第4153页；〔元〕脱脱等：《宋史》卷三○二《吕景初传》，中华书局1977年版，第10021页。

② 〔宋〕苏轼：《苏轼文集》卷三《孙武论下》，中华书局1986年版，第93页。

③ 《建炎以来系年要录》卷四二，绍兴元年二月癸巳，第910页。

④ 〔宋〕韩琦撰，李之亮等笺注：《安阳集编年笺注》附录三《韩魏公家传》，巴蜀书社2000年版，第1748页。

⑤ 〔宋〕杨时：《杨时集》卷一《上钦宗皇帝书·其三》，中华书局2018年版，第22页。

⑥ 〔清〕王夫之：《宋论》卷四《仁宗》，中华书局1964年版，第93页。

滞地带，在一定程度上弥补了因失去长城带来的防御缺陷；在对夏前线，宋军利用地势修筑的一系列堡寨，亦具有相当的功效。特别是南宋末年在四川建设的山城防御体系，对抗击蒙古军队的进攻发挥了重要的作用。此外，在宋朝官方的组织下，《孙子兵法》《吴子兵法》《司马法》《六韬》《三略》《尉缭子》《李卫公问对》等七部前代兵书被系统地整理、编纂，并被认定为与儒学"五经"相对应的武经"七书"，从而使其得以完整流传。就此而言，宋代对先秦以来兵书文本的整理之举，在兵学发展史上占有重要位置。

总的说来，除了宋初的统一征伐及以后对局部区域农民造反的镇压行动之外，宋朝域内发生的战争相对较少，而对外交战则颇为频繁。北宋时期，主要是应对来自辽朝与西夏的军事压迫。其中，宋太宗、真宗朝前期与辽朝发生了频繁的大规模战争，宋仁宗宝元至庆历前期与西夏的交兵最为激烈。此外，还在南疆出现过两次反击战。南宋时期，更先后与金朝、蒙元爆发了持久的战争。特别是南宋初期的抗金战争与南宋末年抗击蒙元的战争，都异常惨烈。宋廷虽然在军事上投入空前的人力、物力及财力等资源，并力图在相关的政策、制度及技术等各方面与之配套，不过在边防上却成效不足，仅有的几次主动攻势也多以失败告终，宋廷遂不得不借助议和的方式缓解边防压力，但最终还是两次皆亡于边患。

宋朝就此形成了显著反差的时代特征，即经济、文教及科技取得前所未有的发展成就，如陈寅恪先生所说："华夏民族之文化，历数千载之演进，造极于赵宋之世。"①邓广铭、王曾瑜先生也认为，宋代文教及科技快速发展，整体文明程度达到空前绝后的高度。②然而，其军事能力则呈现出积弱之势，虽在维持内部秩序上发挥了作用，却难以摆脱边防困境。南宋学者吕祖谦即指出："国朝治体，有远过前代者，有视前代为未备

① 陈寅恪：《邓广铭宋史职官志考证序》，《金明馆丛稿二编》，上海古籍出版社1982年版，第245页。
② 邓广铭：《谈谈宋史研究的几个问题》，《社会科学战线》1986年第2期；王曾瑜：《宋代文明的历史地位》，《河北学刊》2006年第5期。

者……然文治可观而武绩未振，名胜相望而干略未优，故虽昌炽盛大之时，此病已见。"①元人修宋史时亦总结道："宋恃文教，而略武卫"②，"声容盛而武备衰"③。

二、宋朝军事史研究简括

长期以来，海内外学界围绕宋代军事史研究已发表了相当多的论著，涉及这一领域的诸多方面。这些成果针对相应的议题，通过不同的视角加以观察与论述，或考索文献记载中的史实，或发前人不明之处，或借助新理论、新方法解析问题，或在综合的基础上予以概括。经过几代学人的研究，已不同程度地阐释了两宋军事发展的主要内容及轨迹。

大致而言，中国大陆地区的宋代军事史研究经历了三个阶段：（1）清末民初至1949年，随着传统史学向"新史学"的转型，学者开始突破旧有典志体"兵志"叙事的模式，尝试从问题出发探究相关史实。然而，在这一早期宋代军事史研究中，学者的关注面还相当狭窄，从仅有的十篇左右论文来看，多集中于南宋的军队与和战问题。与此同时，爱国将领岳飞及杨家将受到重视，出版了多种传记，其中代表作为邓广铭先生的《岳飞》。显然，这与当时国家面临外侮的时代背景有关。（2）1949年至1977年，史学整体研究因与政治形势有较大的关联，研究者往往紧扣时代话题，故军事史的畛域亦趋于模糊，可以说专就宋代军事为题的论文近乎消失，只有在讨论农民起义的著述中有所涉及。在此阶段，有《宋金战争史略》《李纲和宗泽的抗金斗争》《采石之战》等三种关于宋金战争的简介性书籍出版，可算是其代表性成果。④（3）改革开放至今，军事史研究才真正迎来快速发展，无论是探究的范围还是研究的深度，都大大超过以往，

---

① 《宋史》卷四三四《吕祖谦传》，第12873—12874页。
② 《宋史》卷四九三《蛮夷一·序》，第14171页。
③ 《宋史》附录《进宋史表》，第14255页。
④ 有关改革开放之前的论著情况，参见方建新编：《二十世纪宋史研究论著目录》，北京图书馆出版社2006年版。

不仅大量专著、论文相继问世，还涌现了许多聚焦宋代军事问题的学者。经过四十余年的研究，宋代军事史的基本面貌已日渐清晰。值得一提的是，除了史学界的同仁之外，一些军队学者也从事了这方面的研究，并引入军事学的理论与方法，在编著的多部通史性军事史或战争史中，对宋代军事有较为宏观的叙述。①

在港台及海外，宋代军事史虽并非属于热点领域，却始终受到一些学者的关注，并且研究一直没有中断，因此，在诸多方面都取得了不少引人注目的研究成果。其特点大概有二：对宋代相关军事制度的考证细密，观察问题的视角独特。不过，截至目前，就研究的范围及论著的数量而言，则略逊于中国大陆地区。②

在此需要说明，要在有限的字数内总结以上百余年宋代军事史研究的成果，几乎是一件不可能的事情，故只能极为简要地概括其主要的方面。另外，因论文的数量过于庞大，也只有以代表性的著作为举例对象，并一律省略作者姓名，挂一漏万，敬请谅解！

从已公开发表的宋代军事史论著来看，大致包括专题性、通史性两大类，又以前者为主。专题性的研究，主要围绕宋代军事制度、军政关系、军事政策与思想、战略与战术、战争与边防、武将群体与个案、后勤与补给以及军事技术等议题展开多方面的论述。其中，对宋朝军制或兵制已有了较为全面的考察，先后发表和出版了《北宋兵制研究》（香港《新亚学报》1957年第3卷第1期）、《宋朝兵制初探》（中华书局1983年，2011年增订本改名为《宋朝军制初探》）、《宋代兵制史の研究》（汲古书院1998年）等文章与专著，特别是《宋朝军制初探》一书，影响最大。对于北宋禁军、三衙、厢军、南宋屯驻大军、各种民兵性的武装以及骑兵、水军等问题，都有许多专门的研究著述，以《宋代三衙管军制度研究》（上下册，中华书局2015年）的论述最为细致。关于宋代军事决策机要机构的枢密

---

① 陈峰、王军营：《宋代军政研究七十年》，《中国史研究动态》2020年第4期。
② 方建新编：《二十世纪宋史研究论著目录》；陈峰、王军营：《宋代军政研究七十年》。

院，有多位学人探究了其制度、地位及影响，以《宋枢密院制度》（台北黎明文化事业公司1981年）资料最全。就宋朝武官制度发表有许多论文及专著，从不同方面予以阐述，如《文武之间：北宋武选官研究》（北京大学出版社2010年）。研究者还注意到宋代主流意识对军事与边防的直接影响，发表了相关见解，以《宋太宗与守内虚外》（《庆祝邓广铭教授九十华诞纪念论文集》，河北教育出版社1997年）、《宋代主流意识支配下的战争观》（《历史研究》2009年第2期）两文为代表。有关宋代战争的研究，是关注相对集中的方面，包括宋初的统一战争，宋朝先后与辽、夏、金和蒙元的战争，有相当多的论著，如《评宋太祖"先南后北"的统一战略》（《宋史研究论文集》，河南人民出版社1984年）、《经略幽燕——宋辽战争军事灾难的战略分析》（香港中文大学出版社2003年）、《宋辽战争论考》（四川大学出版社2011年）、《拓边西北——北宋中后期对夏战争研究》（香港中华书局2006年）及《宋元战争史》（内蒙古人民出版社2010年）等；还有关于区域战争史料的整理著作，如《宋末四川战争史料选编》（四川人民出版社1984年）、《俄藏黑水城所出〈宋西北边境军政文书〉整理与研究》（中华书局2009年）等。对于宋代武将的研究，亦取得不少成果，其中武将个案的研究以《北宋武将研究》（论文集，香港中华书局2003年）、《岳飞新传》（上海人民出版社1983年，河北人民出版社2007年修订版）及《吴家将：吴玠、吴璘、吴挺、吴曦合传》（河北大学出版社1996年）为代表；对武将群体的考察以《略论宋代武官群在统治阶级中的地位》（《两宋史研究汇编》，台北联经出版事业公司1987年）、《北宋武将群体与相关问题研究》（中华书局2004年，人民出版社2021年增订本）为突出。有关宋代军队的后勤补给问题，也有相应的著述，如《宋代军用物资保障研究》（西南财经大学出版社2000年）、《北宋粮食筹措与边防——以华北战区为例》（商务印书馆2012年）等。而关于宋代军法、军礼、阵法与阵图及具体武器装备等问题，也引起学者的关注，发表了多篇论文和专著，如《宋代军法研究》（中国社会科学出版社2010年）。专就南宋军事史问题研究的论著，主要集中在主和与主战路线之争、军费负担及民间武装等议题，如《岳飞和南宋前期政治与军事研究》（河南大学出版社2002年）、《南宋地方武力——地方军与民间自卫武力的探讨》（论文集，台北东大图书公司2002年）等。

研究宋代军事史的通史性著作，尚不多见，目前可见的主要有《中国宋辽金夏军事史》（人民出版社1994年）、《南宋军事史》（上海古籍出版社2008年）两部。其中，前者对宋辽金夏时期军事史的基本面作了宏观性的展示，后者则梳理了南宋军事史的主要脉络。不过，在已出版的各种多卷本中国军事史、战争史中，都有关于宋代部分的专门介绍，代表性的成果有台湾三军大学编写的18册《中国历代战争史》（台北军事译文出版社1983年）、中国军事科学院集体编写的6卷本《中国军事史》（解放军出版社1986年）、中国社会科学院历史研究所与军事科学院军制研究部共同编写的6卷本《中国古代军事制度史》（大象出版社1997年）、军事科学院牵头组织的20册《中国军事通史》（军事科学出版社1998年）等。需要指出的是，这些大部头著作中的宋代部分，亦存在一些史实不够清晰或略显不够深入的弱点。

21世纪以来，学界除了继续关注宋代军事史领域的各种具体问题之外，还进一步从宏观上探究宋朝军政的互动关系，并将军事问题及其影响上升到治国理念的层面加以思考，试图从军事的角度破解宋代"文盛武衰"时代特征形成的根源，如考察宋朝军事建设与治国之间的关系、两宋武备得失对时代特征的影响等。总之，经过几代学者的不懈努力，宋代军事史研究取得了丰硕的成果，不仅丰富了对宋朝历史的认识，也为今天的国防建设提供了有益的借鉴。

三、本书编纂的构思

本书是关于宋代军事史研究的论文选编集，虽然无法全面展现百年学人的丰厚成果，不过能为读者提供一个了解这方面的窗口，俾有助于加深对宋朝历史的认识。

　　我们选编这本书的宗旨，是力图关照到宋代军事史的主要方面，以便使读者管中窥豹，从而对宋代这一领域的基本情况有所掌握。基于这样的认识，本书选取了海内外不同时期的代表性论文20篇，讨论的议题包括军事制度与武将，军事征伐与战争，军事思想、战术与技术等三大类，涉及宋代募兵制、军赏制度、禁军制度、三衙统军机构、武官地位、宋初武将、南宋总领所、宋太祖统一方略、宋辽高梁河之战、北宋御夏战略、宋金富平之战、顺昌之战、南宋抗蒙山城防御体系的考证、宋代主流战争观、"文人论兵"与宋代兵学、岳飞的军事思想、作战阵图、军事司法、"拐子马"考释、中国早期火药武器以及辽宋金时期的砲和砲兵等问题。这些论文涵盖面广泛，或研究相关军事制度，或考察不同时期的战争，或聚焦军事思想与战争观，或探究军事司法，或论述阵法与阵图，或反映革命性的火药武器之产生与应用。此外，还要作五点说明：其一，这些论文中既有对重大问题的宏观性论述，又有对具体史实的分析，还有就存疑的文献记载加以考证；其二，选取的论文以宋代为主，兼及与宋朝同期其他政权的关联问题，而《中国早期火药火器史概观》一文，因重点介绍的是宋代部分，故亦收录；其三，选取的标准以学术性为主，也适当考虑到可读性，遂有《阵图和宋辽战争》等文入选；其四，考虑学术传承的因素，故选择了几代学人的成果，包括开创宋史研究的前辈名家、改革开放以来的中坚学人和近年来的后起之秀，其中除了因邓广铭先生对宋代军事问题有重要见解，其论文被收入2篇外，其他学者皆只收1篇代表作；其五，按照目前的通行规范，对所有论文的注文格式予以调整。

　　本书是集体合作完成，若有不当之处，一概由我承担，特此说明。

第一编

宋代军事制度与武将

　　高度强化中央集权的军事制度和抑制武将的政策，是宋代朝政的突出特征之一，也是宋代军事史研究的核心问题。本编所录诸文，多属这一领域的开端之作。前辈学者在揭示宋代"事为之防，曲为之制"立国原则的基础上，深刻剖析了北宋募兵制的政治功能和影响，从而拉开了我国大陆宋史学界深入研究军制史的序幕；尔后，便有学者首具专文探讨了北宋军赏制度。三篇分别以北宋三衙、南宋四川总领所、宋代枢密院为研究对象的文章，则重点考察了军事机构运行与政局间的互动关系。还有学者率先从宏观上对宋代武将群体的出身、地位及处境加以论述；受其启发，继而有文通过对宋初三朝武将身份信息的量化分析，着力观照了武将与宋代统治阶层的社会流动。

北宋的募兵制度及其与当时积弱积贫和农业生产的关系

邓广铭

一、北宋政权赋予募兵制度的种种妙用

当赵匡胤建立北宋政权之初，他就是以防弊之政作为立国之法的。他所最为关注的，是要革除掉晚唐五代期内的一些主要弊政，以免重蹈它们的倏兴忽亡的覆辙。他运用这一原则来"创业"，他的继承人则更要充分运用这一原则去"垂统"。当他的令弟赵光义以阴谋诡计夺取到帝位之后，在宣告即位的《赦书》当中，就有如下几句话：

> 先皇帝创业垂二十年，事为之防，曲为之制，纪律已定，物有其常。谨当遵承，不敢逾越。[1]

这几句话，不但很扼要地概括了赵匡胤在位期内一切军政措施的最微妙用意，而且表明了赵光义还要把它作为他本人及其世代继承人奉行无失，并要随时加以充实的一个传统家法。

"事为之防，曲为之制"的另一种说法，叫作"防微杜渐"，而在"防微杜渐"方面所最经常采用的办法，则是对于牵制作用的充分利用。在北宋前期的张官置吏方面最能具体地体现这一精神。例如前代的宰相事无不

---

① 〔宋〕李焘：《续资治通鉴长编》（以下简称《长编》）卷一七，开宝九年十月乙卯，中华书局2004年版，第382页。

统，北宋则既在宰相之下设置了参知政事；又把晚唐曾权宜设置的枢密院定为常设机构，设置枢密使副以分宰相的军政之权；设三司，置三司使副以分宰相的财政之权；而诸路州郡，也于长吏之下设置副贰，并使其遇事可以专达，甚至以"监州"的身份自居，使长吏无法专擅。而在其军事制度和设施方面也同样最能具体地体现这一精神。我现在只就这后一事加以论述。

北宋王朝把全国军队分为禁兵、厢兵、乡兵和蕃兵四种。禁兵也被称为正兵，他们负荷着守卫和征战的职责；厢兵则多是因身材不够魁伟、体力不够健壮，而不能编入禁军中的人，他们只在诸路州郡供杂役，虽有兵的名称，却无战守之责。这两种兵，都是由北宋政府招募而来，按月、按节或按年付与一定数量的廪给、衣粮、赐与和特支等。

所谓北宋的募兵制度，主要是指禁兵和厢兵而言的。

北宋的乡兵是指：在与辽、夏搭界的缘边诸路，或有大量少数民族聚居的诸路，间或也在内地的某路，按居民各户丁壮数目，以三丁抽一、五丁抽二的办法抽调出来编制而成的。在农闲季节有时也加以训练。他们是专供诸路随时调用的"土兵"。北宋政府有时也把乡兵刺为正兵。

蕃兵是指：在西北缘边诸路，羌族种落甚多，不相统一，把其中汉化较深、与汉人关系较好的所谓熟户或属户中的壮丁编制而成的。

乡兵和蕃兵既都是由抽调征发而来，而不是由北宋政府用一定数量的"廪给""请受"雇佣来的，尽管在某些特定的时间内也必须由北宋政府给予一些物质资助，但这二者基本上不能列入"募兵制度"的范围内，而只是"募兵制度"的一种补充物。

北宋王朝所施行的募兵制度，如所周知，是从晚唐、五代继承下来的。但是，自从它开始继承沿用之日起，它即又赋予这一制度一些前所未有的妙用，亦即功能或职能，以贯彻其"事为之防，曲为之制"的精神。就当时一些军事设施和有关的言论稍加剖析，可以概括出下述诸事：

第一，北宋政权之所以沿袭五代梁、晋、汉、周旧规，不选取一个有山溪之险可以依恃之地，而选取一个四战之区的开封为其首都，原因在于开封最便于接受东南诸路的漕运；而其所以那样仰仗东南漕运，则是因为它是"依重师而为国""国依兵而立"，必须为赡养这些师旅而准备足够的食粮。但是，它虽在实质上是"依重兵而为国"，而在另一方面，它却又深恐，若使军权高于一切而无所制裁，则"黄袍加身"的戏剧性事件可能还要继续演出。因此，它特别提高文职官员的地位，在王朝内外和举国上下都造成一种重文轻武的气势，把一些根本没有造反能力的士大夫压在将帅等类武职官员之上。委派在与辽、夏为邻的沿边诸路、经常肩负着战守重任的封疆大吏，也照例都是以不能带领兵马的文臣任正职（例如安抚使），以真能带领兵马的武将任副职（例如安抚副使）。这样就使军人气焰无法高涨，也不能不受制于文职官员了。这是北宋政权有意识地使高级文官与禁军将帅互相牵制，以收取互相制约的作用。

第二，晁说之（1059—1129）的《嵩山文集》卷一，收有他在元符三年（1100）写给宋徽宗的一道《应诏封事》，其中叙述了一个故事说：

> 太祖既得天下，使赵普等二三大臣陈当今之大事可以为百代之利者。普等屡为言，太祖俾"更思其上者"。普等毕思虑，无以言。乃请于太祖。

> 太祖为言："可以利百代者，唯'养兵'也。方凶年饥岁，有叛民而无叛兵；不幸乐岁而变生，则有叛兵而无叛民。"①

从赵匡胤的这几句话中，可以看出，他对于以实施募兵制度而使得兵与民截然划分开来，成为两个互相绝缘的社会人群，是感到如何的高兴。而他的继承人和北宋政权的一些御用史官们，对此也都倍加赞赏，因而也都要继续奉行。记载北宋仁宗、英宗两朝史事的《两朝国史志》（自马端临《文献通考·兵考（四）》转引）论及北宋兵制时说道：

> 召募之制起于府卫之废。盖籍天下良民以讨有罪，三代之兵与府

---

① 〔宋〕晁说之：《嵩山文集》卷一《元符三年应诏封事》，《四部丛刊续编》，第29页。

卫是也；收天下犷悍之徒以卫良民，今召募之兵是也……

自国初以来，其取非一途：或土人就在所团立，或取营伍子弟听从本军，或乘岁凶募饥民补本城，或以有罪配隶给役。——是以天下失职犷悍之徒悉收籍之：伉健者迁禁卫，短弱者为厢军。制以队伍，束以法令，帖帖然不敢出绳墨。平居食俸廪，养妻子，备征防之用；一有警急，勇者力战斗，弱者给漕輓，则向之天下失职犷悍之徒，今皆为良民之卫矣。①

《续资治通鉴长编》卷三二七，在元丰五年（1082）六月壬申也载有宋神宗赵顼论述北宋兵制的一段话：

前世为乱者，皆无赖不逞之人。艺祖平定天下，悉招聚四方无赖不逞之人以为兵，连营以居之，什伍相制，节以军法，厚禄其长，使自爱重，付以生杀〔之权〕，寓威于阶级之间，使不得动。无赖不逞之人既聚而为兵，有以制之，无敢为非；因取其力以卫养良民，各安田里。所以太平之业定而无叛民，自古未有及者。②

从上面的三段引文，可知不论是北宋的皇帝或史官，在论述募兵的用意时，全都十分强调把各地"失职犷悍之徒"收编在军队当中的重要意义。所谓"失职犷悍之徒"，实即专指被从土地上排斥出来的破产失业农民。把他们招募入伍，豢养起来，首先就会在被剥削被压迫阶级当中产生釜底抽薪的作用，使得现政权多获得一些保险系数。当被招募入伍的破产农民既已转化为职业兵，长时期脱离乡村居民大众之后，便不会再与他们一致行动。当农民因这样那样的问题而群起反抗现政权时，他们不仅不与之协同动作，还要为现政权进行武装镇压。这样，就把一些本来可能反抗现政权的潜在力量，转变为维护现政权的力量了。反转来说，也因为兵、民既已截然划分，不可能再一致行动，则如一旦在军队当中发生了意外动

---

① 〔宋〕马端临：《文献通考》卷一五二《兵考四》，中华书局2011年版，第4555页。
② 《长编》卷三二七，元丰五年六月壬申，第7883页。

乱或哗变时，各地村居农民自也不会随同他们一起闹事了。

第三，北宋禁军所负荷的职责，不只是卫护宫禁和京城，而且要戍守外地州郡及边疆地区，负担着对内的镇压（例如对起义农民或少数民族，以及各种叛乱事件）和对邻邦的防御、征讨等等任务。因此，在内外驻军的数量和比例上，便也不能不大费一番心思，以求能够做出符合于互相制约原则的种种安排。前所征引《续资治通鉴长编》卷三二七所载宋神宗的谈话，也还有涉及这一问题的一段。他说道：

> 艺祖养兵止二十二万，京师十万余，诸道十万余。使京师之兵足以制诸道，则无外乱；合诸道之兵足以当京师，则无内变。内外相制，无偏重之患。天下承平百余年，盖因于此。[①]

甚至于，驻屯在京城之内的亲卫诸军，与驻屯在京城四周畿辅地区的禁军，在分布上也寓有使之彼此互相制约的作用。这在南宋人王铚所撰《枢廷备检》中曾有所论列：

> 京师之内，有亲卫诸兵；而四城之外，诸营列峙相望。此京师内外相制之兵也。[②]

从赵匡胤对禁军屯驻地区和人数比例的安排上，也可以看出，他的确是在"居常思变，居安思危"，无时无刻不处心积虑，唯恐其统治权因这样那样的疏忽大意而致失坠。无怪乎他感觉到"为天子亦大艰难"，"终夕未尝敢安寝而卧也！"[③]

第四，在将帅与士兵之间，在驻军与地方之间，都要用屯戍和"更戍"（即换防）的办法而使之不至相互结托，结为不解之缘。据《文献通考·兵考（五）》说：

---

① 《长编》卷三二七，元丰五年六月壬申，第7883页。
② 〔宋〕王明清：《挥麈余话》卷一，《挥麈录》，中华书局1961年版，第283页。
③ 〔宋〕司马光：《涑水记闻》卷一，中华书局1989年版，第11页。

> 五代承唐藩镇之弊，兵骄而将专，务自封殖，横猾难制。祖宗初定天下，惩创其弊，分遣禁旅戍守边地，率一二年而更。欲使往来道路足以习劳苦，南北番戍足以均劳佚。故将不得专其兵，而兵亦不至骄惰。

> 及承平既久，方外郡国合为一家，无复如曩时之难制，而禁旅更戍尚循其旧，新故相仍，交错旁午，相属于道。议者以为：更番迭戍无益于事，徒使兵不知将，将不知兵，缓急恐不可恃。①

尽管"议者"所提出的意见，是很值得考虑的，然而北宋王朝的最高统治者们，一直到宋神宗熙宁年间（1068—1077）改行将兵法之前，却大体上还都是按照"更戍"法办事的。这说明，要使"兵不知将，将不知兵"，正是北宋王朝实施更戍法之用意所在。

第五，是使直接带领军队的三衙（即殿前司、侍卫马军司与侍卫步军司）将帅与主管军事行政的枢密院首长互相制约。这在范祖禹于元祐八年（1093）所上《论曹诵札子》中有较详明的论述：

> 祖宗制兵之法，天下之兵本于枢密，〔枢密〕有发兵之权而无握兵之重；京师之兵总于三帅，〔三帅〕有握兵之重而无发兵之权。上下相维，不得专制。此所以百三十余年无兵变也。

> 自唐室衰季，以及五代，枢密之权偏重，动为国患，由手握禁旅又得兴发也。今副都承旨（按指曹诵）为枢密属官，权任管军，是本兵之地又得握兵，合而为一，非祖宗制兵之意。②

范祖禹在此文中所表述的是：北宋建国之始，当它制定军事制度时就寓有一种用意，即要使直接领兵的将帅不得参与军政大计（如军队的调遣、换防以至战时的战略决策等），以防范他们利用机会发动军事异动以

---

① 《文献通考》卷一五三《兵考五》，第4580页。

② 〔宋〕范祖禹：《范太史集》卷二六《论曹诵札子》，文渊阁《四库全书》第1100册，台湾商务印书馆1986年版，第305页。

至政变；而主管军政大计的枢密院正副长官，虽有权调遣军队，制定战略决策等事，但他们手下却又无一兵一卒，因而他们就更不可能以私意发动军事政变之类的事了。

二、募兵制度是北宋王朝"积弱"的重要原因之一

（一）

从北宋建国初期直到宋仁宗庆历年间（1041—1048），在此九十年内，北宋政府所雇佣的禁军和厢军的数量，可以说是直线上升、与日俱增的。据《宋史·兵志（一）》所载北宋前期的四个皇帝先后统治期内，其各朝所养禁军和厢军的数字如下：

> 太祖开宝年间（968—976），禁军与厢军总数为三十七万八千。禁军马步合计共为十九万三千。（从总数中减去禁军之数，知厢军应为十八万五千。）
>
> 太宗至道年间（995—997），二者总数为六十六万六千。禁军马步军合计为三十五万八千。（从总数中减去禁军之数，知厢军应为三十万八千。）
>
> 真宗天禧年间（1017—1021）二者总数为九十一万二千，禁军马步合计为四十三万二千。（从总数中减去禁军之数，知厢军应为四十八万。）
>
> 仁宗庆历年间（1041—1048）二者总数为一百二十五万九千。禁军马步合计为八十二万六千。（从总数中减去禁军之数，知厢军应为四十三万三千。厢军数字之所以较前减少，是因为许多地方的厢军升为禁军了。）[1]

自庆历以后，北宋全国的职业兵的数字略有减少，所以一百二十五万九千

---

[1] 〔元〕脱脱等：《宋史》卷一八七《兵志一》，中华书局1977年版，第4576页。

之数应为北宋一代所豢养的禁、厢军的最高数字。(但王铚在《枢廷备检》中却说："逮咸平西北边警之后，兵增至六十万。皇祐之初〔1049〕兵已一百四十万矣。"①王铚的话也当是有根据的，若然，则北宋所养禁、厢军的最高数字便应为一百四十万。)

(二)

王铚在《枢廷备检》中引录了孙洙评述北宋兵制的一段文字，说道：

> 今内外之兵百余万，而别为三四，又离为六七也。……离而为六七者，谓之兵而不知战者也：给漕輓者兵也，服工役者兵也，缮河防者兵也，供寝庙者兵也，养国马者兵也，疲老而坐食者兵也。前世之兵未有猥多如今日者也，前世制兵之害未有甚于今日者也。②

孙洙在这里所列举的，虽说是"离为六七"，却无一而非厢军。我们要在此加以评述的，主要却在于禁军。也就是，在禁军数量最多之日既已达八十余万，何以在对辽、对西夏的战争当中总是不能取得胜利呢？这在北宋当时就已有很多议论，而其所涉及的问题，有一些竟是由北宋王朝所实施的雇募制度本身所带来、所产生的。因为这些弱点是逐渐暴露出来的，是积渐而成，并且日益严重，所以称之为"积弱"。今综述如下：

第一，北宋政权在沿袭施行晚唐五代以来的募兵制度时，既然把重点放在"收养失职犷悍之人"方面，这些人一被招募入伍，便终身"仰食于官"，虽在疾病老衰之后也不被淘汰，成为终身制的职业兵。这样，就不可避免地把一些老弱不堪战斗之人和一些气锐力强的少壮者混杂在一起，到一旦临阵斗敌之时，势必要大大影响士气。仁宗至和二年〔1055〕，知谏院范镇在所上《论益兵困民》的奏章中说道：

> 今河北、河东养兵三十余万五十年矣，……就三十余万中，半皆

① 《挥麈余话》卷一，《挥麈录》，第285页。
② 《挥麈余话》卷一，《挥麈录》，第285页。

老弱怯懦。老弱怯懦之人，遇敌则先自败亡，适所以为骁壮者之累。是骁壮者不可不拣练，而老弱怯懦者不可不抑去也。骁壮者不拣练则兵殆，老弱怯懦者不抑去则费广。费广则民罢，民罢则不自爱。养殆兵以卫不自爱之民，臣恐朝廷之忧不在塞外而在塞内也。[①]

《宋史·吕景初传》载吕景初于宋仁宗晚年所上奏章也说道：

> 比年招置〔士兵〕太多，未加减汰。若兵皆勇健，能捍寇敌，竭民膏血以啖之，犹为不可；况羸疾老怯者又常过半，徒费粟帛，战则先奔，致勇者亦相率以败。……望诏中书、枢密院，议罢招补而汰冗滥。[②]

第二，北宋王朝派遣禁军出外戍守，却又采用"更戍"之制，基本上每三年变更一次防地，以求收取"兵无常帅，帅无常兵"的效果。然而这样施行之后，并没有持续太久，其弊病就完全暴露出来了：当宋太宗于雍熙三年（986）第二次出兵北向，意图恢复燕云诸州，不料又大败而归之后，于端拱二年（989）下诏要群臣上疏论列"御戎之策"，户部郎中张洎在奏章中举述了两年前战争失败的多种原因，其一为：

> 臣顷闻涿州之战，元戎不知将校之能否，将校不知三军之勇怯。各不相管辖，以谦谨自任。未闻赏一效用，戮一叛命者。[③]

到仁宗庆历之初（1041），北宋与西夏进入了长期军事相持状态，而历次战役，总以宋军吃败仗之时为多。陕西经略安抚判官田况在这年上《论兵策十四事》，其第十事为：

> 主将用兵，非素抚而威临之，则上下不相附，指令不如意。……

① 〔宋〕范镇：《上仁宗论益兵困民》，〔宋〕赵汝愚编：《宋朝诸臣奏议》卷一二〇，上海古籍出版社1999年版，第1323页。
② 《宋史》卷三二〇《吕景初传》，第10020页。
③ 《长编》卷三〇，端拱二年正月癸巳，第668页。

昨任福在庆州，蕃汉渐各信服，士卒亦已谙练，一旦骤徙泾原，适值贼至，麾下队兵逐急差拨，诸军将校都不识面，势不得不陷覆。今请诸路将佐，非大故毋得轻换易，庶几责其成功。①

第三，在北宋开国初期，对于其所招募到的禁军还肯依时加以教阅，到后来，屯驻各地的禁军将校，对所谓教阅训练等事，大都采取敷衍了事的态度，并不肯认真严格执行。如苏舜钦写给范仲淹的《诣目（二）》所说：

今诸营教习固不用心，事艺岂能精练？盖上不留意，则典军者亦不提辖，将校得以苟且，驰弛纪律，加之等级名分，往往不肯自异，至于人员（按指将校）与长行（按指士兵）交易饮博者多矣。如此则约束教令岂复听从？故出入无时，终日戏游廛市间，以鬻伎巧绣画为业，衣服举措不类军兵，习以成风，纵为骄惰。②

"骄惰"到何等程度呢？单就驻在首都的禁军来说，就已出现了如欧阳修在《原弊》一文中所说的情况：

今卫兵入宿，不自持被而使人持之；禁兵给粮，不自荷而雇人荷之。其骄如此，况肯冒辛苦以战斗乎！③

在首都的尚且如此，在外地诸路州郡的更不问可知。

在与辽政权的疆界相毗邻的河北、河东诸路，按道理是最应把驻军精加训练的吧，却又恰恰相反，自从在1004年宋辽签订了"澶渊盟约"以后，北宋王朝唯恐辽朝抓到口实，借故挑衅，对于北方边防沿线的守军，竟至连教练也不敢进行，连营寨和防御工事也不敢修葺。这不是心甘情愿

---

① 《长编》卷一三二，庆历元年五月甲戌，第3136页。

② 〔宋〕苏舜钦：《苏学士文集》卷一〇《诣目二》，《宋集珍本丛刊》第6册，线装书局2004年版，第343—344页。

③ 〔宋〕欧阳修：《欧阳修全集》卷六〇《原弊》，中华书局2001年版，第870页。

地要在军事上出现"积弱"的结局吗？而这个结局也果然到来了。在田况所上《论兵策十四事》中，所述与西夏作战的北宋骑兵的情况是：

> 沿边屯戍骑兵，军额（按即番号）高者无如龙卫，闻其间有不能披甲上马者；况骁胜、云武、武骑之类，驰走挽弓不过五六斗，每教射皆望空发箭，马前一二十步即已堕地。以贼甲之坚，纵使能中，亦不能入，况未能中之！[1]

以具有上述种种弱点的军队而想望战必胜，攻必克，那只能是梦想，于是，在多次接触的过程当中，辽与西夏的部队全都深知北宋禁军之并非劲旅，因而也全都不把它放在眼里。据《续资治通鉴长编》卷一二七康定元年（1040）四月乙巳所载：

> 诏河北都转运使姚仲孙、河北缘边安抚使高志宁，密下诸州军添补"强壮"（按此为河北乡兵名称）。初，知制诰王拱辰使契丹还，言"见河北父老，皆云契丹不畏官军而畏土丁。盖〔土丁〕天资勇悍，乡关之地，人自为战，不费粮廪，坐得劲兵，宜速加招募而训练之。"故降是诏。[2]

一经王拱辰指出辽人"不畏官军"的事实，北宋王朝立即下诏在河北添补土丁，可见北宋最高统治集团对于禁军也是缺乏信心的。至于西夏人之对于北宋禁军，那就更加轻视了。司马光在治平二年（1065）所上《言西边上殿札子》中说道：

> 其（按指西夏）所以诱胁熟户、迫逐弓箭手者，其意以为：东方客军（按指禁军）皆不足畏，唯熟户弓箭手生长极边，勇悍善斗，若先事剪去，则边人失其所恃，入寇之时可以通行无碍也。[3]

---

① 〔宋〕田况：《上仁宗兵策十四事》，《宋朝诸臣奏议》卷一三二，第1469页。
② 《长编》卷一二七，康定元年四月乙巳，第3007页。
③ 〔宋〕司马光：《传家集》卷三五《言西边上殿札子》，文渊阁《四库全书》第1094册，第332页。

苏辙在熙宁二年（1069）的《上皇帝书》中说道：

> 今世之强兵莫如沿边之土人，而今世之惰兵莫如内郡之禁旅。其名愈高，其廪愈厚；其廪愈厚，其材愈薄。往者西边用兵（按此指仁宗庆历年间宋夏交战事），禁军不堪其役，死者不可胜计，羌人（按即西夏人）每出，闻多禁军，辄举手相贺；闻多土兵，辄相戒不敢轻犯。①

这里不但反映出来，在西夏人心目中，北宋禁军之如何不堪一击；即以苏辙对北宋禁军所作的概括，即"其名愈高，其廪愈厚，其材愈薄"诸语，必也是具有极大代表性的一种意见，因而也必然反映了北宋社会人群对禁军的舆论和评价。而这也的的确确就是王安石实行将兵法以提高禁军战斗力，实行保甲法企图逐渐以征兵制代替募兵制的直接原因之所在。

三、募兵制度是北宋王朝"积贫"的主要原因之一

《文献通考·兵考（四）》引录的《两朝国史志》还有下面的一些话：

> 总内外厢禁诸军且百万，言国费最巨者宜无出此。虽然，古者寓兵于民，民既出常赋，有事复裹粮而为兵。后世兵农分，常赋之外，山泽关市之利悉以养兵。然有警则以素所养者捍之，民晏然无预征役也。……世之议者不达，乃谓竭民赋租以养不战之卒，縻国帑廪以优坐食之校。是岂知祖宗所以扰役强悍、销弭争乱之深意哉。②

《两朝国史志》是记载仁宗和英宗两朝的时事和政典的。其中指责"世之议者"所提出的"竭民赋租以养不战之卒，縻国帑廪以优坐食之校"的意见，以为这是一种不够通达的意见。事实上，如在当时抱持这类意见的不是很多，断断不可能致使史官们取来作为指责对象。甚至还可以说，凡是

---

① 〔宋〕苏辙：《栾城集》卷二一《上皇帝书》，《栾城集》，上海古籍出版社1987年版，第470页。
② 《文献通考》卷一五二《兵考四》，第4555—4556页。

当时对这事提出意见的，除如韩琦等极少数人外，几乎再难找见不属于这个"不达"的"世之议者"一派的。今略举数人的议论如下：

《续资治通鉴长编》卷一一二，于明道二年（1033）七月甲申载范仲淹所上《陈〔救弊〕八事疏》，其所论第四事为：

> 国家重兵悉在京师，而军食仰于度支，则所养之兵不可不精也。禁军代回，五十以上不任披带者，降为畿内及陈许等处近下禁军，一卒之费岁不下百千，万人则百万缗矣。七十岁乃停放，……乡园改易，骨肉沦谢，羸老者归复何托？是未停之前大蠹国用，既废之后复伤物情。①

同书卷一一四及《宋史·兵志（八）》均载三司使程琳于景祐元年（1034）所上奏疏，其中有云：

> 兵在精，不在众。河北、陕西军储数匮，而招募不已，且住营（按指戍守边地之禁军）一兵之费，可给屯驻（按指就地招募之"土兵"）三兵，昔养万兵者今三万兵矣。
>
> 河北岁费刍粮千二十万，其赋入支十之三；陕西岁费千五百万，其赋入支十之五；自余悉仰给京师。
>
> 自咸平（998—1003）逮今，二边所增马步军指挥百六十。计骑兵一指挥所给，岁约费缗钱四万三千；步兵所给，岁约费缗钱三万二千。他给赐不预。
>
> 合新旧兵所费，不啻千万缗。天地生财有限，而用无纪极，此国用所以日绌也。②

范仲淹没有把禁军的骑兵与步兵分开，而笼统地说"一卒之费岁不下

---

① 《长编》卷一一二，明道二年七月甲申，第2624—2625页。
② 《长编》卷一一四，景祐元年二月乙丑，第2675—2676页。又见《宋史》卷一九四《兵志八》，第4842页。

百千"，这大概是一个平均数字。程琳则把骑兵与步兵的岁给分别列举了。按北宋时的规定，骑兵每指挥为四百人，步兵每指挥为五百人，依此核算，则每一骑兵每年约费百贯以上，每一步兵约费六十四贯左右，而这还只是正常规定的廪给，其他"给赐""特支"之类还都不包括在内。假如一股脑全计算在内，则其平均数字也与范仲淹所说的大致相似。

范、程二人还都是只就禁军中每个士兵的费用说的，没有谈到禁军将校的费用。而在为数已达七八十万人的禁军当中，还有大大小小的各级将校，他们的"月俸"，据《宋史·兵志（八）》所载，诸班直将校自三十千至二千，凡十二等；诸军将校自三十千至三百，凡二十三等。宋神宗于熙宁二年（1069）合并了许多军营，减掉了低级将校"十将以下三千余人"（按，十将与将虞候为同一等级，其下则只有押官与承局，二者亦为同一等级，是为军校之最低级），"计一岁所省为钱四十五万缗"，是则"十将"等低级将校的月俸当为十二贯左右。至于"上军"和"诸军"的"都校"，即都指挥使、都虞候等，其月俸则自百千至五十千。这类人员的总数也是大得可观的。

范、程二人所谈都只限于禁军，关于厢军的费用，他们都没有谈及。

《续资治通鉴长编》卷一六一，庆历七年（1047）岁末附载三司使张方平的奏疏（《乐全集》卷二三作《论国计出纳事》）有云：

> 勘会陕西用兵以来，内外所增置禁军八百六十余指挥，约四十有余万人。通人员（按指将校）、长行（按指士兵）用中等例，每人约料钱五百，月粮两石五斗，春冬衣紬绢六匹，绵一十二两，随衣钱三千，计每年共支料钱二百四十万缗，粮一千二百万石，准例六折，米计七百二十万石，紬绢二百四十万匹，绵四百八十万两，随衣钱一百二十万缗。每次南郊赏给六百万缗。内马军一百二十余指挥，若马数全足，计六万有余匹，每年支草一千五百一十二万束，料一百五十一万二千石。其系三路保捷、振武、宣毅、武卫、清边蕃落等指挥，并本道土兵，连营仰给，约二十余万人，比屯驻戍兵当四十万人。……

今禁兵之籍不啻百万人，坐而衣食，无有解期，七八年间天下已困，而中外恬然不知云救。请举一事而言，则他可以类知也：景祐中天下预买紬绢一百九十万匹，去年至买三百万匹，诸路转运司率多诉者，有司未如之何。议者徒知茶盐诸课利之法弊，而不知弊之所由。臣详求其故，法实不弊，势使然尔。置兵有策则边费可省，边费省则兼并之民不能观时缓急以侵利权，然后有司得制其轻重矣。①

引文的第一段，所说虽也只限禁军，而且只限于新增置的四十万禁军，然却是包括将校、士兵二者而进行统计的。可惜其中未将粮、绵、紬、绢等折价计算，因而难于和范、程二人所举费用进行比较。（《乐全集》卷二四载张方平在治平末又上《论国计事》，其中又说："冗兵最为大患。略计中等禁军一卒岁给约五十千。……庆历五年禁军之数，比景祐以前增置八百六十余指挥、四十余万人，是增岁费二千万缗也。"这却又只谈士卒的岁给而不包括将校在内了，所以他前后两文所举数字并不等同。）其第二段则是主张对"坐而衣食"的百万禁军加以裁减，然后有关财政的各种问题才可得到解决。

《续资治通鉴长编》卷一六七，皇祐元年（1049）十二月壬戌载：

初，枢密使庞籍与宰相文彦博以国用不足，建议省兵，众议纷然陈其不可，缘边诸将争之尤力，且言："兵皆习弓刀，不乐归农，一旦失衣粮，必散之闾阎，相聚为盗贼。"上亦疑焉。彦博与籍共奏："今公私困竭，上下皇皇，其故非他，正由养兵太多尔。若不减放，无由苏息。……"

侍御史知杂事何郯言："伏睹朝廷昨降诏旨，委诸路转运使等第选退州郡老弱兵士，……议者谓练士省财，兹实为利。……缘方今天下之患莫甚于冗食（按指老弱兵士），冗食未去不可以节财用，财用未节不可以除横敛，横敛未除不可以宽民力，民力未宽不可以图至

---

① 《长编》卷一六一，庆历七年十二月庚午，第3895—3896页。

治。欲求至治，宜以去冗食为先。"①

司马光《传家集》卷三五，收有治平二年（1065）二月所上《言招军札子》，其中也说道：

> 庆历中赵元昊叛，西边用兵，朝廷广加招募，应诸州都监、监押募及千人者皆特迁一官，以此之故，天下冗兵愈众，国力愈贫。近岁又累次大拣厢军以补禁军之数，即目系籍之兵已为不少矣，何苦更复直招禁军及招饥民以充厢军？臣不知建议之臣曾与不曾计较今日府库之积以养今日旧有之兵，果为有余、为不足乎？②

庞、文、何和司马四人所论虽均更笼统，但却全是属于反对"养不战之卒""优坐食之校"一派的。

蔡襄的《忠惠公文集》卷十八，有《论兵十事疏》，是他在治平元年（1064）任三司使时写进的。其中论"养兵之费"一事说道：

> 禁军一兵之费，以衣粮、特支、郊赉通计，一岁约费钱五十千；厢军一兵之费，岁约三十千。通一百一十八万余人，一岁约费四千八百万缗。此其大较也。③

在这篇《论兵十事疏》之后，蔡襄还附列了关于军费的一个大的账单，今也照抄于此：

> 禁军六十九万三千三百三十九人。
>
> 厢军四十八万八千一百九十三人。
>
> 共计一百一十八万一千五百三十二人。
>
> 钱

---

① 《长编》卷一六七，皇祐元年十二月壬戌，第4023—4024页。
② 〔宋〕司马光：《传家集》卷三五《言招军札子》，文渊阁《四库全书》第1094册，第329—330页。
③ 〔宋〕蔡襄：《宋端明殿学士蔡忠惠公文集》卷一八《论兵十事疏》，《宋集珍本丛刊》第8册，线装书局2004年版，第91页。

收三千六百八十二万五百四十一贯一百六十五文（内夏秋税只有四百九十三万二千九百九十一贯文）。

支三千三百一十七万六百三十一贯八百八文（南郊赏给不在数内）。

管军及军班兵士九百九十四万一千四十七贯九百三十三文（十分中三分有余）。

匹帛绢䌷

收八百七十四万五千五百三十五匹（内税绢三百七十六万三千五百九十二匹）。

支七百二十三万五千六百四十一匹（南郊赏给不在数内。绫罗锦绮不在数内）。

管军及军班兵士七百四十二万二千七百六十八匹半（十分有余）。

粮

收二千六百九十四万三千五百七十五石（内税一千八百七十三千九十四石）。

支三千四十七万二千七百八石。

管军及军班兵士二千三百一十七万二百二十三石（八分）。

草

收二千九百三十九万六千一百一十三束。

支二千九百五十二万四百六十九束。

管军及军班以下二千四百九十八万四百六十四束（八分）。

夏秋税所纳

钱——四百九十三万二千九百九十一贯。

匹帛——二百七十六万三千五百九十二匹。

斛斗——一千八百七十三千九十四石。

以上三件，更有折变在内，其余所阙粮草匹帛，并是见钱和买并课利、折科、诸般博买应付得足。一岁所用，养兵之费常居六七，国用无几矣。臣恳恳而言，盖见其本末。不早图之，是谓失策矣。[1]

蔡襄写这道奏章和开具这个账单时，他正在三司使任上。他开的这个账单如此具体细致，其确凿可靠，自不容我们再存在任何疑点。然而，他说"禁军一兵之费，以衣粮、特支、郊赍通计，一岁约费五十千"，这与范仲淹、程琳的估计相差将及一半，这倒是比较不易理解的（因为我觉得范、程二人所举数字都不会是有所夸张的）。好在蔡襄自己已经说过"此其大较也"（大较即大略、大概），范、程二人所说当然也都是属于大略的推算，因而也就不必再细加核实了。

在这个账单的最后，蔡襄核计了一下养兵费用在当时北宋王朝全部财政收入中所占比重，说道："一岁所用，养兵之费常居六七，国用无几矣。"这个统计数字，与蔡襄在前此不久所奏进的《国论要目十二篇》中之《强兵篇》所说也并不相同：

> 今天下大患者在兵：禁军约七十万，厢军约五十万，积兵之多，仰天子衣食，五代而上，上至秦汉无有也。……
> 臣约一岁总计，天下之入不过缗钱六千余万，而养兵之费约及五千〔万〕。是天下六分之物，五分养兵，一分给郊庙之奉、国家之费，国何得不穷？民何得不困？[2]

蔡襄在相距不久的时间内所上的这两道奏章，先既说了"天下六分之物，五分养兵"，接着却又说"养兵之费"在全部财政收入中"常居六七"，好像蔡襄并不知道这两个统计数字是大有区别的，亦殊令人难解。但不论就二者中的哪一个来说，总也可以看出，养兵费用之庞大，使得北宋王朝的财政经常处于拮据困乏的窘境之中，却是千真万确的。

然而蔡襄所说，终于还只是处于静态中的养兵费用，实际上，即使把对辽或对西夏的历次战役所临时增加的军费概不计入，在平时，北宋戍守

---

① 《宋端明殿学士蔡忠惠公文集》卷一八《论兵十事疏》，第91—92页。
② 《宋端明殿学士蔡忠惠公文集》卷一八《强兵》，第87页。

各地的禁军也是每三年就要"更戍"、要流动的，而这就又要支付极大的一笔开支。在苏轼的一篇题为《定军制》的文章中，曾论及此事说：

> 费莫大于养兵，养兵之费莫大于征行。今出禁兵而戍郡县，远者或数千里，其月廪岁给之外，又日供其刍粮。三岁而一迁，往者纷纷，来者累累。虽不过数百为辈，而要其归，无以异于数十万之兵三岁而一出征也。农夫之力安得不竭？馈运之卒安得不疲？①

出戍禁军每三年一次的换防，的确要等于"数十万之兵三岁而一出征"，其所耗费的钱财，为数当然也很庞大，然而这却是并未列入蔡襄的账单之内的。

另外，据贾昌朝在宋仁宗宝元元年（1038）所上《乞裁减冗费疏》说：

> 臣尝治畿邑，有禁兵三千，而留万户赋输，仅能了足。其三年赏给，仍出自内府。况他郡邑，兵不啻此。推是可以知天下虚实矣。②

贾昌朝曾在什么年代做过哪个"畿邑"的令长，无可考知。疏中说，除"郊赉"由内府支给外，其余均由禁军所驻屯的这个"畿邑"扣留的民户赋输供应。他还据以推断，驻有禁军的其他郡邑一定也是如此。这说明，在出戍外地州郡的大量禁军中，必还有很大一部分的廪给并不由三司支付，而是由其驻在的州郡扣留的民户赋输供应的。所以在王铚于建炎四年（1130）所修撰的《枢廷备检》中也说道：

> 盖尝率计天下之户口千有余万，自皇祐一岁之入一倍，二千六百余万，而耗于兵者常什八，而留州以供军者又数百万也。
>
> 总户口岁入之数，而以百万之兵计之，无〔虑〕十户而资一厢兵，十万（原误"亩"，据《历代兵制》卷八引文改）而给一散

---

① 〔宋〕苏轼：《苏轼文集》卷九《策别厚货财二·定军制》，中华书局1986年版，第272页。
② 〔宋〕贾昌朝：《上仁宗乞减省冗费》，《宋朝诸臣奏议》卷一〇一，第1082页。

辛矣。①

王铚所说的"一岁之入",是指北宋王朝的三司一年的收入,说养兵之费"常什八",也是就三司的全部收入说的;其所说"留州以供军者又数百万",则是既不入于三司,也不计入三司的支出数字之内的,与贾昌朝所说"留万户赋输"于畿邑作为三千禁军的费用乃同一类事体。

把三司的全部收入的十分之八(或六分之五)用于养兵,使得北宋王朝中央政府的财政陷入困境;而戍守各地的禁军还需要各州郡以民户"赋输"供其耗费,"推是可以知天下虚实",意即可以想见北宋王朝各地方政府的财政困窘状况。所以,最后还得归结为一句话:募兵制度是北宋王朝积贫的最主要原因之一。

四、募兵制度给予北宋农业生产的影响

(一)

北宋政权实行募兵制度的主要用意之一,是要把一些可能反抗现政权的潜在力量转变为维护现政权的力量。这一目的,部分地达到了,却没有完全达到。有许多次农民起义,就首先是由哗变的军队引起的。对北宋政权来说,这也不能不算是一种消极作用。然而对于北宋时期的社会生产(主要是农业生产)来说,募兵制度所产生的消极作用,也是应当给予充分估计的。

如上所述,自从北宋王朝建立以来,在其招募士兵时候,就以社会上的"失职犷悍之徒"作为主要对象。所谓失职,主要是指从土地上、从农业生产上被排斥出来的那些人;所谓犷悍,是指身体魁伟,而且"孔武有力"的那些人。总之,原都是农业生产上的一些强壮劳动力。

在真宗、仁宗相继统治期内(998—1063),为了抵抗来自北方(辽)

① 《挥麈余话》卷一,《挥麈录》,第285页。

和西北方（西夏）的日益严重的军事威胁，北宋王朝招募农民从军的事也愈来愈多。据《宋史·兵志（七）》载：

> 仁宗天圣元年（1023），诏京东西、河北、河东、淮南、陕西路募兵。当部送〔阙下〕者，刺"指挥"二字，家属给口粮。兵官代还，以所募多寡为赏罚。
>
> 又诏益、利、梓、夔路岁募兵充军士，及数即部送，分隶奉节川郊忠、川忠节。
>
> 于是远方健勇失业之民悉有所归。①

在北宋时期，农业生产力主要还是依靠人力，牲畜和机械所起的作用还居第二位。在这样的生产力水平下，强壮劳动力源源不断地流入军队，成为职业兵，并形成一个寄生的社会人群，一律从壮健到老年永远脱离农业生产，其给予农业生产上的影响当然是十分严重的。在这种情况出现后，北宋的高级统治阶层也不能视若无睹。因此，在宋仁宗景祐元年（1034）正月甲戌，宋廷下诏说：

> 天下承平久矣。四夷和附，兵革不试，而边未撤警，屯戍尚繁。吾民氓从军籍者多，而服农功者寡。富庶弗臻，其殆以此。执政大臣其议更制兵农、可以利天下、为后世法者，条列以闻。②

欧阳修也在康定元年（1040）所写《原弊》中说道：

> 古之凡民，长大壮健者皆在南亩，农隙则教之以战。今乃大异：一遇凶岁，则州郡吏以尺度量民之长大，而试其壮健者招之去为禁兵；其次不及尺度而稍怯弱者，籍之以为厢兵。吏招人多者有赏，而民方穷时争投之。故一经凶荒，则所留在南亩者惟老弱也。而吏方曰："不收为兵，则恐为盗"。噫，苟知一时之不为盗，而不知其终身

---

① 《宋史》卷一九三《兵志七》，第4800页。
② 《长编》卷一一四，景祐元年正月甲戌，第2660页。

骄惰而窃食也!

古之长大壮健者任耕,而老弱者游惰;今之长大壮健者游惰,而老弱者留耕也。何相反之甚耶!

然民尽力乎南亩者或不免乎狗彘之食,而一去为僧、兵,则终身安佚而享丰腴,则南亩之民不得不日减也。①

庆历六年(1046)十二月,权三司使张方平也写了一道《再上国计事》,其中也说:

连营之士日增,南亩之民日减。迩来七年之间,民力大困,天下耕夫织妇莫能给其衣食。生民之膏泽竭尽,国家之仓库空虚。而此冗兵狃于姑息,寝骄以炽,渐成厉阶。然且上下恬然,不图云救,惟恐招置之不多也!②

但是,尽管诏令中已经强调指出,因招募农民入伍的过多,以致服田力穑者过少,而使社会不能富庶;尽管欧阳修、张方平也极中要害地论述了一遇凶年就大量招兵的做法,对农业生产的影响如何严重;而在此以后,北宋的各级政府并没有改变这种做法,有计划或无计划地招募农民参军的事依然层见迭出。例如《文献通考·兵考(八)·郡国兵》载:

仁宗皇祐(1049—1053)中,京东安抚使富弼上言:"臣顷因河北水灾,农民流入京东者三十余万。臣既悯其滨死,又防其为盗,遂募伉健者以为厢兵。既而选尤壮者得九指挥,教以武技,已类禁军。今止用厢兵俸廪而得禁军之用,可使效死战斗,而无骄横难制之患,此当世大利也。"诏以骑兵为教阅骑射、威边;步兵为教阅壮武、威勇。分置青、莱、淄、徐、沂、密、淮阳七州军。征役同禁军。③

---

① 《欧阳修全集》卷六〇《原弊》,第870—871页。

② 〔宋〕张方平:《乐全集》卷二三《再上国计事》,文渊阁《四库全书》第1104册,第223页。

③ 《文献通考》卷一五六《兵考八》,第4652—4653页。

河北的这次水灾发生在庆历八年（1048），并非皇祐年间，在皇祐元年（1049）的二月，富弼就因安置这批流民的功劳而受到进秩的奖励。①富弼上此奏章的时间，可能在进秩受奖之后。奏章说"农民流入京东三十余万，……遂募尤健者以为厢兵。既而选尤壮者得九指挥，教以武技，已类禁军"。九指挥为四千五百人，此为"尤壮者"之数目，究竟被招募的"尤健者"共有多少人呢？据苏轼所撰《富弼行状》，在三十万流民中被富弼"募以为兵者"实乃万有余人，其余的全被安置到京东路所属的州县中去了。但不论如何，说明到此时仍是一遇凶年就要大量招收饥民为兵。这些被募为兵的农民，从此便再也不可能回到农业生产上去了。

《续资治通鉴长编》卷一七九，于至和二年（1055）五月乙丑载有知谏院范镇的奏疏说：

> 臣比奉使河北还，伏见河北连岁招兵未已，皆是坊市无赖及陇亩力田之人。……况今田甚旷，民甚稀，赋役甚重，国用甚不足，所以然者，正由兵多也。……
>
> 方契丹贪利而不敢动之时，其民（按指宋民）宜富实而反日以困，国用宜饶足而反日以蹙，此无他，兵多而民稀、田旷而赋役重也。
>
> 夫取兵于民则民稀，民稀则田旷，田旷则赋役重，赋役重则民心离；寓兵于民则民稠，民稠则田辟，田辟则赋役轻，赋役轻则民心固。②

最后，我再引录刘敞的一首古诗为证。《公是集》卷十八有一首题为《荒田行》的七言古诗，其作年已很难考知，其全诗云：

> 大农弃田避征役，小农挈家就兵籍。
> 良田茫茫少耕者，秋来雨止生荆棘。

---

① 《长编》卷一六六，皇祐元年二月辛未，第3985页。
② 《长编》卷一七九，至和二年五月乙丑，第4335—4336页。

> 县官募兵有著令，募兵如率官有庆。
>
> 从今无复官劝农，还逐鱼盐作亡命。①

上面举述的这些言论和事件，尽管还都没有提供出精确的数据，使我们可据以做出更精确的论证；但它们却终于还能反映出来：由于养兵数额经常在百万以上，而且还在不断地陆续招收，在农业生产方面因失去了这样多的劳动力而致产生了农田荒芜、水利失修等等的现象，却已经是朝野上下、社会舆论所一致承认的事实了。

（二）

以下，我把论述范围紧缩在北宋的心腹地带，特别是当时属于京西路的一些州郡的情况，引录部分有关资料，稍加分析，用以说明募兵制度在这一特定地区的农业生产方面所产生的消极影响。

《宋诸臣奏议》卷一〇五《财赋门》，载有宋太宗时的太常博士直史馆陈靖于至道二年（996）所上《乞从京东西起首劝课疏》，其中说：

> 京畿之地，南北东西环绕三二十州，连接三数千里，其田之耕稼者十才二三。又其耕稼之田，所入租税十无五六。既有坐家破逃之户，又有惰农废业之夫。坐家破逃者则奸伪日生，赋额岁减，赋额减则国用不丰，国用不丰则配率科敛无所不行矣；惰农废业者则游手日众，地利斯寡，地利寡则民食不足，民食不足则争盗杀伤无所不至矣。……
>
> 又臣常由衔命出入，所见抛荒田畴，或倚枕沟渠，或比邻城郭，……而皆卒（率?）是污莱，极目无际者。臣亦尝询问，备得缘由。皆谓朝廷累下诏书，许民复业，虽官中放其赋税，限以岁时，然乡县之间行用非细（按：意即并不严格照办），且每一户归业，即须

---

① 〔宋〕刘敞：《公是集》卷一八《荒田行》，《宋集珍本丛刊》第9册，线装书局2004年版，第489页。

申报所由。朝耕尺寸之田，暮入差科之籍，追呼责问，继踵到村。其
免税之名已受朝廷之赐，而逐时之费逾于租赋之资。……以此逃亡不
还者遂逐食于他乡，复归田里者亦无门而力稽。①

引文的第一段，指明北宋国都附近的一些州郡，随处都有大面积抛荒的土
地；第二段则是指明，土地荒废的原因，在于农业劳动人手之不足，人手
之所以不足则是由于，或赋繁役重，或私债所逼，都不得不抛家舍业，走
上流亡道路。流亡人群何所归趋呢？陈靖文中并未涉及此问题。对此，我
们今天根据情理加以推测，这些逃亡人群极大可能的归趋应是：一部分
"逐食他乡"；一部分则自相聚集为反抗剥削压迫的武装力量；更有一部
分，甚至是最多的一部分，则被北宋王朝作为"失职犷悍之徒"而加以招
募，使之变为永远过寄生生活的职业兵。当北宋政府下诏安辑流民归还本
乡本业时，走上前两种道路的人容或有真的返回的，尽管其最终结局仍是
"无门力稽"，因而"绝意归耕"，重新再去流亡；其被招募入伍的，不论
其为禁兵、厢兵，却决不会因此而再回到农业生产岗位上去。到此，我们
就可以得出一个合乎逻辑的推断：环绕开封周围的三二十州的州境之内，
之所以有那样多抛荒的土地，农民之被招参军的数额过多，总应是极重要
的原因之一。

欧阳修在宋仁宗康定元年（1040）写了一篇《通进司上书》，其中
有云：

今天下之土不耕者多矣，臣未能悉言，谨举其近者：自京以西，
土之不辟者不知其数，非土之瘠而弃也，盖人不勤农，与夫役重而逃
尔。久废之地，其利数倍于营田，今若督之使勤，与免其役，则愿耕
者众矣。臣闻乡兵之不便于民，议者方论之矣。充兵之人，遂弃农
业，托云教习，聚而饮博，取资其家，不顾无有，官吏不加禁，父兄
不敢诘，家家自以为患也。……

---

① 〔宋〕陈靖：《上太宗乞从京东西起首劝课》，《宋朝诸臣奏议》卷一〇五，第1124—1125页。

其尤可患者，京西素贫之地，非有山泽之饶，民唯力农是仰，而今三夫之家一人、五夫之家三人为游手，凡十八九州，以少言之，尚可四五万人，不耕而食，是自相糜耗而重困也。……

且乡兵本农也，籍而为兵，遂弃其业。今幸其去农未久，尚可复驱还之田亩，使不得群游而饮博，以为父兄之患，此民所愿也。一夫之力，以逸而言，任耕缦田一顷，使四五万人皆耕，而久废之田利又数倍，则岁谷不可胜数矣。①

欧阳修在文中所论述的只限于京西路的诸州郡，其所举土地荒废原因：一为"人不勤农"；二为役重而逃亡者多；三为被抽调充乡兵者约四五万人，他们都放弃农业，不耕而食。第一个原因过于空泛，我们可以置之不论。第二个原因，是由于役重而逃亡者多。有了这一原因，势必又要出现如欧阳修在《原弊》中所说一遇凶岁的那种情况，由于农民逃亡者多，州郡吏大量招兵，而穷困农民也争往"投之"，以致在每次招募之后，留在农业生产上的尽属老弱，较健壮者大都从军入伍，转变为职业兵，终身不再服田力穑。北宋政权一直在持续奉行其"收天下失职犷悍之徒"去当兵的政策，而"天下失职犷悍之徒"也一直以从军入伍为其主要归宿。因而，对于京西路诸州郡内抛荒土地之大量出现，就必须由它承担一部分乃至一大部分的责任。第三个原因，即抽调乡兵，加以教习，使其"遂弃农业"。在宋仁宗统治期内，不但把许多地方的厢军提升为禁军，且还把陕西等地的乡兵"刺充保捷指挥，差于沿边戍守"（司马光《乞罢陕西义勇札子》中语）。从欧阳修在这道奏疏中所说情况看来，可知对于京西路诸州郡内的乡兵也是施行同样办法的。在这一地区的幸而不曾流徙的农民当中，再抽调出四五万乃至更多的丁壮，当然要使这个久已荒废的地带更无法把农业生产恢复起来了。

苏辙的《栾城应诏集》卷十，收有他写的关于"民政"的几道《进

---

① 《欧阳修全集》卷四五《通进司上书》，第641—642页。

策》，其第三道有云：

> 当今自楚之北至于唐、邓、汝、颍、陈、蔡、许、洛之间，平田万里，农夫逃散，不生五谷，荆棘布野，而地至肥壤，泉源陂泽之迹迤逦犹在。其民不知水耕之利，而长吏又不以为意。一遇水旱，民乏菜茹。往者因其死丧流亡，废县罢镇者盖往往是矣。……今者举千里之地废之为场，以养禽兽而不甚顾惜，此与私割地以与人何异！

> 尝闻之于野人，自五代以来，天下丧乱，驱民为兵，而唐、邓、蔡、汝之间，故陂旧堤遂以堙废而不治，至今百有余年。其间犹未甚远也。盖修败补阙亦旬月之故耳，而独患为吏者莫以为事。

> 若夫许州，非有洪河大江之冲，而每岁盛夏，众水决溢，无以救御，是以民常苦饥而不乐其俗。夫许，诸侯之故邦，魏武之所都，而唐节度之所治，使岁辄被水而五谷不熟，则其当时军旅之费，宗庙朝廷之用，将何以供？此岂非近世之弊，因循不治以至此哉！①

苏辙的《应诏集》乃嘉祐五年（1060）经杨畋奏荐于朝者，则上引一文至晚当作于嘉祐五年前。文中也是集中论述京西路诸州郡土地荒芜的情况和原因。其中除与陈靖、欧阳修两人大致相似相同的一些论述外，还更把许州地区的农田水利情况作了古今对比，并且引用了"野人"的话，把京西诸州郡土地之所以"堙废而不治"，归咎于"自五代以来，天下丧乱，驱民为兵"这一事实。我以为，这个"野人"的话是切中要害的。这不只是指明了一个历史的原因，也指明了一个一直持续存在着的现实的原因。因为，倘若这个原因已不持续存在，则"农夫逃散""流亡"之后，宋政府不再把他们收养为兵，在北宋政权统治了数十年后，便不应再有"废县罢镇"的事，更不会再出现"今者举千里之地，废以为场，以养禽兽而不知顾惜"的事。

基于以上对陈靖、欧阳修、苏辙三篇文章的分析，又可以得出一个合

---

① 〔宋〕苏辙：《栾城应诏集》卷一〇《民政下·第三道》，《栾城集》，第 1690—1691 页。

乎逻辑的结论，那就是：自五代以来，直到北宋中叶，京西路诸州郡之所以一直存在着大面积的抛荒土地，这是与当时实行的募兵制度有直接关系的。

如果说，我在引述和分析陈靖、欧阳修、苏辙三人的文章时，并没有举出北宋王朝针对着与这些文章相应的时间、地区而特地颁降的招兵诏令，因而说服力还不免微弱。对此，我的回答是：在凶荒年份或流民众多地区，州郡长吏之大量招兵，乃是遵依北宋王朝的既定政策照例奉行的，原无需宋廷特降诏令。只有出现了特殊严重的情况时，才会有诏令另作规定。例如：《续资治通鉴长编》卷一一一于仁宗明道元年（1032）载有两事：

> ［二月］丙寅诏：淮南民大饥，有聚为盗者，其令转运使张亿经画以闻。

> ［三月］乙亥诏：淮南饥民有愿隶军而不中者，听隶下军。①

宋廷连续颁降这两道诏令的背景是，在天圣九年（1031），淮南地区遭受了特大的灾荒，好多农民都相聚造反，所以宋廷诏令转运使张亿筹划对策，其中当然就包括了招兵的办法。然而招募禁军厢军各类兵丁，其身长都须符合于不同的尺寸才行，这样则淮南地区的灾民中不少人必有因身长不及格而不被收容于军队中的，仍将成为可忧虑因素。因此就又下了第二道诏令，等于说，过去所定身长尺寸，目前全可废除，尽量把这批灾民收纳于军队中好了。这正好反映出来，如果不是需要打破旧规，则照定章而募流民为兵，是无需宋廷特降诏令的。

再就前所举述的富弼在青州招募河北流民为兵的事例来看，也可以得出同样结论。庆历八年（1048）夏季，黄河在河北地区数处决口，因而在七月戊戌就下诏说："河北水灾，其令州县募饥民为军。"②但从富弼在皇

---

① 《长编》卷一一一，明道元年二月丙寅、三月乙亥，第2577—2578页。
② 《长编》卷一六四，庆历八年七月戊戌，第3957页。

祐初所上的那道奏章看来，他之所以招募那些伉健流民从军，却只是因为"悯其滨死，防其为盗"之故，并不是为遵照七月戊戌的那道诏令才那样做的。既是如此，则说他只是遵依北宋王朝的既定政策而照例奉行的，岂不是更为恰当些吗？

（三）

不管我国历史学界的学者们把北宋和南宋划归中国封建社会的中期或后期，当其时，封建制的生产关系却仍是能够适应于当时生产力的发展水平，使生产力仍有发展余地的。绝对不能认为，当时封建的生产关系已经成为生产力再向前发展的障碍和桎梏了。所以，北宋（甚至南宋以及更后的元、明）的社会经济仍是处于继续缓慢发展的时期，而绝对不能说封建社会已经面临着它的崩溃或没落时期。说募兵制度对当时农业生产的发展起了不好的影响，这也只是说，倘若不受到与募兵制度有关的这样那样的一些妨碍，当时农业生产的发展情况本来是会更好些的。

（原载《中国史研究》1980年第4期。选自《邓广铭全集》第七卷，河北教育出版社2003年版，第306—333页）

北宋军赏制度考述

顾吉辰

宋朝统治者对将士杀敌立功、训练有素等，都颁发军赏。军赏作为赵宋统治者对军队的补助手段之一，有着它的一套办法。鉴于宋朝又有北宋、南宋之别，其北宋一朝的军赏制度又稍区别于南宋。南宋时，军赏往往有激赏、激犒、犒设、犒军等名目。北宋一百六十余年，充满着尖锐、激烈的民族矛盾和斗争，它先后与契丹、西夏、吐蕃以及西南等地方民族政权对峙和军事冲突。在当时这种历史条件下，宋朝统治者对将士实行重赏厚赐的政策，以收买军心、维系士气。本文仅就北宋一朝有关民族斗争方面的军赏制度，即军赏条件与规定、军赏的物品与内容以及军赏所带来的严重后果，作一考述，不妥和错误之处，请方家指正。

一、军赏条件与范围

马端临《文献通考》卷一五三《兵考》说："或战士有功，将吏有劳，随事犒劳，则谓之军赏，皆无定数。"①说明宋朝对将吏战士凡杀敌立功、训练有素等，都颁发军赏。那么，北宋政府究竟怎样重赏厚赐的呢？今据《宋会要·兵·军赏》条的叙述，分列于下：

（一）斩敌首级者。真宗景德元年（1004）闰九月四日，鉴于"契丹唯务贪残，不遵理道有志，但同寇贼无名辄犯边陲"的事实，真宗下诏"如有强壮及诸色人能为首领纠集愿杀蕃贼者，并仰所在官司策应照管，

---

① 〔宋〕马端临：《文献通考》卷一五三《兵考五》，中华书局2011年版，第4594页。

觅便掩杀""斩其首级，每人支钱五千"。三年八月，宋廷再"诏自今沿边斩获蕃寇首级，须辨问得实，当于杀戮者，许依前诏给赏。"神宗熙宁二年（1069）二月，政府规定："今后陕西诸路沿边兵校，如有因与贼斗敌，斫到人头，合该转补者，并可于奏到三日内出给宣头。"显然，宋军将士官吏，凡能在对契丹、西夏以及其他少数民族的战斗中杀敌人头者，均可得到军赏。

（二）生擒敌人者。景德元年（1004）闰九月，政府就规定，凡河北诸州军民，在与契丹人的战斗中，"如活擒到契丹，每人支钱十千"。同时规定，"其俘获之物，并给本人，所在官司更不得辄行讯问"。哲宗元符元年（1098）十月，宋政府根据鄜延路经略吕惠卿的建议，凡生降到人户，"老小妇女每五人理一级转资，其生降到壮人，每名依斩获例推恩"。克服了过去一度"于阵前生降到人户不优与推恩"的弊病。

（三）枭首级者。真宗景德元年（1004）闰九月，政府还规定，凡"枭十人已上首级"，计数赐与，所在给公据。景德三年八月，真宗再次命令，西路沿边州军，"有能枭取为恶蕃族首级者"给予赏赐。

（四）捉到敌人割到耳鼻并夺得马匹衣甲器械者。景德元年（1004）十一月，环庆等路总管张斌建议："自今如蕃部与蕃贼斗敌，得马却给与；活捉到人，割到耳鼻亦别定赏给；所有夺到衣甲器械，即纳官据色件多少支茶彩。"真宗即采纳张斌这一建议，一改过去"沿边熟户蕃部有活捉得贼人割到耳鼻并夺得马，及收阵之后，赴本局呈纳官中纳下，却量支价钱，其捉到人并斫到耳鼻亦支赏赐，其衣甲纳官"的做法。

（五）打夺人口、烧荡族帐者。仁宗庆历元年（1041）八月，仁宗下诏"如有捉杀西贼立功，或斫到人头耳鼻及有伤中，并入贼界打夺人口、烧荡族帐、但系得功者，并析以申陕西都总管司"。这无疑也是军赏内容之一。

（六）遣译语人去敌探事。元丰五年（1082）九月，熙河兰会路经略司言定西城遣译语彭保六人入界刺事得实，有赏。并迁一资，人赐绢二十四。

（七）作战受伤者，也要受赏。据《武经总要》前集卷一四云："禁军副指挥使以上至军都指挥使，伤重者支绢七匹，轻者五匹，副都头、副兵马使以上，重五匹，轻三匹；长行以上重三匹，轻二匹。"元丰五年（1082）五月四日，神宗下诏引战环州弓箭手、都指挥王隐，旧病在目，因夺隘力战，箭中左目，与三班借职给俸禄，终其身，并与引战支赐，仍许子孙承袭。

（八）乡兵训练也有军赏。如弓箭手按试武艺，曾分"三等支赏，出等人支三钱银碗，第一等支二钱银碟子，二等支一钱银碟子"。[①]

除上述所列之外，宋政府军赏名目繁多，其中所谓"或因屯戍之劳，调发之费，则谓之特支"[②]之特支钱，也是军赏之一种。除有固定特支钱外，还有临时性的特支钱。《续资治通鉴长编》卷三五一《神宗元丰八年正月癸丑》条云："诏禁军、民兵、蕃兵并与特支钱。"[③]这是神宗末年，因鄜延路第二、第四、第五将出塞与西夏作战，对军功的嘉奖。

二、军赏物品和内容

马端临说，宋朝军赏，"皆无定数"。这是符合历史实际情况的。在北宋一百六十余年间，民族矛盾始终存在，宋军在跟契丹、西夏、吐蕃、西南诸族以及女真等民族政权的斗争中，其军赏数额、授职升迁，都跟当时的历史条件和实际战斗战绩有关。真宗景德元年（1004），规定如活擒到契丹人，每人支钱十千；斩其首级，每人支钱五千；如生擒十人以上、枭十人以上首级，计数赐外，仰所在给公据和酬奖，其俘获之物并给本人。这是优厚的政策，其目的是鼓励将士官吏勇敢地去跟北方劲敌契丹作战。

按北宋《赏格》规定，厢兵和禁兵的军赏赐物分五等。"绢十匹、钱十贯为第一等，绢七匹、钱八贯为第二等，绢五匹、钱五贯为第三等，绢

---

①〔清〕徐松辑：《宋会要辑稿》兵四之二〇，中华书局1957年版，第6830页。

②《文献通考》卷一五三《兵考五》，第4594页。

③〔宋〕李焘：《续资治通鉴长编》（以下简称《长编》）卷三五一，元丰八年正月癸丑，第8404—8405页。

三匹、钱三贯为第四等，绢一匹、钱三贯为第五等。"蕃兵和义勇、弓箭手的赐物也分五等。"绢十匹为第一等，绢八匹为第二等，钱十贯为第三等，钱五贯为第四等，钱三贯为第五等。"如"杀贼斩一级者，与第四等赐"。①

这虽然是官方公布的《赏格》，但在实际执行中又不尽同。另外，对《赏格》也经常视政治军事形势，在不断修改。熙宁六年（1073）十月二十九日，神宗下诏枢密院重修《行军赏格》，与中书详定进呈。元丰年间又再修。哲宗绍圣三年（1096）三月二十二日，诏今后陕西、河东路赏功，并依《元丰赏格》推恩例，经略告谕汉蕃将士等。这跟当时宋政府与西夏、吐蕃政权的斗争形势密切相关。

神宗熙宁七年（1074），王韶开熙河，收复河州等地，政府"倍加酬赏"，"军声大振"。是年七月三日，重赏破荡踏白城一带作战有功人员。规定："获到首级以十分为率，九分以上为优等，五分以上为第一等，三分以上为第二等，一分至不及分，若无获者，并为第三；优等迁六官，余推恩有差。"②

元丰四年（1081）八月，由于西南蛮首乞弟叛宋，宋政府一方面对乞弟进行军事征讨，一方面以招诱投降的手法，使之就范。八月二十二日，诏中书降敕。榜曰：西南蕃罗氏鬼主、下蛮首领沙取若谕告乞弟早降，宋廷予以厚加爵赏。规定：未肯降，能掩杀赴官，即赏真金五百两、银五千两、锦五百匹、彩绢五千匹，更当优加官爵；其下得力蛮兵，赏盐一百斤、羊百头；如杀到乞弟下蛮兵，每级赏绢二十匹，夷兵十五匹、小头领三十匹、大头领六十匹，其逐处部族都大头领亦重赏。

元丰四年（1081）十一月九日，宋神宗再次颁布《赏格》③，内容更加繁多，兹不俱引。神宗颁布这一《赏格》，完全是针对西夏政权的。元

---

①〔宋〕曾公亮：《武经总要》前集卷一四《赏格》，文渊阁《四库全书》第726册，台湾商务印书馆1983年版，第453页。

②《宋会要辑稿》兵一八之五，第7060页；《长编》卷二五四，熙宁七年七月甲辰，第6220页。

③《宋会要辑稿》兵一八之八、九，第7061、7062页。

丰四年四月，西夏发生政变，秉常失位被囚。宋朝政府认为这是对西夏用兵的难得机会，便发动了规模空前的五路大进攻。这次出兵的意义，从神宗八月底给熙河军帅李宪和种谔的诏书里便可看出："今来举动，不同凡敌，图人百年一国，甚非细事。苟非上下毕力，将士协心，曷以共济？须不惜爵赏，鼓励三军之气。"①显然企图一举征服西夏。而其《赏格》的颁布，也是用来为这场入侵西夏之战服务的。

哲宗元祐元年（1086）闰二月六日，枢密院向哲宗奏称：元丰四年，陕西、河东兵进讨，权宜重立《赏格》，诱激将士，获给重伤等第转资外，重加赐绢，及捕获分厘杂功五等之赏，并特优厚。昨自还塞后，来遇巡绰探事之类，逢贼斗敌，尚用此格，除所立功状尤异，合临时取旨推恩外，今别立《捕获赏格》。哲宗同意枢密院意见，别立《捕获赏格》。这完全是在西夏由于梁太后及其家族的专权，"孤童幼弱，部族携贰"，②对外战斗力低落，而宋朝因实施新法，政治和财政实行一定程度的改革，军事力量有所增强的情势下出笼的。同时，哲宗为了进一步激励士气，克服将士们畏惧西夏的心态，他采纳了吕大防"今日西夏无继迁、元昊之强，中国有练卒精甲之备，苟将帅得人，固无足畏"的建策，③重颁武臣战功酬奖令。鉴于武臣不以诸司使副大小使臣每一资于见任官上改一官，内皇城使一资遂转遥郡刺史，或除入横行并阁门使以上，每一资亦转一官，比之使臣轻重未均的情况，重新规定：阁门副使、左藏库副使以上，每资转一官，客省副使及皇城使以上，每三资转一官，以上应减年者，并回授，有服亲应转资，每转资一官，或循一资，不得转至朝奉郎，及诸司副使并幕职州县官改官应减年人，对减磨勘年限不同者，依《赏格》准折。④

---

①《长编》卷三一五，元丰四年八月庚辰，第7634页。

②〔宋〕苏辙：《栾城集》卷四一《论西事状》，上海古籍出版社1987年版，第907页。

③《长编》卷三六六，元祐元年二月丙子，第8795页。

④《宋会要辑稿》兵一八之一四至一五，第7064—7065页。

三、军赏带来的弊病

北宋政府实施军赏，这是一种收买军心、维系士气的手段，收到一定效果。但是，在实施军赏过程中，带来的弊病也着实不少，这完全是由当时的社会制度所决定的。

首先，助长了一部分武将官吏贪财黩货的风气。这一点，可从仁宗庆历三年（1043）二月枢密院学士杨偕的奏言得到说明。杨偕说："窃见新定行军约束，贪争财物资畜而不赴杀贼者斩，又合战而争它人所获首级者斩，是知临战之际，恐其错乱行伍，故争财物与争首级，固然又有斩首受赏之条，使其众必争之。古者，虽有斩首几千级，盖是概举斩获之数，非赏所获首级以诱士卒之乱也。自刘平、石元孙之败，多因争首级之故。请自今杀贼之后，计所获首级，以本队论赏。"①杨偕奏言十分清楚地说明了当时宋朝官吏武将及其一部分士卒，他们为了得到军赏，竟然不顾军纪约束，而一味贪争财物资畜，一味与它人争夺所获首级，其结果，造成了刘平、石元孙于三川口之败，一度造成人心震恐、手足无所措的紧张局面。②宋代武将的贪财黩货、邀功请赏，这不仅是严重的经济问题，而且也是严重的政治问题和军事问题。赵匡胤对大将实行杯酒释兵权的措施，就是开了武将贪财黩货之端。赵匡胤、赵光义允许大将张永德、赵延溥、祁廷训等人从事自陕西贩卖竹木至首都开封的贸易活动，从中牟利，"所过关渡矫称制免算"③，这也是例证。祖宗这一家法，以后的子孙无一不积极执行。在军赏问题上所暴露的宋朝武臣文吏、士卒互相邀功领赏、贪财黩货，显然是宋初祖宗这一家法在彼时彼地的反映。

宋朝的宦官虽没有汉唐明诸朝那么势焰熏天、左右朝廷，但在不少场合也很有权势。当时武将与宦官勾结，以谋久擅军权的情况，也屡见不

①《宋会要辑稿》兵一八之三，第7059页。
②〔宋〕司马光：《涑水记闻》卷十一，中华书局1989年版，第212—216页。
③〔元〕脱脱等：《宋史》卷二五七《王仁赡传》，中华书局1985年版，第8957页。

鲜。元丰四年（1081），宋政府对西夏发动了规模空前的五路大进攻，当时五路统帅便是宦官李宪。徽宗统治时期，宋政府任宦官童贯作陕西经略使，总领永兴、鄜延、环庆、秦凤、泾原、熙河六路军事，主持对西夏用兵的全权。当时一些武将为取悦宦官，公然行贿，妄求提拔各级军职。

其次，赏重于罚，威不逮恩，对贪夫庸将纵容姑息。元丰四年（1081），李宪作五路统帅，从熙河路出发，种谔出鄜延路，高遵裕出环庆路，刘昌祚出泾原路，王中正出河东路。其中宋将不乏贪夫庸才之辈。刘昌祚领兵五万人，受高遵裕节制，首先向夏境推进，大败夏军，"斩获大首领没罗卧沙、监军使梁格嵬等二十三人，斩首二千四百六十级"①。于是刘昌祚军队乘胜而前，直抵灵州城下。②高遵裕嫉妒刘昌祚独成大功，命他稍待后兵。及遵裕军抵达，西夏军队做好了防御准备，无法攻克，相反，遭到夏人决放黄河七级渠水，又抄绝宋军后勤供给线，高遵裕部队八万七千人，溃散下来只剩残兵一万三千。对宋军中的贪夫庸将以广大士兵生命开玩笑的这一恶劣严重后果，宋统治集团只是作了不痛不痒的处理。相反，一旦他们取得点滴军事上的胜利，则马上转资推恩，"迁官资赐帛有差"。③《长编》卷一三八《仁宗庆历二年十月戊辰》条云："御史中丞贾昌朝上疏言：太祖初有天下，鉴唐末五代方镇武臣、士兵牙校之盛，尽收其权，当时以为万世之利。及太宗所命将帅，率多攀附旧臣亲姻贵胄，赏重于罚，威不逮恩，而犹仗神灵，禀成算，出师御寇，所向有功。自此以来，兵不复振，近岁恩幸子弟，饰厨传，沽名誉，不由勋效，坐取武爵者多矣。其志不过利转迁之速，俸赐之厚尔，御侮平患，何望于兹？"④贾昌朝所指出的"赏重于罚，威不逮恩"，当是宋政府对贪婪无能的将帅的传统政策。对庸将的纵容和姑息，对良将的猜忌和防范，构成了宋朝武将

①《宋会要辑稿》兵八之二五，第6899页。

②〔宋〕李埴撰，燕永成校正：《皇宋十朝纲要校正》卷十下，元丰四年十一月癸未，中华书局2013年版，第306页。

③《宋会要辑稿》兵八之二七、一八之一六，第6900页、第7065页。

④《长编》卷一三八，庆历二年十月戊辰，第3316页。

政策相反相成的两个侧面。从赵宋家天下的私利出发，醉心于良田美宅、金帛子女的驽将，不可能对皇权构成威胁，在许多场合之下反而更受欢迎，故对他们的罪责也就可以得过且过。①这就造成了宋朝政府一面开边拓土，军赏将士，一面受到挫折，撤归原地的得不偿失的奇怪局面。

再次，枉害平民。宋朝政府由于实行以杀斩首级、生擒人数、割到敌人耳鼻等作为军赏将士的条件，这样，给一些市井无赖、贪夫庸将等有机可乘，他们往往以"杀熟户以邀功赏"，"枉害平民"，以争"恩赐"。宋神宗"熙河用兵"之际，宋军滥杀平民熟户，以邀功赏，不乏其人。由于宋军将士在对外作战中，枉杀无辜，结果不能获得各族人民的拥护和支持，加重了宋朝军备费用的开支，造成财政困难和民生凋敝，封建统治濒于崩溃的边缘。"得民心者盛，失民心者亡。"历史就是这样无情地证明这条真理。

（原载《史林》1992年第3期）

---

① 王曾瑜：《宋朝兵制初探·军政的腐败》，中华书局1983年版。

略论宋代武官群在统治阶级中的地位

刘子健

凡是叙述宋代，如众周知，都提及冗兵太多，而军事力量很弱。基本的原因是重文轻武的国策。甚至经过北宋亡国的严重打击，依旧不变。许多著述这样解释之后，就很少再加说明；这些被轻视的武官群究竟是如何的情形？历代的学者研究宋代，可能也受到重文轻武的影响，不大注意这个问题。现代的学人才感觉到这欠陷应该补充。但是有关军事方面的论著，比较其他方面的研究，还是为数不多。并且，这些论著，就大体而言，也许可以说是限于下列的三类。第一类是关于将领的。例如有名的大将、经略使、安抚使，或类似的统帅，以及他们的职权与政治势力。第二类是关于武力冲突的。例如农民起义，汉族对于猺民和其他少数民族的侵占，此外的叛变，有名的战役，攻守城市的方法，以及使用的武器。第三类是兵制。例如边防、马政、禁军、御营司、厢军、牙军、茶商军、效用军、弓箭手、地方的隅官等项的专题。综合以上三类的文献，所注意的重点，并不一定是在军事方面。许多是用的政治史、法制史的观点。无论是日本文的、中国文的、西洋文的著作，大致都是如此，

本文的希望是引起关心学人的注意，以军事史本身作为一个单独的部门，逐渐推进系统化的研究。其实，宋代军事的史料，并不太少。只是散见各书，需要从各方面去搜集整理。类书如《文献通考》，也不免有重文轻武的偏差，只限于编者认为重要，与政治得失有关的。最有兴趣的例证是《宋会要辑稿》。崇儒的部门内，有关于武学武举的记载。重文轻武的政策，在宋代当时，是希望儒教的影响，也能普及到武官武资各品。这类

史料，很值得利用。作者因为时间和体力的限制，还没有能够去努力搜集，很感觉歉愧。本文仅只是尝试性的略论。虽然很简略，也许可能作为概说的参考。

本文采用社会学的观点，主要从两点出发。首先，武官群——包括武官以及有任职资格的武举（武科举人）与武学的学生——仍然是官。不拘他们如何被轻视还是属于统治阶级，只是说他们在统治阶级之中的地位，相对而言，远低于文官和有文资的人。转过来说，他们的身份是可以欺压士兵以及一般平民的。其次，他们在统治阶级之中所受到的歧视——正和一切的歧视相同——一定会产生企图补偿的行为。同时，又会产生违反法规的不良行为，使这种歧视更为加深。

在宋代的官僚政府下，士大夫必须遵守礼法的规定。而武官群就不一定受到同样的道德拘束。淳熙七年（1180）有如下的记载：

> 芮辉奏："窃见吏部选法，小使臣遭丧，不解官，给式假百日。欲除缘边职任，及现从军与归正归朝拣汰指使等官，并军功补授杂流出身人，依旧以百日为限。此外，小使臣如荫补子弟，宜守家法。取应宗室武举出身之类，皆自科举中来，自合悉遵三年之制。"上曰："小使臣多是从军或杂流出身，及沿边职任，所以不以礼法责之。其荫补子弟，取应宗室武举人，岂可不遵三年之制；可依奏。"[1]

以这项记载为例证，可以说明武官群的出身是混合的。有一部分，原本就属于统治阶级，因为没有取得文职文资，不是士大夫，才转入武途。

上引记载没有说明投考武举的是什么出身。其实，有的是考进士落第的。"进士两处投下文字。失解后，旋看兵法，权习弓箭兵马，意务苟进。就试日，多怀匿文字，饰以虚辞，弓兵不甚精习。"[2]有的是不及格的太学

---

[1] 〔宋〕佚名撰，孔学辑校：《皇宋中兴两朝圣政辑校》卷五八，中华书局2019年版，第1331—1332页。

[2] 〔清〕徐松辑：《宋会要辑稿》（以下简称《宋会要》）选举一七之一六，上海古籍出版社2014年版，第5592页。

生，"多去从武举"，只是为了科举的资格。"夫科以武名，不得雄健喜功之士，徒启其侥幸名爵之心。"①关于武举，下文再和武学一起讨论。

上引记载也没有提到所谓杂流之中，还有其他的统治阶级分子，因为犯罪，才避入军队。有名的大将余玠，就是一例。"蕲州人。家贫，落魄无行。喜功名，好大言。少为白鹿洞诸生。尝携客入茶肆，殴卖茶翁死。脱身走襄淮。时，赵葵为淮东制置司，玠作长短句上谒。葵壮之，留之幕中。"②后来建功，担任武职，击退蒙古兵，镇守四川，又立大功。他原来是否"家贫"，颇可容疑。至少，他曾有机会在白鹿洞读书，已经有书生的身份。再看他对于卖茶平民的态度，殴人至死，事后脱身，更是迹近以统治阶级的身份自居。

所谓杂流之中，还有若干人，是和统治阶级建立特殊关系的。有的是"豪民"，于"武臣门馆"，以"牒帖"的方式取得武臣属下"牙职"的名义，因此而"凌驾州乡"。③而某些武职，又可以接近皇室外戚，使他们的子弟，成为士大夫。历史上名画家米黻（即米芾，字元章），据说，就是这种背景出身。"其先以武干显。母阎氏，与宣仁后有藩邸之旧，以恩入仕。"④从武官群再转进而为士大夫，下文还要讨论。

总上而言，武官群中原来就是或渗透而成为统治阶级分子的，绝非少数。当然在南宋初期，因忠义投军的平民，有功任职的，也很多。同时，大批招安群盗，都是平民出身。⑤但这情形是在巨变时的例外，并非常态。不论出身如何，取得武官武资以后，就属于统治阶级了。而他们的背境来历，又多半习惯于不合正当法度的手段，自然很难期待他们遵守礼法，合乎纯粹士大夫的一般水准。

① 〔宋〕马端临：《文献通考》卷三四《选举考七》，中华书局2011年版，第1001页。

② 〔元〕脱脱等：《宋史》卷四一六《余玠传》，中华书局1985年版，第12468页。

③ 《宋会要》职官四八之九六至九七，第4373—4374页。

④ 《京口耆旧传》卷二《米黻传》，文渊阁《四库全书》第451册，第129页。

⑤ 请参阅拙作《包容政治的特点》，《中国学人》（香港，新亚书院）第5期（1972年7月，已收入本书）。编者按："本书"为氏著：《两宋史研究汇编》，台湾联经出版事业公司1987年版。

关于武举武学，还需要补充说明。"宋有武举武选。咸平时令两制馆阁详定入官资序故事，而未尝行。仁宗天圣八年（1030），亲试武举十二人。先阅其骑射，而后试之。"①试的是文字，所以王安石批评这制度的不合理。他说："武举复试墨义，则亦学究之流，无补于事。"②而且考取了武举之后，并不一定担任军职。南宋隆兴元年（1163）有人主张，乾道二年（1166）又有人重申前议，"请以试举登第者，悉处之军中。帝以问洪适。适对曰：'武举人以文墨进，杂于卒伍，非便也'。帝曰：'累经任者，可以将佐处之。'"③这节对话，明说武举并不精于武艺，是公认的事实。同时又明白承认，武举的资格是为了任官。需要用高级军职利诱，他们才愿意担当军事的任务。足证武举不过是另一种仕途而已。前文提及落第进士与太学生改考武举，势所必至。

范仲淹等人，在庆历变法时，首次兴办武学。但是几个月以后就废除了。"以议者言，古名将如诸葛亮、羊祜、杜预等，岂专学孙吴故也。"王安石新法的理想之一，是培养军事人员。所以熙宁五年（1072）"枢密院言，古者出师，受成于学。文武弛张，其道一也。乞复置武学。诏于武成王庙置学"。④然而新法时代，武学并不见有多大成效。这理想还是不合社会的现实。能入武学的，先需要有相当的教育程度。纵使不考墨义，也还是限于统治阶级以及和这阶级有关的子弟。而这些人的态度，是选择仕途的优劣。后来绍述，复行新法，"诸州置武学……入流比文额大优"。用这种降低水准的利诱，于是"隶学者众"。⑤这又何尝是新法的原意，相反的，这是北宋亡国时只重形式的陋政。南宋初，重立武学，不久就"屋舍颓弊"，仍旧是同一原因；统治阶级的分子，不认为武学是优越的仕途，

① 《文献通考》卷三四《选举考七》，第999页。
② 《宋史》卷一五七《选举志三》，第3680页。
③ 《宋史》卷一五七《选举志三》，第3684页。
④ 《文献通考》卷五七《职官考十一》，第1691页。
⑤ 《宋会要》崇儒三之二八，第2803页。又《宋史》卷一五七《选举志三》，第3682页。

"少有士人就试。所以权将下省人填阙"。①

说明了武官群出身的各种情形，再讨论他们因为重文轻武，受到歧视，而寻求补偿。第一，在服装方面，在社会上表现他们的身份，高于平民。北宋中叶张方平这样说：

> 臣闻太祖训齐诸军，法制甚严。军人不得衣皂，但许衣褐。其制不得过膝，岂有红紫之服；葱韭不得入营门，岂知鱼肉之味；每请月粮时，……不许雇车乘，须令自负。……今则异矣；……一例新紫罗衫，红罗袍肚，自绫袴，丝鞋，青纱帽，拖长绅带。鲜华烂然。其服装少敝，固已耻于众也。一青纱帽，市估千钱。至于衫袴，盖一身之服，不啻万钱。②

用丝织品的彩色服装，或其他奢侈的消费品，只能向平民夸耀。第二，进一步的补偿，是模仿士大夫。南宋中叶，不但经济更繁荣，文化水准也不断提高。开禧二年（1206）下诏戒饬武臣"毋得效学文臣好尚，……矫饰清谈虚名无实之人"。③这诏令是在解除道学之禁的后四年。但既无惩罚规定，也无执行方法。武官群以文风自饰，标榜兼通文武，何从禁止？

第三，根本的补偿，是以武官武资为进身之阶。遇有可能，换成文资。北宋时，"许从官三人荐举"，就可以换。南宋初，"令敦武郎以下，听召保官二人，以经义诗赋求试，……锁厅应进士第"。因此许多武士，包括本是太学生，改取武举身份之后的，都"更习程文，褒衣大袖，专效（文科）举子"。在光宗绍熙元年（1190），一度不许武臣试换文资。而宁宗即位不久，又"复武科锁换令"。④统治阶级歧视军职的态度，使属于这

---

① 《宋会要》崇儒三之三七，第2809页。又参阅《宋会要》崇儒三之三四，及《宋史》卷一五七《选举志三》。

② 〔宋〕李焘：《续资治通鉴长编》卷一六三，庆历八年二月甲寅，中华书局2004年版，第3928页。又〔宋〕张方平：《乐全集》卷一八《再对御札一道》，文渊阁《四库全书》第1104册，台湾商务印书馆1986年版，第151页。

③ 《宋会要》职官七九之一八，第5234页。

④ 《文献通考》卷三四《选举考七》，第1001页。又《宋史》卷一五七《选举志三》，第3686页。

背景出身的人，很难因得任武官而满足。"士大夫一入军中，便窃议而鄙笑之，指为浊流"。①而"武举进士，甫得赐第，多弃所学。必欲锁试换文。回视兵书戎器，往往耻谈而羞道之"。②这由武转文的仕途，到了宁宗嘉定十三年（1220），朝廷正式承认，以为合理，"庶几文武兼通"。③甚至面临军事行动，有人还主张特奖武官，"先换文资，以励边功"。④

武官一方面是补偿，提高身份，而另一方面，因为不安心供职，就难免从事违反法规的行动。北宋盛时，欧阳修早已感叹，军队欠乏纪律，求赏图利。⑤南宋初年，更是军纪荡然。"金人既去，而袭逐之师继至。官兵盗贼，劫掠一同。城市乡村，搜索殆遍。……兵将所过纵暴，而唯事诛求。嗷嗷之声，比比皆是。"⑥并且，在北宋中叶，早有吸收盗贼参加军队的办法。理由是"不收为兵，则恐为盗"。⑦南宋则以召安为国策，安抚群盗，军纪更不堪问。称为官军，而"追迹盗贼所不至之处，发人之廪，录人之橐，鞭笞百姓，执缚妇女。所过骚然，与盗贼无异"。⑧武官掌兵，另有"后司"，执行司法权。不但百姓无从诉苦，连士兵也无法诉冤。"后司人吏，或非理锻炼，或轻重任情。贿赂得行，奸弊百出。军中冤抑，无所赴愬。"⑨

退役武官，往往任为巡检、县尉等职。名为捕盗，实际上沿袭军中的作风，形同抢掠。"巡检武人，其间多出军伍，至有不识字划者。"⑩县尉

① 《建炎以来系年要录》卷一〇六，绍兴六年十月戊寅，中华书局2013年版，第2000页。
② 《宋会要》选举一八之一七，第5614页。
③ 《宋会要》选举一八之一八至一九，第5614—5615页。
④ 《宋代蜀文辑存》卷七二，影印本，第17页。又《宋会要》职官六二之一五，第4728—4729页。
⑤ 〔宋〕欧阳修：《欧阳修全集》卷六〇《本论上》，中华书局2001年版，第861—862页。
⑥ 《建炎以来系年要录》卷四一，绍兴元年正月癸亥，第896页。
⑦ 《欧阳修全集》卷六〇《原弊》，第871页。
⑧ 〔宋〕孙觌：《鸿庆居士集》卷一一《与张全真参政书》，文渊阁《四库全书》第1135册，第117页。
⑨ 《宋会要》职官五之五四，第3147页。
⑩ 《宋会要》职官三之七七—七八，第3094页。

横行，舞弊得赏，尤其是在沿海各地。据说：

> 今格当作尉者，希觊酬赏。多拟窠阙于滨海州县。故其到官之初，不务弭盗而愿多盗。锻炼傍及于无辜，牵连凑足于人数。有本非凶恶强盗，而用财买嘱，故入其罪者。有以任内所获之盗，积一名两名，而凑成全伙者。亦有蹒跚跛曳，而称马前三步，躬亲斗敌者，妄冒成赏。①

上司也不调查审察，所以还可以升官：

> 方今改秩之法，惟盗赏为侥幸。牵合附会，上官通融。惟以金钱，赂遗吏胥。蔑不济事。所谓马前捕获，徒虚语尔。②

军队没有纪律的另一面，就是赠加军费。从南宋初年起，已经说"竭天下之财，只足以养兵。兵籍日众，财用日窘"。③是真的养了士兵吗？不然。军费的大部分，是将领武官所得。"今日之兵，隶张俊者，则曰张家军。隶岳飞者，则曰岳家军"。④上级是统治分子，支配军费，迹近行使所有权。四川军队用费，有数字比例。"官员之数，比军兵之数，约计六分之一。军兵请给钱，比官员请给，不及十分之一。即是冗滥，在官员，不在军兵。"⑤这样不平等的分配，绝不限于四川。政府支出浩大的军费，"军士顾未尝得一温饱"。⑥因为"自将佐等而上之，则有至数十百倍之多"。⑦

武官除了极为优厚的收入之外，还有额外营利。岳飞忠义，反被秦桧

---

① 《宋会要》职官四八之八四，第4367页。
② 《宋会要》职官四八之八八，第4369页。
③ 《建炎以来系年要录》卷五四，绍兴二年五月丙戌，第1120页。
④ 《建炎以来系年要录》卷一三七，绍兴十年七月乙卯，第2575—2576页。
⑤ 《建炎以来系年要录》卷一一一，绍兴七年五月壬午，第2078页。
⑥ 〔清〕毕沅：《续资治通鉴》卷一五一，淳熙十五年十二月戊子，中华书局1957年版，第4047页。
⑦ 《宋会要》职官三二之一六，第3821页。

所诬，高宗默许而死，这是千古的悲剧。然而他的军队经商收税，并非纯属诬告：

> 先是，湖北转运判官汪叔詹以书白秦桧。言岳飞顷于郑渚置酒库，日售数百缗。襄阳置通货，场利复不赀。……上谓桧曰，闻飞军中有钱二千万缗。昨遣人问之。飞对所有之数，盖十之九，人言固不妄也。①

至于张俊，有名好财。"喜殖产。其罢兵而归也，岁收租米六十万斛。"②南宋商业，大为发展。武官虽受文官歧视，但可以利用职权，以商业的方式谋利。同时，又用所得利润去投资，取得地主和豪富的身份。

南宋商业化，影响到武官的风气，始终未改。淳熙十一年（1184），曾有命令："诏诸军将佐屯驻去处，自今不许私置田宅、房廊、质库、邸店，及私自兴贩营运。"③从这诏书，可见商业活动种类之多。将领如此，他们下属辅佐的武官亦复有之。而这禁令，显然有两项缺陷，不能收效。一是并未规定如何监察、如何惩罚，仅说不许，形同具文。二则禁令也只限于屯驻所在地，在近地经商，或在原籍投资，同样可以凭借武官的身份和势力，有何差异？南宋亡国以前，贾似道筹划军费，有两大措施。一是众所周知的公田法，以公田收入，直接供给军费，引起大地主纷纷反对。二是比较未受充分注意，专对武将、武官的改革。④他派专员，行"打算法"，彻查军中账目弊端。凡欠缺公款的，概须赔偿。⑤这事又引起武官群的怨言。其实，在南宋末年，武官群营利，已经积重难返。武官之外，武举都尚且如此。"武举中选……率授以榷酤之事"。⑥原因是百余年来，武

---

① 《皇宋中兴两朝圣政辑校》卷二七，第880页。
② 《建炎以来系年要录》卷一三五，绍兴十年四月乙丑，第2517页。参阅〔清〕丁传靖《宋人轶事汇编》卷一五、〔宋〕曹彦约《昌谷集》卷三、〔宋〕汪藻《浮溪集》卷一。
③ 《皇宋中兴两朝圣政辑校》卷六一，第1405页。
④ 《宋史》卷四七四《贾似道传》，第13779—13787页。未载"打算法"之事。
⑤ 《续资治通鉴》卷一七六，景定二年八月丁酉，第4812页。
⑥ 《文献通考》卷三四《选举考七》，第1000页。

人与商业早已有了密切的关系，又岂是"打算法"一事可以改变的？

宋代重文轻武，直至南宋亡国都没觉悟。帝㬎德祐元年（1275）临安危急，朝臣逃遁。太皇太后诏榜朝堂曰："我朝三百余年，待士大夫以礼"，而竟"接踵宵遁。平日读圣贤书，自许谓何？"而仍以官爵呼助，"其在朝文武官，并转二资"。①对于在外的武官群，可能有忠义勇士，还是轻视并未号召他们。

歧视武官群，深深地反映宋代士大夫褊狭的作风。按照儒家理想，应该崇文尚武。文武虽有高下，同是统治阶级。而士大夫不顾现实，区分仕途为二，抑制武官群，造成统治阶级内部的矛盾。前文提到的余玠，在淳祐元年（1241），镇守四川时，又重行提出警告。他有文武两途的经验，所以他说："愿陛下视文武之士为一，勿令有所偏重。偏则必至于激。文武交激，非国之福。"②不仅这警告毫无效用，而且余玠因"专制四蜀，凡有奏疏，词气不谨"（与岳飞的悲剧有相似处），被朝廷猜疑。"及闻召，不自安。一夕暴卒，或谓仰药死。"③

基本上，治国的责任的确在主持政权，领导统治阶级的士大夫。事实上，除了文武之间的矛盾之外，士大夫对于武官群的态度还另有一层矛盾。一方面歧视武臣群，时加抨击。另一方面，又无法控制，纵容武臣群若干不正当的行为。所产生的恶果是由武转文，武官欺兵士，武职掠夺平民，移用军财，多方谋利。武官群本身也早感觉到基本上误国的是士大夫。北宋亡国之后，有人归过于武臣败战，引起反驳。这节文字相当精彩，就便引用，以结束这极短的拙文。

> 诸将皆怨。有令门下作论，以诋文臣者。其略曰：今日误国者皆文臣。自蔡京坏乱纪纲，王黼收复燕云之后，执政、侍从以下，持节

①《续资治通鉴》卷一八一，德祐元年三月庚寅，第4950页。
②《宋史》卷四一六《余玠传》，第12469页。
③《续资治通鉴》卷一七四，宝祐元年七月甲午，第4736页。又见《宋史》卷四一六《余玠传》，第12472页。

则丧节，守城则弃城。建议者执讲和之论，奉使者持割地之说。提兵勤王则溃散，防河拒险则逃遁。自金人深入中原，蹂践京东西、淮南之地，为王臣而弃地弃民，误国败事者，皆文臣也。间有竭节死难，当横溃之冲者，皆武臣也。又其甚者，张邦昌为伪楚，刘豫为伪齐。非文臣，谁敢当之？①

（原载《青山博士古稀纪念宋代史论丛》，（东京）省心书房1974年版，
第477—487页。选自［美］刘子健：《两宋史研究汇编》，
台湾联经出版事业公司1987年版，第173—184页）

---

① 《建炎以来系年要录》卷四二，绍兴元年二月癸巳，第910页。

北宋三衙的地位、待遇及其政治作用

范学辉

一、三衙的待遇

北宋三衙，指的是分统禁军的殿前司和侍卫马军司、侍卫步军司。从总体上看，北宋统治者鉴于唐末五代武夫横行，长枪大剑指挥政治的历史教训，注意树立宰相、枢密使等文臣的权威，以文制武，防范武将，并有意识地引导社会价值观向重文轻武转变，从而使得管军将帅的地位相比于五代而言发生了显而易见的下降，所谓："祖宗时，武臣莫尊三衙，见大臣必执梃趋庭，肃揖而退，非文具也，以为等威不如是之严，不足以相制。"①

不过，北宋一代，三衙的地位尽管不如五代，但亦不应作过低估计。因为北宋立国开封四战之地，"国依兵而立"②，又与辽、西夏发生连绵不断的战争，重视将帅势所必然。三衙，作为"总领中外师旅，内以弹压貔虎，外以威服夷夏，职任至重"③的"武臣极任"，④其地位之重不言可知。对此，南宋学者章如愚在《群书考索》续集卷44中即准确地概括说："是故见宰执而声揖，礼也。至其后则惟横杖矣；见两制而连骑通名，至其后

---

① 〔宋〕汪藻：《浮溪集》卷一《行在越州条具时政》，文渊阁《四库全书》第1128册，台湾商务印书馆1986年版，第8页。
② 〔宋〕张方平：《张方平集》卷二四《论国计奏事》，中州古籍出版社2000年版，第353页。
③ 〔宋〕苏辙：《苏辙集》卷四五《乞定差管军臣僚札子》，中华书局1990年版，第800页。
④ 〔清〕徐松辑：《宋会要辑稿》（下文简称《宋会要》）职官三二之七，上海古籍出版社2014年版，第3816页。

则又分道矣。至于熙宁，待遇之礼继于二府，至有寺监召之而不可得者。吁！何其重也。"

一个较为明显的例证就是三衙在北宋享有相当可观的待遇，"其任之也重，则其待之也亦不轻"，[①]是当时北宋朝野上下的共识。如宋太祖朝就是"封父祖，荫妻子；荣名崇品，悉以与之"。[②]神宗亦批曰："殿前、马、步军三帅，朝廷待遇，礼继二府，事体至重。"[③]所谓"待之也亦不轻""事体至重"，除三衙为北宋"武臣极任"，地位居武将之首外，具体说来还大致有以下各种名目：

1.俸禄优厚。武臣俸禄之厚本属北宋俸禄制度的特点，如时人张演有云："宋朝之待武臣也，厚其禄而薄其礼。"[④]三衙作为"武臣极任"，当然更为突出，像仁宗朝御史中丞贾昌朝在分析外戚等"恩倖子弟"垂涎三衙职位的原因时就说："其志不过利转迁之速，俸赐之厚耳。"[⑤]事实也就是如此。为了更直观地说明这一问题，请看下表。

表1　三衙[⑥]与宰执俸禄对照表

职　务		俸　钱	衣赐（年匹、两）				禄粟
		月贯（千）	绫	绢	绵	罗	月石
宰执	宰相、枢密使	300	40	60	100	1	100
	参知政事、枢密副使	200	20	30	50	1	100
宰执	知院事、同知院事	200	20	30	50	1	100

① 〔宋〕章如愚：《群书考索》续集卷四四《兵制门》，文渊阁《四库全书》第938册，第554—555页。
② 〔宋〕陈傅良：《历代兵制》卷八《宋》，《中国兵书集成》第7册，解放军出版社、辽沈书社1992年版，第388页。
③ 〔宋〕李焘：《续资治通鉴长编》（下文简称《长编》）卷二七四，熙宁九年四月丁亥，中华书局2004年版，第6701页。
④ 《群书考索》后集卷二一《官门》，文渊阁《四库全书》第937册，第294页。
⑤ 《长编》卷一三八，庆历二年十月戊辰，第3316页。
⑥ 三衙俸禄基本上按照节度使、留后、观察、防御、团练使、刺史的官阶发放。

续表

职务		俸钱	衣赐（年匹、两）				禄粟
		月贯（千）	绫	绢	绵	罗	月石
	签书枢密院事	150	20	30	50	1	70
三衙	节度使	400	40	200	500	10	150
	节度观察留后	200		20	100		100
	观察使	200		20	100		100
	防御使	200		20	100		100
	团练使	150		20	100		70
	刺史	50		20	100		50

从中不难看出，三衙俸禄的整体水平与宰执处于同一水平线上，位至节度使的殿前、马、步军都副指挥使俸禄甚至在宰相之上。[1]

2.恩荫妻、子。恩荫，又称"任子""门荫""世赏"，是指朝廷根据官员职、阶高低而授给其子孙或亲属以官衔或差遣的制度。北宋恩荫之滥是空前的，仅名目就分为郊祀、圣节（皇帝生日）、官员致仕、官员申报遗表和临时性恩典五大类。从真宗朝开始，北宋恩荫制度趋向固定化，规定：文官自侍御史知杂事以上，每年荫补一人；从带职员外郎以上，每三年荫补一人；武臣从横行以上，每年荫补一人；自诸司副使以上，每三年荫补一人。[2]

三衙除依例享受上述待遇之外，还有所谓"初除管军恩例"。以位至节度使的殿前都、副指挥使为例，一是加封母、妻，"母封郡太夫人，妻封郡夫人"。[3]二是补亲子或孙一人为阁职。如神宗元丰元年（1078）十月

---

[1] 此表主要依据汪圣铎：《两宋财政史》（下册，中华书局1995年版，第780—784页）、《北宋元丰改制前文武官员料钱、衣赐数额表》，并参看诸葛忆兵：《宋代宰辅制度研究》（中国社会科学出版社2000年版，第158页）。

[2] 朱瑞熙：《中国政治制度通史·宋代》，人民出版社1996年版，第640页。

[3]〔宋〕宋敏求：《春明退朝录》卷中，中华书局1980年版，第21页。

四日，以左侍禁贾裕为阁门祗候，"先是，贾逵以经画鄜延边事得子祐阁门祗候，后除殿前副都指挥使，以例乞除裕阁职，诏止迁一官。至是，逵再乞。上批：'裕元合与阁职，以遣逵经画边事，特推恩，今逵所乞，乃除殿帅恩例，可依所奏。'"①又如高宗绍兴元年十月二十二日，"枢密院言郭仲荀乞初除管军恩例，吏部拟申当得阁职"。阁职，乃当时易于升迁的美职，时人至有所谓"宠在阁职"之说。故宋高宗在批准郭氏乞初除三衙恩例后，即有"祖宗待三衙之厚如此"②的慨叹。三衙其他管军的恩例要略低于殿前都、副指挥使，但亦相当优厚，故真宗朝冯守信为三衙，"其弟尝欲上其子为守信子，以取高荫"。③此外，因职在亲近，三衙还有时常于皇帝面前请求亲属恩泽的便利条件，仁宗时不得不下诏，要求"管军臣僚非乾元节及大礼，不得非次陈乞亲属恩泽"。④

3.上殿奏事。仁宗朝规定："诏殿前、马、步军，今后所奏本司公事，除系常程依旧例转奏外，如有非泛擘划，急速公事，在后殿祗应，便令免杖子，窄衣上殿；若非本司公事，别陈利见，即关报阁门，依例上殿，更不旋取旨。"⑤

4.回朝赐宴。自真宗朝开始，三衙回朝朝见皇帝例得赐宴，据《长编》卷八四记载："镇定路都部署、步军副都指挥使、振武节度使王能来朝。故事，节帅陛见必赐宴，掌兵者则不及。至是，特令用藩臣例。有司言能既赴坐，而殿前、马军帅曹璨等皆当侍立，品秩非便。乃诏璨等悉与坐，自是掌兵者率以为例。"

5.揖见宰相。北宋宰相位高权重，仪制煊赫，三衙见宰相，须执礼甚恭，《文献通考》卷五八《职官十二》引沈括《笔谈》曰："三衙内中见宰执，皆横杖于文德殿后，立廊阶下唱喏；宰相出，立阶揖之。外遇从官于

---

① 《宋会要》职官三二之五，第3815页。
② 《宋会要》职官三二之九，第3817页。
③ 《长编》卷九五，天禧四年六月丙申，第2199页。
④ 《长编》卷一三六，庆历二年五月丁卯，第3270页。
⑤ 《长编》卷一五六，庆历五年六月辛巳，第3787页。

通衢，皆避焉。此礼久废，惟内中横杖之礼，至今不废。"但宰相也要以礼相还，如仁宗朝王曾为相，"殿前副都指挥使、振武节度使杨崇勋尝诣中书白事，属微雨新霁，崇勋穿泥鞯直登阶，曾额之，不以常礼延坐"。①杨崇勋虽不得预坐，但从此事可以看出，在"常礼"，即通常情况下，宰相是要给三衙设坐的。

6.借官马。三衙皆可借官马，罢职后也可继续留用。仁宗庆历年间以前的制度是"旧制：凡管军皆借马五匹，至罢，犹借留"，庆历八年（1048）遂"诏群牧司，自今殿前、马步军都指挥使落管军，各赐所借马三匹，殿前、马步军都虞候、捧日天武龙神卫四厢都指挥使二匹；军都指挥使一匹"。②

7.得亲兵牙队。宋太祖乾德四年（966），开始严令殿前、侍卫诸军帅及边防监护使臣不得选军中骁勇者自为牙队。宋夏战争爆发后，这一政策有所松动，神宗朝就具体规定官至三衙，即可由朝廷选派军兵为亲兵牙队。如元丰四年（1081）当于熙河统兵的宦官李宪要求"乞于宣武、神勇、殿前虎翼差一指挥，为臣亲兵"时，宋神宗即亲笔批复予以驳回，并说明："所乞亲兵牙队，至管军方许，可札与李宪令知。"③

8.追封三代。三衙凡位至节度使者，经郊祀后可以与现任宰相、枢密院长官一样追封三代祖先为官。如太宗朝刘廷翰为殿前都指挥使，"尝与郊祀恩，当追封三世，廷翰少孤，其大父以上皆不逮事，忘其家讳，上为撰名亲书赐之"。④神宗元丰初年，贾逵拜建武军节度使、殿前都指挥使，"请不俟郊赦赠三世官，神宗曰：'逵武人，能有念亲之志，其特听之'"。⑤

9.丧仪。北宋对三衙将帅丧仪的制度，包括：皇帝辍朝一日，如仁宗

①《长编》卷一〇三，天圣三年十二月甲寅，第2395页。

②《长编》卷一六五，庆历八年八月戊戌，第3968页。

③《长编》卷三一三，元丰四年六月辛巳，第7590页。

④〔元〕脱脱等：《宋史》卷二六〇《刘廷翰传》，中华书局1977年版，第9026页。

⑤《宋史》卷三四九《贾逵传》，第11052页。

朝"殿前都指挥使、保静节度使蔚昭敏卒,赠侍中。故事,罢朝一日,诏特罢二日"。①皇帝还时常亲临祭奠,如神宗朝"殿前副(都)指挥使、武泰节度使卢政卒。辍视朝,临奠之,赠开府仪同三司"。②追赠官职,高者往往可至侍中,如郝质、贾逵皆赠侍中;神宗朝之后,殿前都、副指挥使多得赠开府仪同三司,刘昌祚、苗授、姚麟等皆如此。位至节度使者,又可得谥号,如"马军副都指挥使、武昌节度使彭睿卒……法当得谥"。③荫补子弟为官,如"龙神卫四厢都指挥使、秦凤等路副总管向宝卒,推恩外又许其家陈乞二人差遣"④。任步军副都指挥使以上者去世,其家属还可以借官宅操办丧事,如神宗朝规定:"诏任管军步军副都指挥使以上死,许借空闲官宅居止,毋过三十楹,服阕还官。"⑤

二、三衙地位的前后变化

应该着重说明的是,北宋三衙的政治地位前后经历有一个由低趋高的动态变化过程,如欧阳修《归田录》卷一记载:"宝元、康定之间,余自贬所还过京师,见王君贶初作舍人,自契丹使归。余时在座,见都知、押班、殿前马步军联骑立门外,呈榜子称'不敢求见',舍人遣人谢之而去。至庆历三年,余作舍人,此礼已废。然三衙管军臣僚于道路相逢,望见舍人,呵引者即敛马驻立,前呵者传声'太尉立马',急遣人谢之,比舍人马过,然后敢行。后予官于外十余年而还,遂入翰林为学士,见三衙呵引甚雄,不复如当时。与学士相逢,分道而过,更无敛避之礼,盖两制渐轻而三衙渐重。"南宋大学者朱熹对此事的解释"也是积渐致然。是他权重后,自然如此"⑥,堪称一语破的。

---

① 《长编》卷一〇二,天圣二年三月戊子,第2352页。
② 《长编》卷三一五,元丰四年八月丁卯,第7626页。
③ 《长编》卷一〇六,天圣六年正月丁酉,第2461页。
④ 《长编》卷二九九,元丰二年七月戊申,第7283页。
⑤ 《长编》卷二六一,熙宁八年三月癸巳,第6356页。
⑥ 〔元〕黎靖德:《朱子语类》卷一二八《法制》,中华书局1986年版,第3077页。

大致说来，在陈桥兵变之后至宋太祖杯酒释兵权之前，三衙地位显赫，石守信、王审琦等"官爵阶勋并从超等，酬其翊戴之勋也"①，为众文臣所不及。但自"杯酒释兵权"之后及太宗、真宗两朝，三衙的地位都呈急剧下降趋势。仁宗朝前期，也就是欧阳修所谈到的"宝元、康定之间"，一方面是"重文轻武"的政策达到顶点，所谓"国家承平之久，文事太盛，士以武弁为羞，而学者以谈兵为耻"。②另一方面是三衙自身的素质也降至谷底，如有学者已经指出："长期倍受压制和歧视，在宋仁宗朝造成了武将队伍素质更进一步下降的后果，遂产生了一批怯懦无能、品行低劣的将帅。"③在两者的综合作用之下，其地位基本上降至北宋一代的最低点。然而，从庆历三年（1043）"庆历新政"开始，也就是欧阳修"余作舍人"之时，鉴于宋夏战争中暴露出来的严重问题，北宋"重文轻武"的国策逐渐向"重文但不轻武"转变，而随着狄青等一大批抗击西夏的功臣进入三衙，三衙的素质也略有起色，其地位遂呈上升之势。十余年后的仁宗末、英宗初，即欧阳修任翰林学士及再入为执政时，业已表现出了明显的提高，即所谓"三衙渐重"。

此后，除元祐旧党执政的少数时期外，神宗、哲宗、徽宗诸帝皆有志于对外用兵，尊宠将帅在所难免，故三衙的政治地位持续上升。如神宗朝熙宁九年（1076）四月，殿前都指挥使郝质等言：往军器监与权判监刘奉世等会议军器。上批："殿前、马、步军三帅，朝廷待遇，礼继二府，事体至重。寺监小官，岂可呼召使赴期会？尊卑倒置，理势不顺，自今止令移文定议。"④宋人评论此事说："至于熙宁，待遇之礼继于二府，至有寺监召之而不可得者。吁！何其重也。"至徽宗朝，三衙遂达到了"为极品之官"⑤的顶点。像政和四年（1114）六月，中书舍人陈邦光即曰："管军

① 《长编》卷一，建隆元年正月辛亥，第7页。
② 〔宋〕李纲：《梁溪先生文集》卷五九《议战》，《宋集珍本丛刊》第36册，第698页。
③ 陈峰：《北宋武将群体素质的整体考察》，《文史哲》2001年第1期，第120页。
④ 《长编》卷二七四，熙宁九年四月丁亥，第6701页。
⑤ 《宋大诏令集》卷一〇二《高俅拜太尉制》，中华书局1962年版，第377页。

为武臣极任，今乃不入品序，止以本官为次等，欲望特诏有司参酌正。"遂诏送礼制局，"本局取到管军臣僚称呼等阶，今定殿前都指挥使在节度使之上，殿前副都指挥使在正任观察留后之上，马军都指挥使、马军副都指挥使在正任观察使之上，殿前都虞候、马军都虞候、步军都虞候在正任防御使之上，捧日、天武四厢都指挥使在正任团练使之上。从之"。①

三、三衙的政治作用

正如朱瑞熙先生所指出的："三衙将帅，不能参政。"②限制武将，尤其是以三衙为主的高级武将的参政权，是北宋一以贯之的基本国策。如在宋太祖朝，"一日，太祖语（石）守信，将用周翰掌诰。守信微露其言，周翰遽上表谢。太祖怒，遂寝其命"。③宋太宗更是明确宣布云："自梁、晋以降，昏君弱主，失控驭之方，朝廷小有机宜，裨将列校，皆得预御坐而参议，其姑息武臣乃如此。朕君临四海，以至公御下，不唯此辈，假使李广复生，亦无姑息之理也。"④因此，从总体上看，三衙在北宋政治生活中发挥的作用不是很大。

当然，限制将帅的参政权，也不能理解成绝对不允许参政。其实，三衙对朝政发表个人意见在北宋也并非少数，如仁宗时即规定三衙除本司公事之外，若"别陈利见，即关报阁门，依例上殿"。⑤真宗朝张耆于殿前都虞候任上，"时建玉清宫，耆奏疏谓殚国财力，非所以承天意"；⑥杨崇勋，"久任军职，当真宗时，每对，辄肆言中外事，喜中伤人，人以是畏之"⑦；仁宗朝的郭承祐，"好言事，指切人过失，时谓之武谏官云"；⑧

---

① 《宋会要》职官三二之七，第3816页。
② 《中国政治制度通史·宋代》，第552页。
③ 《宋史》卷四三九《梁周翰传》，第13003页。
④ 《长编》卷三九，至道元年五月丙寅，第815页。
⑤ 《长编》卷一五六，庆历五年六月辛巳，第3787页。
⑥ 《宋史》卷二九〇《张耆传》，第9710页。
⑦ 《宋史》卷二九〇《杨崇勋传》，第9714页。
⑧ 〔宋〕王称：《东都事略》卷六二《郭承祐传》，齐鲁书社2000年版，第505页。

等等。

更为关键的是，在北宋多次皇位更迭的过程当中，三衙往往也比较活跃，发挥有不容忽视的重要作用。典型事例有以下三例：

第一，英宗得立，宰相韩琦为"定策元勋"，但殿前副都指挥使李璋协助宰相韩琦，对稳定英宗即位伊始的政局波动亦功不可没。

李璋，是仁宗亲舅李用和之子，仁宗以其为殿前副都指挥使，实寓托孤深意，《宋史·李璋传》记载："仁宗书'忠孝李璋'字并秘书赐之。宴近臣群玉殿，酒半，命大盏二，饮韩琦及璋，如有所属。"英宗即位，时局果有不安之势，一则英宗以外藩入继，皇室内部觊觎者不乏其人，如仁宗曹皇后曰："只是宗室，立了他，后莫有人争？"①北海郡王赵允弼更是自以"最尊属，心不平"，公开扬言："岂有团练使（指英宗）为天子者，何不立尊行？"他比英宗高一辈，所谓"尊行"，就是指他自己。二则军兵贪财希赏，"时禁卫或相告，乾兴故事（仁宗即位），内给食物中有金。既而宫中果赐食，众视食中无有，纷纷以为言"②，军心浮动。

在这政治敏感时期，李璋没有辜负仁宗的期望，他的作用表现在下列三个方面：一是在"召殿前马、步军副都指挥使、都虞候及宗室刺史以上至殿前谕旨"时，进一步确立英宗的地位，"戒殿前班兵曰：'今入殿，候见吾山呼拜时，汝辈方得山呼。'质（实为李璋）扣殿阶白宰相：'欲上殿看官家。'琦禀后，后许之。时英宗散发被面，覆以帽子。质（璋）徐缙笏拂开发，审观之，降殿山呼拜，殿前班亦山呼拜"。③二是否决了执政增加京城防备的拟议，史称："帝（仁宗）崩，执政欲增京城甲士，璋曰：'例出累代，不宜轻易。'"④三是痛责骄兵，及时地稳定了军心，"殿前副都指挥使李璋呼其长，谓曰：'尔曹平居衣食县官，主上未临政已优赏，

①《长编》卷一九八，嘉祐八年四月壬申注引《直笔》，第4793页。
②《长编》卷一九八，嘉祐八年四月癸酉，第4794页。
③《长编》卷一九八，嘉祐八年四月李焘注引蔡氏《直笔》，并考证说："此时殿帅乃李璋，而郝质实为马军帅，《直笔》盖误。"故据之改属李璋事。
④《宋史》卷四六四《李璋传》，第13566页。

尔何功复云云，敢喧者斩！'众乃定"。对此，当时人就有将其与韩琦并列的高度评价，"时朝论称有如此宰相、殿帅，天下岂不晏然"。①

第二，殿前副都指挥使燕达与宰相蔡确等人合作，为确保哲宗顺利继承皇位发挥了重要的作用。

神宗、哲宗之际，有所谓高太后"有废立之谋"（即以雍王赵颢取代哲宗）和蔡确等拥戴哲宗有"元丰受遗定策殊勋"的政治疑案出现。在日后的元祐、绍圣新旧党争中，新党皆主此说，旧党则力辨其诬，至有《新录辨诬》、邵伯温《辨诬》之作。由于神宗、哲宗两朝《国史》《实录》已经双方多次反复篡改，皆非信史，完全澄清其历史真相十分困难。但可以肯定的是，围绕着哲宗即位，当时政见相左的各派政治力量确实有过激烈的斗争，结果是以哲宗上台但由高太后摄政，双方暂时妥协而告一段落。对此，邓广铭、漆侠先生在《北宋政治改革家王安石》《王安石变法》诸名著中已有初步阐述，笔者拟在其基础之上另文再详细考证，这里仅概述结论，并着重分析一下殿前副都指挥使燕达在其中的作用。

简单地说，高太后反对神宗、王安石等人行新政实由来已久，而雍王赵颢不仅是她的爱子，两人在反对新法方面更完全一致，曾联手向神宗发难，逼其罢免王安石。据《邵氏闻见录》卷三记载："神宗既退司马温公，一时正人皆引去，独用王荆公，尽变更祖宗法度，用兵兴利，天下始纷然矣。帝一日侍太后，同祁王（即赵颢）至太皇太后宫（即高太后）。……太皇太后曰：'吾闻民间甚苦青苗、助役钱，宜因赦罢之。'帝不怿，曰：'以利民，非苦之也。'太皇太后曰：'王安石诚有才学，然怨之者甚众。帝欲爱惜保全，不若暂出之于外，岁余复召用可也。'帝曰：'群臣中惟安石能横身为国家当事耳。'祁王曰：'太皇太后之言，至言也。陛下不可不思。'帝因发怒，曰：'是我败坏天下耶？汝自为之。'祁王泣曰：'何至是也。'皆不乐而罢。"神宗所言"汝自为之"，乃是引用太宗迫太祖子赵德昭自杀之语，可见对其已深有疑忌。待神宗弥留之际，赵颢先是首倡由高

①《长编》卷一九八，嘉祐八年四月壬申，第4793页。

太后摄政，"二月，神宗疾甚，辛卯，辅臣入问，至紫宸殿，颢乃邀于廊曰：'上疾急，军国事当请皇太后垂帘。'辅臣愕不对"；后在高太后的默许下谋位之心日益膨胀，像"太子未建，中外汹汹。皇弟雍王颢问疾，辄穿帐径至皇太后所语，见宫嫱不避，神宗数怒目视之，颢无复忌惮"，"又奏乞止宿侍疾，皇后力争，荆王颢亦奏止之，得不宿。既而数留禁中，颢屡牵臂引出"①等一类记载虽出于新党之手，但大致上是符合事实的。

在这种形势下，哲宗能否得继父位就成了一个疑问，宋神宗有鉴于此，于是有托孤于蔡确、燕达两人之举，史称："事愈急，会确母得入禁中，皇后使谕确，使外托主兵官燕达等辅立，又因内侍阎守勤谕确协力早定。"蔡确，时任首相，神宗对他的评价是："群臣皆先皇帝遗朕者，如确自小官，朕亲擢至此，必不负朕。然气弱，得人辅之乃可。"②故又特意指定殿前副都指挥使燕达为其辅助，用意当然是希望以军力为蔡确后盾。

燕达，时任殿前副都指挥使，是宋神宗亲手提拔起来的亲信将领，"神宗以其忠实可任，每燕见，未尝不从容"③。他对神宗也忠心耿耿，在立储前夕，待蔡确派其弟蔡硕转达神宗、蔡确之意后，当即表示："愿尽死力，上助相公（指宰相蔡确）。"④蔡、燕二人一文一武，文武合力，对高太后、赵颢等形成了较大的压力，迫使他们不敢轻举妄动，方接受了立哲宗为太子、由高太后摄政的折中方案。能够争取到这一结果，对神宗为首的变法派来说，在当时不利的条件下，已经是比较好的选择了。

燕达不仅于立哲宗为太子时以武力协助了宰相蔡确，在哲宗登基前后，为防万一，他还不顾忌讳，上奏要求亲自率领全副武装的六十名中下级军官守在皇宫内东门外。史书记载："逮神考升遐，宿卫于内东门。百官朝晡临，由垂拱殿入，皇族亲王由内东门入。（燕）达谓人曰：'天子新即位，我坐甲于此，以备非常，万一有奸人随皇族而入，则事起不测，又

①《长编》卷三五二，元丰八年三月甲午李焘注，第8419页。
②《长编》卷三五二，元丰八年三月甲午李焘注，第8419页。
③《宋史》卷三四九《燕达传》，第11056页。
④《长编》卷三五二，元丰八年三月甲午李焘注，第8419页。

岂能人人辨之。'将入上奏，人或止之曰：'皇族之事，非所当言，言之恐被罪。'达曰：'我蒙先帝大恩，拔擢常在众先，言之苟当，虽死何憾！'遂奏上。大臣嘉叹之。"①在燕达的请求下，宋廷遂打破常例，特允许燕达领军校日夜于内东门"坐甲合亲诣守"。②燕达是举，意在防范由内东门出入的皇族中有可能对哲宗不利者，对哲宗顺利即位显然意义非轻。从这个角度上讲，神宗认为他"忠实可任"确属知人善任。

第三，步军都虞候③何灌于徽、钦内禅之际，以武力为后盾，震慑了郓王赵楷的抢位企图。何灌，开封人，以善射著称，积军功于徽宗末年为步军都虞候、管勾步军司事。徽、钦内禅之际，他领兵入卫。当时正是金军南下，北宋国势艰难，北宋皇族本应同心协力共赴国难，但由于徽宗、钦宗父子素有嫌隙，早在宣和末年宋徽宗宠爱三子郓王赵楷，已萌废立之意，据时人胡寅说："渊圣皇帝在东宫，当宣和季年，王黼欲摇动者屡矣。（耿）南仲为东宫官，计无所出，则归依右丞李邦彦。邦彦其时方被宠眷，又阴为他日之计，每因王黼谗谮，颇曾解纷。"④待徽宗急于逃避金兵而禅位时，赵楷不顾大局，在宦官们的怂恿下，仍试图抢位。《宋史·何灌传》记载："帝内禅，灌领兵入卫。郓王楷至门欲入，灌曰：'大事已定，王何所受命而来？'导者惧而退。"宋人笔记中对此事更有详细描述，如王明清《挥麈余话》卷一曰："宣和末，祐陵欲内禅，称疾作，令召东宫。先是，钦宗在朱邸，每不平诸幸臣之恣横，至是内侍数十人，拥郓王楷至殿门。时何灌以殿帅守禁卫，仗剑拒之。郓王趋前曰：'太尉岂不识楷耶？'灌指

① 《长编》卷三五三，元丰八年三月戊戌李焘注，第8459页。
② 如《长编》卷三五三，元丰八年三月戊戌李焘注引《密记》曰："三月五日燕达奏，差殿前指挥使六十人赴内东门坐甲合亲诣守，奉旨依。"并考证说："惟燕达乞守宿内东门外，前此未有也。……应是达创有陈请，非旧例也。"可见是举确实出自燕达一己之议。
③ 〔宋〕王明清：《挥麈余话》卷一言何灌时为殿帅，但《宋史》本传无载，又当时有殿前副都指挥使王宗濋，见《建炎以来系年要录》卷一，何氏此时职务据《宋史》本传实为步军都虞候，管勾步军司事。寻迁步军副都指挥使。
④ 〔宋〕李心传撰，胡坤点校：《建炎以来系年要录》卷二七，建炎三年八月庚寅，中华书局2013年版，第620页。

剑以示曰：'灌虽识大王，但此物不识耳。'皆惶恐辟易而退，始亟趋钦宗入立。"何灌的阻止，成为粉碎赵楷等抢位企图的一个关键性因素。

综上所述，三衙在北宋皇位更迭过程中确实发挥有比较重要的作用，这也并不奇怪，因为在古代专制主义政体之下，皇位新旧更迭往往是各种势力竞相角逐的政治敏感时期，北宋尽管重文轻武，武臣不得干政，但三衙管军将帅，尤其是殿前都、副指挥使，作为直接握有京城禁军兵权的强有力人物，他们的地位自然举足轻重。

不过，北宋三衙参与皇位更替也呈现出鲜明的时代特点，即有节、有利。有节，是指其往往在以宰相为首的文臣控制之下发挥作用，不再像唐末五代那样作为一个单独的集团出现，而且时常表现为能主动同宰相等文官执政大臣密切合作。更重要的是，武力虽然是三衙将帅的后盾，但真正使用武力解决问题的在北宋却几乎一次也没有发生，他们主要是作为一种军事威慑力量辅助宰相；有利，指的是三衙将帅对皇位继承的适当干预，多数情况下对稳定政局发挥了不可替代的积极作用。像前面提到的英宗即位时的李璋、哲宗即位时的燕达、钦宗即位时的何灌等，皆是如此。近年来有宋史专家撰文指出："在宋代的政治生活中，野蛮蒙昧的色彩在消褪，文明理性的色彩在增多，政治运作的文明化、理性化的程度大大提高。"[1]三衙作为手握重兵的武将，能够在皇位更迭中发挥出上述良好作用，应该说正是北宋政治运作趋向文明化、理化性的重要体现之一。

（原载《文史哲》2002年第5期）

① 王育济：《论杯酒释兵权》，《中国史研究》1996年第3期，第124页。

宋初三朝武将的量化分析

——北宋统治阶层的社会流动现象新探

何冠环

一、前言

从古到今，文臣武将是统治阶层内数目和势力相当的两大集团。他们对政治的影响力会此消彼长，会因时而异：他们之间，有时会合作无间，有时会互相排抑。他们一方面来自门荫世袭，一方面起自科场和沙场。

以往，研究中国古代社会流动现象的学者，多倾向于研究文臣集团的社会流动问题，而相对地忽略了武将集团这方面的情况。[①]同样地，近十年来研究宋代社会流动现象的学者，仍然多只着眼于士子文臣的社会地位的升降，强调科场、科举制度所起的重大作用，而疏忽了用命沙场、建功立业的武夫。[②]说起来，真有点儿"重文轻武"的味道。

---

① 陈义彦：《北宋统治阶层社会流动之研究》，台湾嘉新水泥公司文化基金会1977年版，第5—6页。陈氏在这里对我国研究社会流动的学者及其著述，有概括的介绍。

② 例如研究宋代教育史著名的李弘祺，便认为传统中国是一个"单线社会流动"的社会，除了通过考试制度晋身科名之外，可以说没有其他有意义的社会流动。参见李弘祺：《宋代教育散论》，台湾东升出版事业有限公司1980年版，第33页。另中国大陆研究宋代社会史的朱瑞熙也确认，"科举逐渐成为统治者选拔人材、培养'衣冠户'的主要途径"。参见朱瑞熙：《宋代社会研究》，中州书画社1983年版，第77页；至于陈义彦虽仍以为"科举制度乃是影响统治阶级的主要因素"，但已注意到武夫与社会流动的关系，将"军功"列为科举以外的另一入仕途径，见陈义彦：《北宋统治阶层社会流动之研究》，第1页。

关于宋代武将的研究，美国普林斯顿大学的刘子健（1919—1993）教授曾写过一篇很有启发性的文章。[1]而前几年中国内地的宋史学者王曾瑜所撰写的《宋朝兵制初探》一书，也曾论及宋代武官制度。[2]在国外，也有人以宋初军人为题写过博士论文。[3]不过，这些著述并没有把武将和宋代统治阶层的社会流动问题结合起来讨论。本文撰写的目的，便是试图补充这方面研究的不足。

本文采用量化分析的方法。时限是宋太祖（960—976在位）、太宗（976—997在位）、真宗（997—1022在位）三朝。用作统计分析的抽样共计一千二百九十一人，分别摘录自李焘（1115—1184）的《续资治通鉴长编》卷一至九十九［自宋太祖建隆元年（960）迄真宗乾兴元年（1022）］、脱脱（1314—1355）的《宋史》和王称（？—1200后）的《东都事略》各列传。至于统计分析的事项分别为宋初三朝武将的家世、出身、地理分布以及出自将门的比率。

由于宋代武官制度和文官制度一样予人混乱的感觉，故本文首节先对元丰改制前的武将下一定义，并将各类武官、武职区分为高、中、下三级，以便统计分析。

二、元丰改制前的北宋武将释义

宋神宗（1068—1085在位）元丰更定官制前，武将和文臣一样，既有

---

① ［美］刘子健：《略论宋代武官群在统治阶级的地位》，《青山博士古稀纪念宋代史论丛》，（东京）省心书房1974年版，第477—487页。

② 王曾瑜：《宋朝兵制初探》，中华书局1983年版。

③ 参阅John Richard Labadie, *Rulers and Soldiers: Perception and Management of the Military in Northern Sung China（960—Ca. 1060）*（University of Washington. Ph. D. Dissertation, Unpublished, 1981）。

阶、勋、爵、邑，也有官、职、差遣。①

和文臣一样，宋代武将都有用以寄禄的"阶官"或明职事的"职官"。什么时候是寄禄官，什么时候是职事官，就要看他们还带有什么职衔差遣。②以下先阐述各类的武"官"：

（1）枢密院的职事官

宋代武将能够做到的最高级职事官，当然是枢密院的各级执政官：枢密使、知枢密院事、枢密副使、同知枢密院事、签书枢密院事和同签书枢密院事。致位西府的武臣，都会授以品秩崇高的寄禄官，如检校官（三师、三公），以求名实相符。③至于中级的职事官，则包括从五品的枢密都承旨、副都承旨和正六品的枢密承旨和副承旨。④

---

① 例如下面一条史料，便有官、职、邑、阶："（景德二年正月）丙寅，山南东道节度使李继隆、武宁节度使石保吉、马军都指挥（使）葛霸、步军都虞候王隐，以澶州之功，并加封邑，继隆特加开府仪同三司。"上面一条史料所载李继隆（950—1005）、石保吉（954—1010）的衔头，乃是他们的职事"官"，葛霸（934—1008）、王隐（？—1008后）的衔头是他们的军"职"：他们四人都得到封"邑"之赐，而李继隆特加的头衔，则是文臣武将获得最高的"阶"。参见〔宋〕李焘：《续资治通鉴长编》（以下简称《长编》）卷五九，景德二年正月丙寅条，中华书局2004年版，第1312页。

② 又如以下一条史料："上以河北守臣宜得武干善镇静者，（景德二年正月）乙卯命西上阁门使马知节知定州，孙全照知镇州……洺州团练使上官正知贝州，莫州团练使杨延朗知保州，滁州刺史张禹珪知石州，崇仪使张利涉知沧州，供备库使赵继升知邢州，西上阁门副使李允则知雄州，供备库副使赵彬知霸州。"以上各中、下将领所带各类使臣的头衔，都属于寄禄官的性质，而别于前述李继隆和石保吉所拥有的职事官衔。他们真正的职务，是担任河北各重要州军的长吏，而属于差遣的性质。参见《长编》卷五九，景德二年正月甲寅，第1308页。

③ 例如宋真宗时，韩崇训（952—1007）和马知节（955—1019）自枢密都承旨擢为签书枢密院事时，他们都分别从属于中级官秩的四方馆使、东上阁门使迁入于高级官资的检校太傅和检校太保。但当二人罢枢时，却只获除授为防御使。见《长编》卷六二，1390页；卷六六，第1478页；卷八二，第1883页。

④ 枢密院自都承旨至副承旨，都有荫补子弟的权利。枢密都承旨为从五品，副承旨是正六品，从官品来说，都属于中级官员。其中枢密都承旨再升迁，可至枢密院的执政官（如注释③的韩崇训和马知节）或禁军的高级军职，例如在景德二年（1005）十二月，曹璨（950—1019）［曹彬（931—999）长子］便自枢密都承旨、亳州（今安徽亳州市）团练使，镇州（今河北正定县）、定州（今河北定州市）、高阳关（今河北高阳县东旧城）三路行营都钤辖，就拜殿前都虞候、康州（今广东德庆县）防御使（按：都承旨是曹璨职事官，团练使是寄禄官，都钤辖是兵职，都虞候是军职，防御使是升秩后的寄禄官）。见《长编》卷六一，第1377页；卷八四，第1911—1912页；马端临：《文献通考》卷六六《职官考二十》，中华书局2011年版，第2000—2016页。

（2）宣徽南院、北院使

宋代宣徽院的南、北院使，是地位仅次于执政的崇高内职，是所谓"执政之渐"，后来普遍成为枢密院执政官的兼官。①因为地位重要，等闲不易轻授。例如宋太宗淳化五年（994）八月，内臣王继恩（？—999）平蜀有功，宰相请授继恩宣徽使时，便遭到太宗的拒绝，太宗明言"宣徽使，执政之渐"，不能授内臣。②宣徽使基本上属于职事官，职责为"总领内诸司及三班、内侍之籍"③，偶然也会出领兵职，那时宣徽使便变成寄禄官了。④

（3）横班使臣

除了宣徽使外，内职使臣地位最高的便是横班使臣，按位序依次是内客省使、客省使、引进使、四方馆使、东上阁门使和西上阁门使。他们是从五到正六品的中级将领，他们的副使（按：横班副使只有客省副使、引进副使、东上阁门副使及西上阁门副使四阶）则是从七品的下级武官。⑤

---

① 例如宋太祖乾德二年（964）正月，李崇矩（924—988）便自宣徽北院使、判三司为检校太尉充枢密使。另太祖开宝九年（976）二月，曹彬以平江南功，亦自宣徽南院使、义成军（即滑州，今河南滑县）节度使为枢密使，领忠武军（即许州，今河南许昌市）节度使。到了宋太宗时，宣徽使普遍成为枢密院执政官的兼职，例如太平兴国七年（982）四月，柴禹锡（943—1004）以告秦王廷美（947—984）之功，自如京使超擢为宣徽北院使、兼枢密副使；又太平兴国八年（983）正月，弭德超（？—982）亦以告曹彬之功，自镇州驻泊都监、酒坊使超授宣徽北院使兼枢密副使，王显（932—1007）则自东上阁门使为宣徽南院使，并兼枢密副使。到了淳化四年（993），柴禹锡又再自涪州（今重庆市涪陵区）观察使为宣徽北院使、知枢密院事。见《长编》卷五，第119页；卷一七，364页；卷二三，第515页；卷二四，第537—538页；卷三四，第750页。

② 《长编》卷三六，第792页。

③ 《文献通考》卷五八《职官十二》，第1722页。

④ 例如郭守文（935—989）在太宗端拱元年（988）八月，便以宣徽南院使充镇州路都部署。见《长编》卷二九，第656页。

⑤ 《文献通考》卷六四《职官考十八》，第1937—1941页；卷六六《职官考二十》，第2001—2016页。

他们有时是服役内廷的正任职事官，有时却只是寄禄官而已。①

（4）诸司使臣

横班使臣下面的，是东西班诸司使臣。西班诸司使臣顺位序为皇城使（初名武德使）、宫苑使、左骐骥使、右骐骥使、内藏库使、左藏库使、东作坊使、西作坊使、庄宅使、六宅使、文思使、内园使、洛苑使、如京使、崇仪使、西京左藏库使、西京作坊使、东染院使、西染院使、礼宾使、供备库使。而东班诸司使臣顺位序为翰林使、尚食使、御厨使、军器库使、仪鸾使、弓箭库使、衣库使、东绫锦使、西绫锦使、东八作使、西八作使、香药库使、牛羊使、榷易使、毡毯使、鞍辔库使、酒坊使、法酒库使、翰林医官使。②他们都是正七品的下级武官，不过许多时候他们会遥领刺史、团练使等外使官，而跻身于中级武官的行列。③他们的副使，则为从七品的下级武官。和横班使臣一样，他们可以是职事官，也可以是寄禄官。

（5）三班使臣

三班使臣是包括宋人所谓的"大使臣"和"小使臣"，是北宋元丰改制前，除了禁军小校外的下级武官骨干。官阶最高是"大使臣"的内殿承制和内殿崇班，以下是"小使臣"的东头供奉官、西头供奉官、左侍禁、右侍禁、左班殿直、右班殿直、三班奉职、三班借职。三班使臣以贵家子

---

① 例如曹利用（971—1029）在澶渊之盟后即以功自殿直、阁门祗候擢为东上阁门使、忠州（今重庆市忠县）刺史。阁门使便是他正任的职事官，刺史只是遥领的寄禄官。又如在真宗天禧四年（1020）七月告发内臣周怀政（？—1020）作乱的杨崇勋（976—1045），也是正任的客省使。至于只属于寄禄官的横班使职的例子，可以参看前文注释马知节、孙全照（952—1011）、李允则（953—1028）的例子。见《长编》卷五八，第1292页；卷九六，第2208页。

② 〔元〕脱脱等：《宋史》卷一六九《职官志九》，中华书局1977年版，第4030—4031页。关于北宋前期诸司使臣之位序与职掌，可参阅龚延明：《宋代官制辞典》，中华书局1997年版，第584—589页。

③ 例如贾宗（？—1019后）在真宗大中祥符九年（1016）十月便以崇仪使领平州（今河北卢龙县）刺史；到了天禧二年（1018）二月，更领昭州（今广西平乐县西南）团练使。见《长编》卷八八，第2021页；卷九一，第2100页。

弟为主，他们凭父荫补授。①三班使臣中最清贵的是带有"阁门祗候"或"带御器械"之职名的，有此职衔的三班使臣地位较高。三班使臣在宋初多数获授不同的中央及地方差遣或低级的兵职。②附带一谈是宋代宦官许多也带有近似官称的，如内东头供奉官、内西头供奉官、内殿直，他们一样可以迁转为诸司使副以至更高级的内外武官。他们具有武将的名与实，但他们到底是宦官身份，不算是常规的武官。③

（6）节度使、节度观察留后、观察使、防御使、团练使、刺史

从节度使到刺史，都属于外任职官。当没有带着军职、内使职及其他差遣时，自然属于职事官；反之，只是遥领的寄禄官而已。宋代节度使是武人所冀求最荣宠的官位（倘再加"平章事"或三省长官衔便为品位至极之"使相"身份）。节度使以下各使，都属于中上级的武官，它们均可由中央诸司使臣转迁。④

---

① 宋初以供奉官、殿直、承旨为三班，隶宣徽院，到太宗淳化二年（991）正月始置左右侍禁，位在殿直之上，同月又改殿前承旨为三班奉职，借职承旨为三班借职，在殿直之下。同时又置内殿崇班，在东头供奉官之上。到大中祥符二年（1009）正月又置内殿承制，位在内殿崇班上，并秩同文阶的殿中丞。参见《长编》卷二二，第490页；卷三二，第710页；卷七一，第1587页。关于北宋前期三班使臣之位序与职掌，可参阅龚延明：《宋代官制辞典》，第589—592页。

② 按获授阁门祗候的小使臣，已等同大使臣。据龚延明的考论，阁门祗候具有三种职能：职事官、阁职和武阶，要看拥有此衔的人的其他官职而定。至于带御器械既是军职名，也是带职名，一般只有大使臣以上才会除授。以下是一些例子：（1）"（太平兴国三年）五月壬寅，……（李）飞雄令一卒前导，遂矫称制以巡边为名，掠巡驿殿直姚承遂，至陇州掠监军供奉官王守定"。按：殿直与供奉官是姚承遂（？—978）和王守定（？—978）的武阶官，而巡驿与监军则是二人的差遣和兵职。（2）"（天禧二年五月）甲戌……内殿崇班、阁门祗候、知辰州钱绛为内殿承制知凤州……以讨捕溪蛮有功"。按：内殿崇班和内殿承制是钱绛（？—1018后）的武阶官，而阁门祗候是他迁内殿承制所历的武阶，而知辰州（今湖南沅陵县）、凤州（今陕西凤县）是钱绛的差遣。参见龚延明：《宋代官制辞典》，第421页；《长编》卷一九，第429页；卷九二，第2116页。

③ 《文献通考》卷六四《职官考十八》，第1941—1942页。内臣担任诸司使臣的例子，如淳化五年（994）八月，窦神兴（？—980后）便以崇仪副使兼内班左都知，充庄宅使黄门左班都知。同月，内臣王继恩也以平蜀之功，为宣政使、顺州（今北京市顺义区）防御使。见《长编》卷三六，第791—792页。

④ 从诸司使臣转迁刺史至节度使，有一套完整的制度。可参见《宋史》卷一六九《职官志九》，第4031—4032页。

（7）六军官、环卫官、太子诸率府率

六军官与环卫官同属于武臣的寄禄"散官"。六军官高级的包括左右羽林军统军、左右羽林军上将军、左右龙武军统军、左右神武军统军、左右神武军上将军。中级的六军官包括各军的大将军和将军。环卫官高级的包括左右金吾卫、左右卫、左右骁卫、左右武卫、左右屯卫、左右领军卫、左右监门卫、左右千牛卫等十六卫的上将军。中级的环卫官是各卫的大将军、将军。六军官与环卫官多授予宗室、外戚，亦作为武臣罢降休致的散官。[1]不过，六军官与环卫官有时也担任重要兵职，也领外使的寄禄官。[2]至于环卫官的下级职位，包括诸卫的中郎将和郎将。另外属于东宫系统的太子诸率府率，包括太子左右卫率府率、太子左右司御率府率、太子左右清道率府率、太子左右监门率府率、太子左右内率府率以及各副率，都近于下级的环卫官，多授予宗室或贬黜的武臣。[3]

上面谈过北宋武将各类的"官"，现在要谈他们各种的"职"：

---

[1] 例如宋太宗太平兴国二年（977）五月，向拱（912—986）、张永德（928—1000）、张美（918—985）、刘廷让（929—987）等节度使，便罢授为诸卫上将军。见《长编》卷一八，第404页；又如同年闰七月，布衣孙守彬（923—995）以女入官，授左领军卫将军致仕。见《长编》卷一八，第409页。关于宋代六军官、环卫官及太子诸率府率的职掌、位序等问题，可参龚延明：《宋代官制辞典》，第33—34、428—430、430—437页。

[2] 六军官及环卫官亦担任重要兵职，例如太平兴国四年（979）九月满城（今河北满城县）之战，右龙武将军赵延进（927—999）便是举足轻重的前敌指挥官；另雍熙三年（986）六月伐辽失利后，张永德、宋偓（926—989）、刘廷让等将均以诸卫上将军衔出守河北重镇。他们又会带外任职官衔，例如王中正（？—1016）在大中祥符九年十月卒前，便以右神武大将军领康州团练使；又魏荣（？—1018后）于天禧二年九月以右领军卫大将军、梧州（今广西梧州市）团练使为治河都大部署。见《长编》卷二〇，第462页；卷二七，第618—619页；卷八八，第2021页；卷九二，第2124页。

[3] 《宋史》卷一六六《职官志六》，第3931页。下级环卫官及太子诸率府率往往是武臣黜责的官位，例如在乾德四年（966）十一月，太祖的妻舅王继勋（？—977）以滥杀奴婢之恶行，被太祖自彰国军（即应州，今山西应县）留后贬为右监门卫率府副率。又在太平兴国二年，原知辰州的董继业（？—977后）便以过失自右千牛卫将军责为本部中郎将。见《长编》卷七，第181—182页；卷一八，第401页。按：龚延明称中郎将与郎将之置，在南宋时，然考董继业之例子，早在北宋初年，诸卫已置中郎将之官。参见龚延明：《宋代官制辞典》，第430—431页。

（1）军职

军职是指宋代武将在禁军担任的职位。北宋最高级的"军职"，是三衙〔即殿前司、侍卫亲军马军司（以下简称马军）、侍卫亲军步军司（以下简称步军）〕的高级指挥官，依次序为马步军都指挥使、殿前都点检、马步军副都指挥使、殿前副都点检（以上四职在太祖以后不再除授）、马步军都虞候、殿前都指挥使、马军都指挥使、步军都指挥使、殿前副都指挥使、马军副都指挥使、步军副都指挥使、殿前都虞候、马军都虞候、步军都虞候、捧日天武四厢都指挥使、龙神卫四厢都指挥使。获授以上职位的武臣，宋人均称为"管军"。

从步军副都指挥使以上，极少不遥领节度使的，而殿前都虞候以下，也常加节度使衔，故为统计方便，也因应他们的实际地位，都虞候和四厢都指挥使，都归入高级武官一类。

禁军的中级武职，是包括各厢、各军的都指挥使和都虞候，以及御前忠佐司的马步军都军头和副都军头。根据真宗乾兴元年（1022）正月的规定，军都指挥使"再迁则遥领刺史"又迁为厢都指挥使，遥领团练使，员溢即从上落军职为正团练使、刺史。其赴本任或为他州部署、钤辖，其老疾若过失者为御前忠佐马步军都军头、副都军头，隶军头司，甚者黜为外州马步军都指挥使。[1]

下级的武职，包括各指挥的指挥使、副指挥使，各都的军使、副兵马使、都头和副都头及以下未入流的职位。[2]这些下级武职，一般没有其他官衔或差遣。

---

[1]《长编》卷九九，第2295页。又御前忠佐司的都军头、副都军头多带刺史衔，从品位上入于中级武官。例如邢兴（？—1014后）于大中祥符七年（1014）十一月以监修官有功，自步军都军头擢马步军副都军头领贺州（今广西贺州市）刺史。另崔鉴（？—1019后）于天禧三年（1019）六月以马步军都军头领兴州（今陕西略阳县）刺史。见《长编》卷八三，第1902页；卷九三，第2153页。

[2] 王曾瑜：《宋朝兵制初探》，第29—32页。

（2）兵职

军职有品秩，例如殿前都指挥使是从二品，①兵职却近于差遣，并没有品秩。兵职自然是指各军区、要塞驻军的统兵官。最高级的"兵职"是各军区的都部署、副都部署、部署、副部署、都钤辖。通常是由三衙高级将领或团练使以上的资深将领出任。②中级的兵职有钤辖、都监、都巡检使。一般都由横班、诸司使臣、团练使、刺史或中级禁军将领出任。③至于下级的兵职，如走马承受、监押、巡检，则多由三班使臣出任。④

（3）近职

近职包括阁门舍人、阁门祗候、带御器械的内廷职役，它们是三班使臣的加职。拥有这些近职的三班使臣，是其中的清选。⑤

和文臣一样，宋代武将除了军事性质的军职和兵职外，还领有各种性质不同的差遣，最普通的是担任缘边州军的长吏或出使外国。⑥事实上，宋代武将担当了不可缺少的政治角色。

最后要说明的一点，是宋代有四种人虽然拥有武官武职，但并不在本文统计之列。他们分别是授六军官、环卫官的宗室，转武秩的文官、宦官，归顺授武官武职的蕃部。

---

① 《文献通考》卷六六《职官考二十》，第 2003 页。

② 例如太宗端拱二年（989）十一月，刘延翰（923—992）以殿前都指挥使、武成军（即滑州，今河南滑县）节度使出为镇州都部署；又景德二年（1005）十二月，曹璨以枢密都承旨、亳州团练使为镇、定、高阳关三路行营都钤辖。见《长编》卷三〇，第 691 页；卷六一，第 1377 页。

③ 例如在真宗大中祥符九年（1016）五月，曹克明（？—1037 后）便自东染院使、平州刺史知辰州（今广西宜州市）、融州（今广西融水苗族自治县）等九州都巡检使兼安抚使；又如李允则在景德元年（1004）九月，以西上阁门副使为镇、定、高阳关三路行营兵马都监。见《长编》卷五七，第 1260 页；卷八七，第 1989 页。

④ 例如平言（？—1013 后）便在大中祥符六年（1013）七月前，以三班借职为淯井监（今四川长宁县北）驻泊；宋贲于大中祥符七年六月，因功自侍禁、知泸州江安县（今四川江安县东）为阁门祗候兼淯井监巡检使。见《长编》卷八一，第 1838 页；卷八二，第 1881 页。

⑤ 《宋史》卷一六六《职官志六》，第 3937—3938 页。

⑥ 宋遣使辽夏，通常正使是文臣，副使是带诸司使臣或三班使臣的武官。

三、宋初三朝武臣的家世背景统计分析

本文摘录自《续资治通鉴长编》《宋史》《东都事略》的宋初三朝武臣，共一千二百九十一人，其中家世可考者八百三十一人，不详者四百六十人。属于高级武官的凡二百零四人，中级的四百七十六人，下级的六百十一人。

宋初三朝武官的真实人数，当然远不止上述的数字。《宋史》《东都事略》所著录的武臣，基本上都是高级军官或战功彪炳或有特殊事功的中级军官，下级军官只偶尔在附传中出现。《续资治通鉴长编》因以系年纪事，故中、下级军官较多因厘职任事而得以著录。

高级军官在武臣总人数中为数最少，但著录于史籍的机会最大。本文所用以统计的二百零四人，或许较接近原来的数字，而他们全都家世可考。

中级军官的数目自然较高级的将领为多，但著录于史籍的机会也较少。不过，中级军官实际总人数与得以见于史乘的人数应该也不会相去太远。本文用以统计的中级武官四百六十人中，一百七十二人家世不详。按照《续资治通鉴长编》的体例，倘某人有显赫家世，或是某名臣名将之亲属后人，一定标明。故家世不详的武臣，肯定不是勋臣大将之后，出身顶多是中等家庭。

下级军官的实际人数最多，光是三班使臣，在宋真宗末年，见任的已近五千人。[1]下级军官能著录于史籍而家世可考者，多只是勋臣子弟；《续资治通鉴长编》所能偶然载录的人，也不过是极少数；故这部分的统计结果，还有商榷的余地。下面是宋初三朝武臣的家世资料统计表：

---

① 王称：《东都事略》卷四八《曾巩传》，《宋史资料萃编》第一辑，台湾文海出版社1967年版，叶3上。据曾巩（1019—1083）的说法，三班使臣在天禧之间，增至4200余人，到了神宗初年，已达16690人。

表1 宋初三朝武臣的家世资料统计表

出　身		高级武官（人）	中级武官（人）	下级武官（人）	总数（人）	占比（%）
平　民	1. 奴仆	2	2	0	4	35.98
	2. 贼盗	5	1	1	7	
	3. 农工	99	119	70	288	
中等家庭	1. 小臣吏之后	1	9	3	13	20.58
	2. 中下级武官之后	38	40	80	158	
贵胄之家	1. 高级军官之后	24	110	158	292	43.44
	2. 王公卿相之后	35	23	11	69	
总　数		204	304	323	831	
家世不详者		0	172	288	460	

　　从上表可以见到，家世可考的八百三十一名宋初武官中，来自民间的占三分之一强，而出自贵胄之家的达到四成以上。不过，正如上文所推论，那余下家世不详的四百六十人至少应有半数来自民间，而更多未著录于史籍的下级武官更应出自平民家庭；故此，起自行伍而跻身武官行列的比例应该较上表的统计数字为高。

　　另一个值得指出的现象是，二百零四位高级军官中，半数以上（一百零六人）来自民间，出于贵胄之家的不及三成（五十九人，28.92%），真是所谓"将相本无种，男儿当自强"！

　　将门子弟在这里占了半数以上（四百五十人）。造成这个现象，一方面是荫补制度的结果，另一方面，相信是社会人心所向，换句话说，在众多武臣心中，疆场仍是他们子弟争胜之所。

　　本文所摘录，有家世可考的下级武官，多半是王公卿相、贵戚勋臣的子弟。他们借荫补制度补升三班使臣或诸司使副，故此，在本文的统计中，他们占了可考家世的下级武官一半以上（一百六十九人，52.32%）。当然，在实际的下级武官总数中（包括家世不详、未著录于史籍的），贵家子弟虽占一定的比例（三班中占了多数），但并不能占多数。单从本文的统计，贵家子弟在下级军官中似乎占有优势，但到了中级军官，数目比例便递减至四成（43.75%），倘若把家世不详的一百七十二人拨入中等家世和平民之家，则贵家子弟在中级军官的比例便不及三成（27.94%），而和他们在高级军官所占的比例相近。从这里可以看到，在宋初三朝，武人自平民、下级军官向上攀升的情况很普遍而成功率也很高。另一方面，贵胄之家已不能垄断高、中级的武官职位。事实上，贵胄子弟在宋初沦落街头者并不罕见。[①]社会流动既有上升的，也有下降的。

四、宋初三朝武官的出身统计分析

有好的家世背景，其仕途出身往往比平民布衣好得多和快得多。在宋代荫补制度下，高、中级文臣武将的子弟都可以受荫出任下级的文武官。宋真宗大中祥符八年（1015）正月，宋廷颁布了一套荫补制度，高、中级文臣武将的子弟，都可授三班使臣出身，兹录原诏如下：

> 己丑，枢密院言：准诏，定承天节、南郊奏荫子弟恩例：宰臣，枢密、节度使带平章事，子授东头供奉官，弟、侄、孙左侍禁；枢密使，参知政事，枢密副使，宣徽、节度使，子授西头供奉官，弟、侄、孙右侍禁；左、右仆射，太子三少，御史大夫，文明殿学士，资政殿大学士，诸行尚书，子授左侍禁，弟、侄、孙左班殿直：三司使，翰林、资政殿、翰林侍读、侍讲、龙图阁、枢密直学士，左右常侍，上将军、统军，太常、宗正卿，御史中丞，左右丞，诸行侍郎，两使留后、观察使、内客省使，子授右侍禁，弟、侄、孙右班殿直；给事，谏议，中书舍人，知制诰，龙图阁直学士、待制，三司副使，

[①] 例如太祖孝明皇后（942—963）之父、彰信军（即曹州，今山东曹县）节度使王饶（899—957）的孙子王惟德（？—1011后），在真宗景德三年（1006）间，竟致沦落洛阳（今河南洛阳市）街头，以乞食自给，而王惟德的儿子王用和（？—1101后）也沦为部卒。王饶与其子王继勋皆为高级将领，然他们的子孙却沦为平民。见《长编》卷六二，第1396页；卷七五，第1720页。

防御、团练、客省、引进、四方馆、阁门使，枢密都承旨，子授右班殿直，弟、侄、孙三班奉职；大卿、监，带职少卿、监，诸州刺史，子授三班奉职，弟、侄、孙借职。南郊，刺史以上如承天节例，其诸卫大将军，少卿、监，诸行郎中，带职员外郎，内诸司使，枢密诸房承旨，子授三班奉职，弟、侄、孙借职；诸卫将军，诸司副使，子授借职；枢密诸房副承旨，子初命授同学究出身，再经恩授借职。①

除了常规的荫补，即使他们的父兄还不够荫子弟的资格，官宦子弟还可因已逝的父兄，而得到恩恤获授三班使臣。②

除了凭荫补出身，更多的宋初武官是起自行伍，在军队里一刀一枪打上高级武职；宋初三朝半数以上的高级军官，都是起自行伍，他们都以不靠父荫为荣。③即使到了宋代中期，名将狄青（1008—1057）也以起自行伍而致位将相为荣。

除了在宫廷当三班使臣及在军队里服役外，宋初不少武官还出身于藩王贵戚之藩府幕邸。这无疑是一条终南捷径，当他们的主子登上大宝，他们也连带鸡犬升天，以下是宋初三朝武臣的出身资料统计：

表2　宋初三朝武臣的出身资料统计表

出　身	高级武官（人）	中级武官（人）	下级武官（人）	总数（人）	占比（%）
1.行伍	91	96	111	298	32.4
2.小吏	4	7	8	19	2.2
3.五代皇帝侍从	11	8	0	18	2.1
4.宋太祖藩邸官属	4	4	0	8	1.0

① 《长编》卷八四，第1911—1912页。

② 例如张仲达（？—1014）以殿直、阁门祗候的官位，在大中祥符七年战殁，他的儿子张显忠（？—1014后）便得以录为三班借职；又如右侍禁丁惟清（？—1019）在西凉州（今甘肃武威市）战死，他的儿子丁遵望（？—1019后）于天禧三年得以录为三班奉职。见《长编》卷八三，第1887页；卷九三，第2145页。

③ 《宋史》卷二九〇《狄青传》，第9719页。

续表

出　身	高级武官（人）	中级武官（人）	下级武官（人）	总数（人）	占比（%）
5.宋太宗藩邸官属	19	22	7	48	5.5
6.宋真宗藩邸官属	10	16	4	30	3.40
7.荫补（三班使臣）	65	141	243	449	51.55
出身可考人数	204	294	373	871	
出身不详人数	0	170	250	420	

根据上表，出身可考的八百七十一名宋初武官，以荫补出身为主，行伍出身为次。同样是资料的局限，所可见到的下级武官名目，主要仍是附于文臣武将本传之后。四百二十名出身不详的三班使臣或其他下级武官武职，究竟出身自荫补恩恤，还是自行伍升迁？暂不可考，故也影响了下级武官出身比例的统计结果。

比较之下，高级武官二百零四人出身皆属可考，而遗漏的人数相信也不会太多，统计的结果也相对可信。

我们可以看到，宋初三朝的高级将领，起于行伍的占44.61%，而走终南捷径的人（家世可以是平民，也可以是仕宦）也占了21.57%。至于靠荫补起家的，则只占31.86%。借荫补而做到中级武官的人数较多，占了出身可考总人数的47.96%；起于行伍的仍占32.65%；而走终南捷径的也有24.51%。

上表1至6项的出身，都是没有品从、低微的职役，然而宋初三朝高、中级军官泰半出身于此，亦可见宋初急剧社会流动现象的一斑。

介于家世出身显赫和家世寒微的武官中间，是一大批将家子弟。宋代将门的状况，也可以帮助我们了解宋代社会流动的状况，下一节将会阐述之。

五、北宋的将家统计分析

凭借科举入仕而贵显的书香门第的另一面，就是靠在疆场用命建功立业的军人世家。大中祥符六年（1013）五月，宋真宗便对宰相说："国朝将相家，能以身名自立不坠门阀者，惟李昉、曹彬尔。"真宗口中的真定（河北正定县）曹氏，自曹彬起家后，一直以将家贵显达六世，以下是曹家的显赫记录：

（1）皇后：宋仁宗（1022—1063在位）慈圣光献曹后（1016—1079）（曹彬孙女，曹玘女）。

（2）妃：后周太祖（951—954在位）张妃（曹彬姨母）。

（3）配享庙廷：曹彬（太宗）、曹玮（973—1030）（曹彬子）（仁宗）。

（4）执政：曹彬（枢相）、曹玮（签署枢密院事）。

（5）使相：曹佾（1018—1089）（曹皇后弟）。

（6）驸马：曹诗（？—1099后）[曹彬曾孙，曹琮孙，曹佺子，尚仁宗兖国大长公主（1060—1083）]，曹湜（？—1119后）[曹佾曾孙，曹诱（？—1108后）孙]，曹戬子，尚徽宗崇德帝姬（？—1121）。

（7）三衙管军：曹璨（曹彬长子、殿前都指挥使）、曹琮（？—1045）（曹彬幼子、马军副都指挥使）、曹仪（982—1036）（曹璨长子、步军都虞候）、曹诵（？—1102后）（曹皇后长侄、马军都指挥使）、曹评（？—1108后）（曹佾子、马军副都指挥使）。

（8）节度使：曹彬、曹璨、曹玮、曹佾、曹评、曹诱。①

除了曹家外，更为人熟知的宋代将门自然是麟州（今陕西榆林市神木县）杨家，杨氏自五代建立将门，历北宋五世为将，可以比拟者大概只有

---

① 《长编》卷八〇，第1827页；卷二九三，第7153页；《宋史》卷二四八《仁宗兖国大公主传》，第8778页；《徽宗崇德帝姬传》，第8784页；卷四六四《外戚传中·曹佾传附曹评传曹诱传》（编者按："佾"当为"佾"），第13572—13574页；《东都事略》卷二七《曹彬传、曹璨传、曹玮传、曹琮传》，叶1上至7上；卷一一九《曹佾传》（编者按："佾"当为"佾"），叶6上至7上；马光祖（？—1269后）编，周应谷（？—1260后）纂：《景定建康志》卷二六《侍卫马军司题名记》（以下简称《题名记》），收入《宋元方志丛刊》第二册，中华书局1990年版，叶31下、34上。关于真定曹氏的事迹，较近期的研究可参阅柳立言：《宋初一个武将家族的兴起——真定曹氏》，收入《中国近世社会文化史论文集》，台湾"中央研究院"出版社1992年版，第39—87页。

府州（今陕西榆林市府谷县）折氏。在宋代，五世以上为将的将家还有潞州（今山西长治市）李氏、洛阳王氏和太原王氏。①三、四代为将之家，

---

① 潞州上党李氏由太祖时的李崇矩起家，李官至枢密使。李崇矩之子李继昌（948—1019），继为边将，官至连州（今广东连州市）刺史。李继昌之子李遵勖（988—1038）尚太宗女万寿公主（988—1051），官至镇国军（即华州，今陕西华县）节度使。李遵勖之子李端懿（1013—1060）亦官至镇潼军（即华州）留后，次子李端愿（？—1091）则官至节度使。李端愿之子李评（1032—1083）亦官至成州（今甘肃成县）团练使，李氏在北宋五代皆为将。洛阳王氏由太祖时王审琦（925—974）起家，官至使相。王审琦之子王承衍（947—998）尚太祖昭庆公主（？—1008），官至河中尹、护国军（今山西运城市）节度使。承衍诸弟以荫为武官。承衍子王世融（？—1028后）官至内园使。王世融之孙王师约（1044—1102）尚英宗徐国公主（？—1085），官至枢密都承旨、保平军（即陕州，今河南陕县）留后。据《东都事略》所载，王师约之子王殖亦尚神宗惠国公主，但此事未见载于《宋史》《皇宋十朝纲要》及《宋会要辑稿》（以下简称《会要》）。据《会要》，王师约有子名王殊（？—1099后）和王殖（？—1132），王殊在绍圣四年（1097）六月任皇城使、成州团练使，后官至闻州（今四川阆中市）观察使。王殖在绍兴二年（1132）七月卒时，为武当军（即均州，今湖北丹江口市）承宣使，但《会要》在这条下并未称他为驸马，只记他是秦魏国惠和大长公主（即徐国公主）之子。而在神宗公主中，曾获封号或追封为惠国公主的是死于元丰八年（1085）的神宗第五女郢国长公主（？—1085），但她在出嫁前已死，王殖尚主的事疑不确。从王审琦至王殊兄弟，王氏六代都任武官。至于太原王氏由太祖时的王全斌（908—976）起家，王全斌父为岢岚军（今山西岢岚县）使，王全斌已是第二代为将，他官至武宁军（即徐州，今江苏徐州市）节度使。子审钧，官至崇仪使，在永兴军（即长安）驻泊都监任上以击贼而死。王审钧之孙王凯（996—1061）在仁宗朝从征西边，以征元昊（1032—1048在位）有功，官至武胜军（即邓州，今河南邓州市）节度观察留后，职至马军副都指挥使。王凯之孙王诜（1048—1104后），是北宋著名画家，尚英宗女蜀国长公主（1051—1080），亦官至节度观察留后。不过，要注意的是，和王师约一样，王诜挂的虽是武臣的官衔，但其实身上充满文臣气质。从王全斌父子始，太原王氏自五代迄北宋，共七世为武臣。参见《长编》卷一〇六，第2464—2465页；卷四八九，第11615页。《宋史》卷二五〇《王审琦传附王承衍传、王师约传》，第8815—8821页；卷二五五《王全斌传附王凯传》，第8919—8926页。《东都事略》卷一九《王审琦传附王承衍传》，叶3上至4上；卷二〇《王全斌传附王凯传》，叶5下至7上；卷二五《李崇矩传附李继昌传、李遵勖传》，叶2上至3上。〔清〕徐松（1781—1848）辑：《宋会要辑稿》帝系八之二七、三一，上海古籍出版社2014年版。关于杨家将与折家将的事迹，最近期之研究可参阅李裕民教授的两部专著《杨家将史事新考》和《折氏家族研究》，载李裕民：《宋史新探》，陕西师范大学出版社1999年版，第168—223页。还可参阅本书另一篇文章《北宋杨家将第三代传人杨文广（？—1074）事迹新考》。编者按："本书"为氏著：《北宋武将研究》，（香港）中华书局2003年版。

著名的有另一潞州李氏和仁宗以后起自西边的陕西种氏。①当唐末五代的旧世家衰落后，一个又一个的新兴军人世家慢慢地建立起来，到了北宋，武夫起家、兴家的努力与日俱增，并没有因科举复兴而减退。以下是北宋将家的统计表（本表时限上溯五代，下极北宋末）：

表3　北宋的将家统计表

类　别	高级武官（人）	中级武官（人）	下级武官（人）	总数（人）	占比（%）
第一代为将	115	149	152	416	45.07
第二代为将	49	91	124	264	28.60
第三代为将	23	48	80	151	16.36
第四代为将	12	13	35	60	6.50
第五代为将	2	5	16	23	2.50
第六代为将	1	3	1	5	0.50
第七代为将	1	1	0	2	0.22
第八代为将	1	1	0	2	0.22
可考人数	204	311	408	923	
不详人数	0	150	218	368	

① 北宋另一显赫潞州李氏将门，由太祖的佐命功臣、官至枢密副使的李处耘（920—966）起家。李处耘之父李肇（？—928）仕后唐为军校，讨王都（？—929）于定州（今河北定州市），会契丹来援而战死。李处耘已是第二代为将。其女为太宗明德皇后（960—1004），长子李继隆（950—1005），从太祖迄真宗朝一直战斗沙场，号为名将，既典禁卫，亦出镇大藩，澶渊之盟，便是扈从大将，官至使相。李继隆之弟李继和（963—1008），亦典宿卫，并历任西边，以好言兵事著名，官至殿前都虞候。李继隆之子昭亮（993—1063）亦号称知兵，仁宗时为殿前都指挥使，领节度使官至使相。李氏四代为将，在北宋初、中期，论显赫之处，只有曹家可以相比。陕西种氏本出自文臣，仁宗时种世衡（985—1045）自易武起家，以后三代为将，为西北著名将家。同门好友曾瑞龙博士对种家有深入研究，从其硕士论文到最近数年所发表的几篇专著，均以种氏将门为题。参见《东都事略》卷二〇，叶1下至5上；曾瑞龙：《北宋种氏将门之形成》（香港中文大学研究院历史学部硕士论文，未刊稿，1984年）；《赵起〈种太尉传〉所见之六逋宗之役（公元1077年）》，《中国文化研究所学报》2000年第9期，第163—190页；《参谋作业与拓边战争：种朴的军事行动》（将刊于《东方文化》）。另笔者在本书另一篇文章《论靖康之难中的种师道（1051—1126）与种师中（1059—1126）》亦有论及种氏将门第三代种师道与种师中的事迹。编者按："本书"为氏著：《北宋武将研究》，（香港）中华书局2003年版。

上表显示，几乎半数的宋初军人都是第一代为将，可见从沙场向上攀升的现象相当普遍；而另一方面，能够三代以上为将的将家只及四分之一强（26.3%），可见宋初军人虽有维持其将家地位不坠的主观愿望，但急剧的社会流动下，徒凭家荫而没有效命疆场的本事的将家子，大概会和王饶的孙子一样，沦落街头，而不能和起自疆场的健儿争胜。事实上，疆场上的竞争绝不比科场的较量逊色，而在建立将门、维持将门方面，也和文臣维持书香门第一样来得不易。

六、宋初三朝武将的地理分布统计

地理因素是讨论社会流动问题另一个不可忽略的环节。后页采用中国现代行省表列宋初三朝武将的地理分布情况。

从下表可以看到宋初武将大部分来自河南、河北、山西三省。河南是北宋东、西、南京所在，文武荟萃，自可理解。而河北、山西两河之地。自中唐以来，兵事连年，民多习武而文风不盛，则平民草莽借效命疆场而求腾达，亦是自然之事。

相较之下，南方各省绝非良将大校的温床，大概南方才俊有较好的文化和经济条件，本来已在科场占尽优势，而不必像北人须一刀一枪效命沙场吧！

表4　宋初三朝武将的地理分布统计表（一）

省份	高级武官（人）	中级武官（人）	下级武官（人）	总数（人）	占比（%）
河北	71	90	98	259	34.21
河南	36	60	70	166	21.93
山东	7	12	21	40	5.30
山西	57	78	62	197	26.02
陕西	7	11	20	38	5.02
甘肃	2	0	1	3	0.40

续表

省份	高级武官（人）	中级武官（人）	下级武官（人）	总数（人）	占比（%）
宁夏	1	3	4	8	1.10
四川	1	4	6	11	1.50
湖北	3	0	2	5	0.67
湖南	0	2	1	3	0.40
安徽	3	6	1	10	1.32
江苏	2	1	5	8	1.10
浙江	6	1	1	8	1.10
福建	0	0	1	1	0.13
不详	8	208	318	534	

另一现象是陕西、甘肃、宁夏三省在宋初武将总数所占比例尚不高，大概是宋初三朝，北边防务仍远重于西边吧！

若以一城一镇为统计单位，宋初武将以来自太原、开封（今河南开封市）、洛阳、真定、大名（今河北大名县）为多。兹表列如下：

表5　宋初三朝武将的地理分布统计表（二）

地域	高级武官（人）	中级武官（人）	下级武官（人）	总数（人）	占比（%）
太原	32	38	31	101	13.34
开封	22	32	26	80	10.57
洛阳	9	14	28	51	6.73
真定	12	17	7	36	4.76
大名	9	8	15	32	4.23

以上五城，开封、洛阳和大名分别是宋的东、西、北京，而太原、真定则早便是北边重镇要塞，它们是宋初劲旅良将荟萃之地，是理所当然的。

七、结论

从上面几项统计，我们可以初步得出以下的结论：沙场实在是科场以外另一个可以争胜腾达之场所。虽然沙场出生入死，但待遇升迁都较优，当文化和经济条件不足以在科场竞争时，投笔从戎往往是合乎现实的考虑。即如宋初燕赵之士，既有先天上效命沙场的能耐，复有后天一连串用武的机会，与其和南方才俊在科场角途，不如在沙场上靠一刀一枪兴家创业。事实上，即使武举亦不受重视。[1]

我们亦得到另一项结论：虽然从五代或宋初已建立的将门有心维持其家声门望于不坠，但在强大急剧的社会向上移动力驱策下，要三代为将，固保富贵已经很不容易。就像每一次科举考试一样，每一次战事、动乱，或过一段时间，便有一大批草莽英雄在疆场崛起，进入统治者行列；而那些不能谨守父业的贵家子弟便会被淘汰出局。宋代的社会流动，一方面是有上有下，另一方面是有文有武，同时双轨进行的。

修订后记：

本文原为直排后注，现改为横排脚注。除补入文中涉及的人物生卒年及所引地名的今名外，也根据龚延明教授的《宋代官制词典》修正了初稿时一些关于宋代武官制度的错误。另外在正文和注释都增补了一些资料，不过主要论点并未改动。

（2002年12月9日于香港理工大学）

[原载《食货月刊》复刊第16卷第3、4期合刊（1986年），

第19—31页。选自何冠环：《北宋武将研究》，

（香港）中华书局2003年版，第1—24页]

---

[1] 杨康苏：《宋武举述略》，《中国史研究》1985年第3期，第59—60页。

南宋四川总领所制度与吴曦之变

何玉红

吴曦之变是南宋历史上一个十分重要的政治事件，直接导致了韩侂胄开禧北伐的彻底失败。对此，笔者曾撰文探讨吴曦之变的军事原因，认为南宋川陕战区兵力部署失衡是吴曦成功兵变的重要因素。[①]进一步思考，财政因素也是吴曦兵变过程中另一个值得关注的方面。南宋为实现川陕驻军物资保障和节制武将的目的，设置四川总领所掌管财政，以期分化武将势力，这是南宋在四川地方治理中的一项重要措施，是南宋四川"特殊化"政策的一个重要内容。[②]若将视线拉长，着眼于吴曦之变前后"长时段"内四川总领所的角色变动，我们发现：吴曦之变能成功实现的另一个直接原因，是总领所的权力在运行中步步丧失，直至最后被武将所剥夺；而吴曦兵变仅仅四十一天即告失败，又源于其财政权力的不稳定性。吴曦利用总领所制度运行中的疏漏，成功兵变，又因其财政权的动摇而昙花一现。在吴曦兵变及其失败的过程中，总领所制度运行始终是一个关键因素。

对此，日本学者伊原弘较早注意到出身四川的总领所官员在吴曦之变中的政治动向问题，[③]雷家圣在研究南宋四川总领所地位演变时也论及吴

---

① 何玉红：《南宋川陕战区兵力部署的失衡与吴曦之变》，《中国历史地理论丛》2008年第1期。

② 林天蔚：《南宋时强干弱枝政策是否动摇？——四川特殊化之分析》，香港大学《东方文化》第18卷第1、2期，1980年。

③ ［日］伊原弘：《南宋总领所の任用官——"开禧用兵"前后の四川を中心に》，矶部武雄编：《多贺秋五郎博士古稀纪念论文集》，不昧堂1983年版。

曦之变前后四川总领所与宣抚司的关系。①在此基础上，本文拟从南宋四川总领所制度运行的角度出发，通过对吴曦之变中财政因素的研究，分析这一事件背后的深层次制度原因，进而揭示出南宋地方治理中制度运行与政治事件间的互动关系。

一

绍兴十五年（1145），南宋正式设置四川总领所，直至南宋灭亡，四川总领所始终是南宋四川地方治理中的一个核心的常设机构。《宋史·职官志》记载：总领的职掌为"措置移运应办诸军钱粮……朝廷科拨州军上供钱米，则以时拘催，岁较诸州所纳之盈亏，以闻于上而赏罚之"。②据此，总领所的职能似仅限于整饬财政与调度军队粮饷。但从实际的运行情况来看，其权力范围远不止于此。

众所周知，南宋初年，武将势力崛起，一定程度上形成了中央权力旁落的局面。在此背景之下，南宋致力于强化对武将的节制。"祖宗以来，遣将出师，统制官掌兵，转运使措置钱粮，应副军兵，各不相统摄，使掌钱粮官得以修举职事，检察妄费，爱惜财用。"③总领所的设置，其目的正在于恢复地方兵权与财权分离的祖宗家法。④从南宋中央的制度规定来看，也是如此，即赋予总领"各专一报发御前军马文字，诸军并听节制。盖使之与闻军事，不独职馈饷"的职权。⑤总领所职能不仅仅在于理财，更重要的是通过掌管财政，达到对武将的制约，所谓"诸军并听节制"与"与闻军事"即是此意。

从南宋初年到吴曦之变的八十余年间，南宋川陕战区由于其特殊的战

---

① 雷家圣：《南宋四川总领所地位的演变——以总领所与宣抚司、制置司的关系为中心》，《台湾师大历史学报》第41期，2009年。

② 〔元〕脱脱等：《宋史》卷一六七《职官七·总领》，中华书局1977年版，第3958页。

③ 〔宋〕李心传撰，胡坤点校：《建炎以来系年要录》卷二七，建炎三年闰八月戊戌，中华书局2013年版，第636—637页。

④ 雷家圣：《南宋高宗收兵权与总领所的设置》，《逢甲人文社会学报》2008年第16期。

⑤ 《建炎以来系年要录》卷一四〇，绍兴十一年五月辛丑，第2637页。

略形势，出现了吴玠、吴璘、吴挺、吴曦世代统兵的局面，"西边自中兴以来，权归吴氏"，[①]形成了强大的吴氏武将势力集团。制约和分化吴氏武将的权力，成为南宋四川地方治理中的一个重要内容。四川总领所的设置，就是其中的重要一环。在制度设计上，川陕战区内武将统兵，总领所理财，财权与兵权分立，所谓"兵与财赋，各有攸司，势若提衡，轻重相济"，[②]调度粮饷，稽察军政，以期起到节制和分化吴氏武将的权力，这才是四川总领所最基本的也是最为重要的职能。

需要特别强调的是，制度分为两个层面，一是中央的制度规定与设计层面，二是制度在地方的具体实施层面。以上提到的"与闻军事""兵与财赋，各有攸司"等，乃南宋中央在四川总领所设置上的制度规定。中央的制度规定在具体地域的实际执行中，往往受不同地理环境、特殊政治情势以及人事关系等的影响，而产生程度不同的变异。这即是说，地方政治在全国统一制度运行的共性之外，还存在各自多样的个性。[③]在南宋四川总领所的运行过程中，一度发挥了较好的效果。史载，李蘩任总领，"于吴氏之专横，尤切切致意焉"；[④]赵彦逾担任总领，裁减吴挺军中虚籍，"挺不敢隐"；[⑤]杨辅为总领时，"就近节制诸军"，"遂革世将之患"。[⑥]吴挺统兵期间，四川总领所对武将发挥了较好的制约作用，实现了前文所称的"势若提衡，轻重相济"的目的。而在吴曦之变前后四川总领所的运行中，其权力逐步丧失，致使四川总领所制度的实际运行状况与其制度规定渐趋偏离。

我们先来看吴挺去世后到吴曦兵变之前四川总领所的运行情况。这一阶段，王宁、陈晔、赵宣善、刘崇之先后出任四川总领。王宁，字德和，

① 〔宋〕曹彦约：《昌谷集》卷二〇《朝奉郎致仕晏子中墓志铭》，四库全书珍本初集本。
② 《建炎以来系年要录》卷一九〇，绍兴三十一年六月辛未，第3697页。
③ 包伟民：《"地方政治史"研究杂想》，《国际社会科学杂志》（中文版）2009年第3期。
④ 〔唐〕魏了翁：《重校鹤山先生大全文集》卷七八《朝奉大夫太府卿四川总领财赋累赠通奉大夫李公墓志铭》，《宋集珍本丛刊》第77册，线装书局2004年版，第12页。
⑤ 《宋史》卷二四七《赵彦逾传》，第8768页。
⑥ 《宋史》卷三九八《丘崈传》，第12111页。

常州人，庆元六年（1200）至嘉泰元年（1201）为四川总领。陈晔，字日华，长乐人，嘉泰二年（1202）至开禧元年（1205）为四川总领。王宁力图节制武将具体体现在其核实川陕军籍和关外营田以及减少军中马料等事中。史载：

> 太尉郭杲时为兴州帅，宁、杲旧同察，相厚善，至是宁欲核其军中缺员将佐，杲不肯，互奏于朝，朝廷用杲言，由此两人有隙。及宁括营田，杲尤不以为是。①

总领掌管军队粮饷供应，拥有稽察军政之权，王宁核实兴州驻军将佐的缺员情况，是做到粮饷准确供应的前提，却遭到了武将的抵制。究其原因，粮饷供应关系到军队与武将的切身利益，力图获得更多的粮饷，是军队利益的要求，而总领所的性质决定了其必须做到如实供给。军队获取较多粮饷的要求，与总领所按需供应的愿望相互矛盾。尽管武将郭杲与总领王宁本有"同僚"之旧谊，却不支持其核实将佐缺员之事，其原因就在于两人权力与实际利益的冲突。

总领王宁核实营田与核实军籍一样在武将的抵制下遭遇失败。关外营田，"在绍兴中，岁课十二万斛有奇，乾道末损为十万，至嘉泰初才八万斛而已"。②营田亩数日益增加，而课利日渐减少，究其原因，"关外旧有营田，岁收租十余万斛，其田半为吴、郭、田诸家所据，租入甚轻，计司知之而不敢问"。③武将成为营田之利的最大受益者，掌管财政的"计司"即总领所"知之而不敢问"，武将权力之大于此可见一斑。王宁核实关外营田以及失败的过程史载如下：

> 德和分遣官属八人按行……下户惧，皆以实告。独豪民大姓则密

---

① 〔宋〕佚名编，汝企和点校：《续编两朝纲目备要》卷六，庆元六年，中华书局1995年版，第106页。

② 〔宋〕李心传撰，徐规点校：《建炎以来朝野杂记》乙集卷一六《王德和括关外营田》，中华书局2000年版，第795页。

③ 《续编两朝纲目备要》卷六，庆元六年，第106页。

赂行遣胥吏，以为无侵，给公据与之，由是有鬻公据之谤矣。诸大姓既不喜郭杲子明（郭杲字子明——引者），心欲害其事。凤守某人者，大将之弟，郭氏之婿也，遂激而成之。子明亟降榜抚定，至欲调兵。时官属行营田者，凡半岁费总所钱万余缗，州县供亿又倍。德和始议可增三十万斛，及是所增才八千斛，而麦居多焉。未及秋成，德和罢去，陈日华代之，尽返其旧，颗粒不收。①

王宁核实营田，结果只获得下户所占亩数，豪民大姓之家所占之田丝毫未动。王宁核实营田之举，因触及武将的利益，不得不草草收场。即使是获得的些微成效，时至其后任陈日华为总领时，也"尽返其旧，颗粒不收"。

由于王宁与郭杲的冲突，一度影响到军事防御：

王宁总蜀计，（朱）不弃以客从。文州羌掠省地，郭杲与宁不叶，多调兵以往，期以转输困之。久而乏粮，郡欲增其直，宁靳不予。不弃驰至，问曰："此去军前几何？"曰："百里。""粮之直几何？"曰："每石五千，脚乘四百。"不弃曰："去郡五十里有居民乎？"曰："有之。"不弃驰往，下令增为五千二百，乡民闻之，争来求售，而脚乘亦减半，事遂集。②

显然，在防御文州羌时，郭杲"多调兵以往，期以转输困之"是有意为之，力图以此要挟总领。而王宁"靳不予"，如若不是总领幕属机智应变，造成防御失利的可能性极大。进一步推敲，若无总领的允诺，总领所之幕属朱不弃怎能独断专行？可见，此次武将对总领的有意要挟，以总领的让步而结束。

同核实营田一样，王宁减少军中马料的举措遭到郭杲的抵制。"先是，关外诸军廪赐既薄，惟马军所请马料，每石估值七千，而麦每石止直四千而已。于是军士反资马料之赢以自给，故军中有马养人之论。"关外诸军

---

① 《建炎以来朝野杂记》乙集卷一六《王德和括关外营田》，第795—796页。
② 《续编两朝纲目备要》卷九，开禧二年正月乙巳，第158页。

侵占马料，从中渔利，出现"马养人"的情况，王宁曾感叹道："马所食者料耳，未尝食钱也，吾讵知其他耶？"显得无可奈何。对此，王宁"命以正色给之"，结果引起戍卒"俱相率叛去"的恶果，即使后来陈晔代替王宁，情况也一仍其旧，史载："未几，陈日华代德和，军士悉复其故云。"①减少军中马料之事却最终导致了王宁的罢免。史载：

> 先是，兴州摧锋、踏白二军戍黑谷者，骑士月给刍钱甚厚，宁议损之。是秋，戍卒张威等百余人亡入黑谷为盗，有奔北境者。北帅械其二十七人还都统司，（郭）杲戮之而不敢奏。朝廷微闻其事，宁遂坐免。②

戍卒因王宁减少马料逃往金朝，金朝将逃往之兵归还兴州都统司，身为都统制的郭杲竟然"戮之而不敢奏"。推敲其中缘由，整个事件是由军中马料"甚厚"引起，士兵叛逃等均属武将的责任。郭杲杀戮士卒，隐瞒真相，将责任推卸干净。中央明知其事，却将总领罢免，显然是顾忌武将势力强大而姑息、纵容武将的缘故。

综上所述，数任四川总领对武将几乎没有能够起到节制的作用，相反导致自身被罢免。上述事件看似与吴曦兵变的干系不大，但从总领所的"长时段"运行看，反映出早在吴曦兵变之前，总领所的权力已经逐步丧失，四川总领在节制武将中陷于束手无策的窘境。这些看似孤立的事件，总体上却表明在武将与总领的冲突中总领权势逐渐衰落的事实，显示出四川总领所节制武将功能日渐淡化的趋势。事实上，四川总领所在节制武将中的失势状态，至吴曦统兵时更加严重，直至四川总领所财政权力的完全丧失。

---

① 《建炎以来朝野杂记》乙集卷一七《王德和郭杲争军中阙额人请给（德和减马料附）》，第818—819页。

② 《续编两朝纲目备要》卷六，庆元六年，第107页。

二

我们再来看吴曦统兵时四川总领所的实际运行状况。嘉泰元年（1201）吴曦任兴州都统制，至开禧三年（1207）兵变，六年期间四川总领更换了四人。嘉泰元年，总领王宁因与郭杲的冲突而被罢免，由陈晔接任，至开禧元年结束，其间郭杲已死，兴州都统制为吴曦。从上文所述可见，王宁核实关外营田，曾有些微成效，但"德和罢去，陈日华代之，尽返其旧，颗粒不收"。①王宁减少军中马料，"未几，陈日华代德和，军士悉复其故"。②可见，王宁之前所取得的微小成绩，在陈晔为总领时期已荡然无存。史书并未记载陈晔与吴曦的冲突，但陈晔上任，郭杲即死，而由吴曦接替。显而易见，陈晔为总领时期，关外营田再度被武将占有，马料超支等现象继续存在，陈晔丝毫未起到节制吴曦的作用。从陈晔的罢免及其原因看，依然源于军队粮饷供应：

> （开禧二年）五月十一日，前四川总领陈日华追三官，送沅州安置。以四川安抚制置司言其籴到粟麦，不能觉察，以致粗恶，不堪支遣，有误军计。③

陈晔的罢免与降官，虽由四川制置司提出，但籴买军粮粗恶，"不堪支遣，有误军计"等，却与统兵武将吴曦不无干系。此时四川制置使为程松，开禧北伐开始以后，改程松为四川宣抚使，吴曦为宣抚副使。事实上程松并未起到对吴曦的节制作用。"松将东军三万驻兴元，曦将西军六万驻河池。松至益昌，欲以执政礼责曦庭参，曦闻之，及境而返。松用东西军一千八百人自卫，曦多抽摘以去，松殊不悟。"④时至吴曦兵变，程松仓惶逃跑。

① 《建炎以来朝野杂记》乙集卷一六《王德和括关外营田》，第796页。
② 《建炎以来朝野杂记》乙集卷一七《王德和郭杲争军中阙额人请给（德和减马料附）》，第819页。
③ 〔清〕徐松辑：《宋会要辑稿》职官七四之二一，上海古籍出版社2014年版，第5053页。
④ 《宋史》卷三九六《程松传》，第12078页。

尽管由程松提出总领陈晔军粮供给失职，恐怕背后主要取决于吴曦，一则军粮供给直接与武将密切相关，再联系程松在节制吴曦中的无所作为，这样的判断应该大致不错。

陈晔的继任者赵善宣，开禧元年（1205）至开禧二年担任四川总领。赵善宣的具体事迹不详，但史书留下了其被罢免四川总领的原因：

> （开禧二年六月）十二日，四川总领赵善宣特降三官放罢，以被旨收籴米斛，应副大军，支遣违慢。[①]

很明显，赵善宣依然是因为军队粮饷供给的问题被降官罢职。史书尽管没有关于吴曦与总领赵善宣相互关系的具体记载，但此时吴曦掌兵，赵善宣理财供饷，赵善宣因供军"支遣违慢"而免官，定为吴曦不满所致。接替赵善宣担任四川总领的是刘崇之。刘崇之，字智父，开禧二年（1206）至开禧三年为总领。刘崇之虽名为"总领"，但与其前任王宁、陈晔、赵善宣等相比，存在实质性的区别。王宁等担任总领，虽然对武将的节制效果不大，但从权力格局看，总领所始终是一个独立的财政机构，与都统制司、宣抚司属于平级，没有隶属关系。刘崇之为"总领"，中央已经将节制财赋的权力赋予吴曦：

> 开禧二年，朝廷议出师，诏曦为四川宣抚副使，仍知兴州，听便宜行事。自绍兴末，王人出总蜀赋，移牒宣司，势均礼敌。而（韩）侂胄以总计隶宣司，副使得节制按劾，而财赋之权又归于曦。[②]

在开禧北伐之前，四川总领所独立掌管财政，"移牒宣司，势均礼敌"就是其财权独立之明证。需要说明的是，军权和财权分立的体制，虽有助于加强中央集权，却因权力分散而无法因应战争的需要。故在开禧北伐的特殊政治情势之下，韩侂胄对四川治理中的管理机构与权力隶属关系重作调

---

① 《宋会要辑稿》职官七四之二二，第5053页。
② 《宋史》卷四七五《吴曦传》，第13812页。

整，"以总计隶宣司"，作为宣抚副使的吴曦拥有"节制按劾"总领之权，相应地，四川总领所不复拥有独立的财政权力。对吴曦拥有财政之权及其后果，史书还记载：

> 开禧用兵，程松、吴曦并为宣抚，韩侂胄急于成功，遂有节制财赋指挥，且许按劾，于是计司拱手。①

这意味着在开禧北伐的特殊时期，吴曦拥有完整的财政权，总领与武将由原来的平级关系一变为隶属关系。"计司拱手"一语，将四川总领所财政权的完全丧失表露无遗。史载：

> （开禧二年）三月癸巳，程松宣抚四川，吴曦副之，仍有节制财赋指挥，且许按劾，两军出入，曦得自专。先是，四川计司旧属宣抚司节制，郑刚中在蜀，秦桧恶其专，始命赵德文以少卿为之，自是二司抗衡。至是，转宣抚司节制，刘崇之新除总领，即上章抗论，辞职，不允。②

"二司抗衡"的局面下，四川总领所拥有独立的财政权。开禧北伐前特殊政治与军事形势下的制度更改，吴曦获得"节制财赋指挥"之权。此种权力格局下，刘崇之并不满于名义上的"总领"，上章抗论，提出辞职。从总领拥有的实际权力看，刘崇之与其前任名同实异。至此，四川总领的财政权力完全丧失，"转宣抚司节制"，划归武将所有，总领所不再作为一个独立运行的财政机构，而成为武将的属下机构。这一制度改变引起时人的高度警惕。史载：

> （杨）辅知曦有异志，贻书大臣言："自昔兵帅与计臣不相统摄，

---

① 《建炎以来朝野杂记》乙集卷一七《四川宣总司抗衡》，第803页。
② 〔宋〕刘时举撰，王瑞来点校：《续宋中兴编年资治通鉴》卷十三，开禧二年三月癸巳，中华书局2014年版，第305页。

故总领有报发觉察之权。今所在皆受节制，内忧不轻。"①

杨辅"知曦有异志"虽属夸大，但其基于制度层面的分析却极为敏锐，武将与总领的关系由原来"不相统摄"和总领拥有对武将的"报发觉察之权"，一变为总领"皆受节制"于武将，不管吴曦是否有"异志"，制度的缺陷已经存在发生"内忧"的可能。持同样看法者不乏其人，时起居舍人许奕论曰：

总领，王人也，而听宣抚司节制，或为参谋。庙堂之义，外廷莫得闻，护圣之军，半发于外，而禁卫单薄。②

由于总领"听宣抚司节制"，其权势与地位的改变，使总领和武将并立的地方分权体制不复存在，原有的内重外轻之势随之改变。朝臣基于制度层面的担忧很快以吴曦的兵变得以验证，南宋为此付出了沉重的代价。

吴曦担任兴州都统制，游仲鸿为利州路转运判官，"数忤宣抚副使吴曦，曦言仲鸿老病，朝命易他部"。③转运判官从性质上讲，同样属于财政系统，转运判官"数忤"武将，当是在粮饷供给方面对军队的行动形成阻力，吴曦因此上奏，将其改任。此与总领所隶属于吴曦节制相比，虽属枝节细事，但却表明一个事实：在川陕战区自上而下的财政领域内，并不存在可以妨碍吴曦行动的因素。

笔者认为，吴曦所以兵变的原因与能够成功兵变的原因二者不是一回事。吴曦为何兵变，主要取决于主观愿望、环境迫使、金人诱惑等，④而能够成功实现兵变，则需要诸多条件的支持。其中，一个关键性的条件就是拥有足够的财力支持。原属四川总领所的财政权归吴曦所有，标志着这

---

① 《宋史》卷三九七《杨辅传》，第12096页。
② 《宋史》卷四〇六《许奕传》，第12267页。
③ 《宋史》卷四〇〇《游仲鸿传》，第12151页。
④ 杨倩描：《"吴曦之乱"析论》，《浙江学刊》1990年第5期；王智勇：《论吴曦之变》，四川联合大学古籍整理研究所、四川联合大学宋代文化研究资料中心编：《宋代文化研究》第5辑，巴蜀书社1995年版，第286—300页。

一条件的成熟。按照制度规定，在四川总领所的运行进程中，其财政权力独立，总领对武将始终是一个有力的制约因素。时至吴曦掌管军政大权时，总领陈晔与赵善宣相继免职，后继者刘崇之徒有"总领"之名，而无"总领"之实权，武将不预财政的统兵政策发生逆转，财政权、军事权集于武将一身，吴曦实际上拥有足以兵变的"资本"，加之其他因素，兵变的成功实现也就不难理解。

在吴曦兵变中，曾任命自己的都转运使，"伪四川都转运使徐景望入利州，总领官刘智夫为所逐"。[①]平息兵变后，刘崇之遭到了严厉的惩处：

> （开禧三年三月二十七日）前四川总领刘崇之追三官，送道州居
> 住。以臣僚言逆曦阴结虏好日久，崇之不能预为之图，迨徐景望以伪
> 命至，始封纳牌印。[②]

作为南宋臣子，均有平叛诛逆之责，刘崇之因此受惩，理所应当。但因为刘崇之为"总领"，在吴曦兵变中"不能预为之图"，因被吴曦任命的都转运使所逐而遭到惩罚，刘崇之实在是冤屈。因为在刘崇之担任总领时，中央已经赋予吴曦节制财赋的权力，刘崇之虽为"总领"，实际却名不符实，制度设计上不具"预为之图"的职能，也无足以"预为之图"的权力。四川总领沦落到"被逐"的境地，实在不应过多谴责刘崇之本人，总领所权力丧失这一制度缺陷难辞其咎。相反，刘崇之的"被逐"，恰恰是四川总领所在制度运行中被日益边缘化的反映。吴曦成功兵变，制度留有可乘之机是一个关键因素。

当然，不能认为只是总领所权力的丧失，就足以导致吴曦成功兵变，诸如获得完整的军事权等均是重要原因。史载，吴曦为获得完整的兵权，

---

① 刘崇之，字智父，此处记载为"智夫"，当误。见〔清〕李清馥：《闽中理学渊源考》卷六《文忠刘瑞樟先生崇之》，商务印书馆2018年版，第87页；《续编两朝纲目备要》卷一〇，开禧三年正月己卯，第175页。

② 《宋会要辑稿》职官七四之二五，第5055页。

"潛副都统制王大节，罢之，更不除副帅，而兵权悉归于曦"。①但总领所权力的丧失这一因素，无论如何不能低估。这正如时人对吴曦兵变的分析：

> 京师之兵出以戍边，天府之财出以饷军，而州郡之事力如故也。是以曦贼为乱，人人愤切，思食其肉，然敢于抗之者甚少，盖无兵无财，事出仓卒，莫知所以为计耳。②

换言之，吴曦将川陕战区的兵权与财权集于一身，这是他能够成功兵变的最直接也最为关键的因素。叶适对此也有一个分析，他说："绍兴后，竭巴益奉边将，吴曦因以反。"③叶适将吴曦兵变得以成功实现，归结为其财政权的强大，是很有见地的。

魏了翁回顾四川总领所的设置历程时指出，自南宋初年开始，在川陕战区内统兵武将与理财官员一直矛盾不断，自总领所设置以来，"饷所主财粟，宣制司主军民，二司之不相为谋也久矣"。究其原因，这是南宋中央制度设计的结果。在川陕战区，武将掌兵，总领掌财，这是南宋实现中央集权统治的一个重要措施，其目的是军权与财权分离，"大抵三十四年之间，二司纷纷，殆如先正所谓，三司取财已尽，而枢密益兵无穷者，实矛楯之术使然耳"。魏了翁所谓"二司纷纷"的矛盾冲突，"实矛楯之术使然"，将南宋制度设计的本意表露得淋漓尽致。至吴曦统兵之时，原有的地方分权体制已发生转变：

> 开禧以后，事异前时。吴曦生长边陲，习闻交争之害，而未睹相资之利，密启于韩侂胄，俾宣司得以制财赋之入出，其事似是，而其实不然。盖曦既畜无君之心，将诡是为乱，而正使由其术而不悟耳。

---

① 《宋史》卷四七五《吴曦传》，第13812页。
② 〔宋〕度正：《性善堂稿》卷六《条奏便民五事》，文渊阁《四库全书》第1170册，第188页。
③ 《水心文集》卷十一《潼州府修城记》，〔宋〕叶适撰，刘公纯、王孝鱼、李哲夫点校：《叶适集》，中华书局1961年版，第196页。

赵季明善宣、刘志大崇之，以是各相继引去。①

吴曦是否早存"无君之心"不得而知，总领赵善宣、刘崇之的失势，吴曦获得财政权确凿无疑。"开禧以后，事异前时"的最大之"异"，就是军权与财权分离的体制遭到破坏。张邦炜先生指出："吴曦之叛是四川地方势力与南宋中央政府、吴氏武将集团同南宋文官政权长期矛盾和对立的产物。"②进一步讲，最终造成地方武将势力强大的关键，就是总领所权力丧失这一点。缺少获取财政权这一环节，单凭武将手中的军权，吴曦兵变成功的机率就大大减小。

三

四川总领所制度运行在吴曦兵变中的作用如上所述。还有一个问题，吴曦之变短短四十一天就以失败而告终，这又是什么原因？学界已有的研究已经指出几点，如起事仓促、准备不足、缺乏金人足够的支持、兵变者的能力不够等。关于财政因素在吴曦之变失败中的影响，却并未引起研究者的关注。笔者以为，自身财政权的不稳定，是吴曦之变不能长久的一个重要因素。

史书记载平定吴曦之变的功臣，几乎完全一致。《建炎以来朝野杂记》载"蜀士立功立节次第"称：

> 武兴之变，立功者，安观文为之主，杨巨源、李好义倡率忠义次之，李贵手斩逆贼又次之。若李好古、安癸仲、杨君玉、李坤辰、张林、朱邦宁之徒，协谋举事，又其次也。③

在平叛以及中央的嘉奖中，安丙功居第一，杨巨源与李好义并列次功。为何以他们三人为主，就可以形成一个足以平叛的力量？即使是南宋

① 《重校鹤山先生大全文集》卷四四《重建四川总领所记》，第181页。
② 张邦炜：《吴曦叛宋原因何在》，《天府新论》1992年第5期，第78页。
③ 《建炎以来朝野杂记》乙集卷九《蜀士立功立节次第》，第655页。

中央也无可奈何的武将势力，何以在短时间内仅凭三人为首的力量就得到解决？答案应从他们担任的职务中寻找。史载：

> （开禧三年二月乙亥）四川宣抚副使司随军转运安丙及兴州中军正将李好义、监四川总领所兴州合江仓杨巨源等共诛吴曦，传首诣行在，献于庙社，枭三日，四川平。①

安丙担任四川宣抚副使随军转运，杨巨源为监四川总领所兴州合江仓，李好义为兴州中军正将。进一步分类，安丙与杨巨源属于财政类官员，李好义属于军事类官员。以此三人为首形成平叛力量，其实反映出吴曦兵变得以依赖的财政因素与军事因素均出现问题。以下对此三人逐一分析。

先看安丙。李心传对安丙所以能在平叛中发挥中流砥柱的作用，有一个"势顺"的解释：

> 安公为人警敏，凡事尽力，（吴）挺更喜之，为延誉于诸司，改秩而去。及曦为殿帅，安（丙）通判隆庆府，又迁知大安军。比军兴，首辟随军转运。旋以救荒有绩，复迁一官，为朝奉大夫。逮其称王，即除丞相长史、都省事。俄杨、李之议合，安公遂决策诛之。盖居不疑之地，操可致之资，其势顺也。天之佑宋，夫岂偶然哉！②

在李心传看来，吴曦失败，并非偶然。值得注意的是，所谓安丙"势顺"有两点：其一，安丙"居不疑之地"；其二，安丙"操可致之资"。何谓"不疑之地"？有两个原因，一是安丙早在吴挺之时，就已经获得任用，为吴挺所赏识，到吴曦接任，安丙继续留任，政绩突出，委以重任，受知于父子两代，理应为吴曦所"不疑"。二是安丙先被任命为宣抚副使司随军转运使，吴曦兵变中，被任为丞相长史、都省事，依然属于吴曦贴身属下，故而"不疑"。何谓"可致之资"？应该从"随军转运使"这一职务去

①《宋史》卷三八《宁宗本纪二》，第744页。
②《建炎以来朝野杂记》乙集卷九《安观文诛曦势顺》，第654—655页。

解释。史载：随军转运使，不常置，在行军征讨中，随军措置、供应军马所需粮草，"有军旅之事，则供馈钱粮"。①也即在开禧北伐开始以及吴曦兵变中，其军队粮饷供应大权掌握在随军转运使安丙手中。粮饷供给，是行军出战的重要保障，同样是吴曦起事兵变的一大支柱。安丙担任随军转运使这一职务，实际掌控着吴曦军队物资供给的生命线。安丙以随军转运使的身份能够平定叛乱，在于他拥有足以平叛的物质基础，"可致之资"即是此意。安丙一则是吴曦"不疑"的属下，又掌控吴曦军队的财政大权，拥有"可致之资"。在吴曦兵变中，一旦安丙发生动摇，整个兵变就失去得以依赖的财政支持，兵变草草结束也就不是意外之事。所谓"势顺"之"势"正是此意。

再看杨巨源。与安丙一样，杨巨源也属于吴曦军队中的财政官员，不同之处是杨巨源"监四川总领所兴州合江仓"，属于更为基层的财政官。从杨巨源的履历看，陈晔为总领时，"举为凤州堡子原仓官，驰骋射猎，倾财养士，沿边忠义，咸服其才。分差鱼关粮料院，移监兴州合江赡军仓"。吴曦兵变，"巨源阴有讨贼志，结义士三百人，给其钱粮"，积极参与平叛。杨巨源所以能集结三百人的义士，"给其钱粮"是一个重要原因，而这又得益于其担任"分差鱼关粮料院"与"监兴州合江赡军仓"的职务。在安丙决定平叛时，曾担忧"目前兵将，我所知，不能奋起。必得豪杰，乃灭此贼，则丙无复忧"。对此，杨巨源则非常肯定地对安丙说："非先生不足以主此事，非巨源不足以了此事。"此处记载颇有深意，在杨巨源看来，诛灭吴曦与平叛兵变，"主事"者与"了事"者均为财政官员，也进一步证明财政因素在吴曦兵变中的关键性作用。史载，平叛之后，"（安）丙奏功于朝，以巨源第一"。②安丙与杨巨源联手，实际上意味着在吴曦兵变队伍中，上层财政官员与基层财政官员首先动摇，吴曦兵变得以依赖的财政条件不复存在。

① 《宋史》卷一六七《职官志七·都转运使》，第3965页。
② 《宋史》卷四〇二《杨巨源传》，第12194—12196页。

吴曦在兵变中非常重视财政权的掌控。兵变后即任命徐景望为四川都转运使，"趋益昌，夺总领所仓库"。①若说前文所述中央赋予吴曦"节制财赋指挥"的权力尚属制度的规定，此时吴曦亲命官员夺总领所仓库，驱逐中央任命的总领刘崇之，显然是在制度实际运行层面试图完全掌控财政权力。但徐景望并不能胜任此职，缺乏足够的威望与势力，不久就被安丙等人诛杀。史载：

> 徐景望在利州，逐王人，擅财赋。（安）丙遣弟焕往约诸将，相与抟定，及景望伏诛，军民无敢哗者。于是传檄诸道，按堵如故。②

伪四川都转运使徐景望被诛后，在安丙等的措置之下，川陕战区局势趋于稳定，"传檄诸道，按堵如故"，这成为平定叛乱的一个转折点。这也进一步表明，财政因素在整个吴曦兵变和安丙平叛中的关键性作用。吴曦任命的都转运使难以胜任，再次证明了吴曦兵变中财政权的不稳定。

除安丙与杨巨源外，其他财政官员的向背依然重要。吴曦起事时，陈咸为利州路转运判官，"咸留大安军督军粮"，"曦以咸蜀名士，欲首胁之以令其余，檄咸议事。咸不往"，③"陈咸不受伪命，削发于利州之石鳌"。④显然，吴曦并未得到利州路转运判官的支持，陈咸反而积极响应安丙，出谋划策，参与平叛。前面提到利州路转运判官游仲鸿"数忤"吴曦，被吴曦上奏改任。吴曦兵变后，宣抚使程松逃跑，游仲鸿建言："宣威肯留，则吾以积奉二万缗犒兵，护宣威之成都。"⑤可见，即使是前任利州路转运判官，依然拥有相当的财政实力。夔州路转运判官李埴也是如此，在吴曦兵变中，李埴"洁身以自解，举部封而弃之"，"首以逆曦反状

---

① 《宋史》卷四七五《吴曦传》，第13813页。
② 《宋史》卷四〇二《安丙传》，第12189页。
③ 《宋史》卷四一二《陈咸传》，第12389页。
④ 《续编两朝纲目备要》卷一〇，开禧三年正月甲午，第176页。
⑤ 《宋史》卷四〇〇《游仲鸿传》，第12151页。

来上"。①诸如利州路转运判官陈咸、前利州路转运判官游仲鸿、夔州路转运判官李埴等积极参与平叛，进一步证明吴曦兵变时财政权的不稳定。

最后我们来看李好义。平叛所以成功的另一因素就是吴曦军中武将的动摇。李好义名列三大功臣之一，即在于此。"义当击贼，恨无兵权"②是平叛前时人普遍的忧虑。李好义之父李定一，曾为兴州中军统制，吴曦兵变时，李好义为兴州中军正将，世代掌握兴州军事力量。安丙得知李好义参与平叛，大喜曰："非统制李定一之子乎？此人既来，断曦之臂矣。"③由兴州武将内部参与平叛，吴曦起事依赖的军事条件随之瓦解。

《宋史》对吴曦兵变的平定有一个评论："曦之畔，向非安丙、杨巨源、李好义之谋，西方之忧莫大焉。"④平叛的功劳记在以上三人之上不是偶然的。在南宋中央没有参与的情况下，在川陕战区内部组织起的平叛力量中，财政官员安丙、杨巨源与武将李好义起到了重要作用。这反映出吴曦兵变得以依赖的财政条件与军事条件均不稳定。三大功臣中，财政官员占据二席，一定程度上显示出财政因素在平叛中的关键性作用。综观吴曦之变的全过程，四川总领所财政权力的逐步丧失，成为吴曦成功兵变的关键因素，而财政权的不稳定，直接导致了其兵变的失败结局。

吴曦之变被平定之后，恢复四川原有的总领所财政独立运行的体制，就被朝臣重点提出：

> 至开禧用兵之初，宣抚使程松以私意恳嘱权臣，遂令四川总领所照江淮、湖广体例，并听宣司节制，自是本所财赋两宣司动辄干与，且不时取拨金帛，逆曦包藏祸心，用度无艺。

显然，由于总领所的财政权被宣抚司剥夺，总领所由此失去对武将的节制作用，吴曦任意干预总领所财政事务，以致兵变。痛定思痛，平定叛变

---

① 《宋会要辑稿》职官七四之二四至二五，第5055页。
② 《宋史》卷四一二《陈咸传》，第12389页。
③ 《宋史》卷四〇二《李好义传》，第12199页。
④ 《宋史》卷四〇二《李好义传》，第12201页。

后，朝臣极力主张恢复到原有的总领所财政独立运行的轨道上来，即"军政、财赋既有攸司，所当各专任责"。①需要说明的是，一旦总领所财政权力独立，其与统兵武将间"二司纷纷"与"不相为谋"将是必然中事。但从南宋节制武将权力和加强中央集权角度来讲，总领与武将的冲突不断，正是南宋制度设计的有意为之。在武将与总领的对立与冲突中，南宋中央利用二者职权上的互相制衡，以达到中央集权的目的。时人魏了翁所谓此乃"交争之害"之外的"相资之利"，②将南宋四川总领所制度设计背后分化地方权力和加强中央集权的真实用意一语道破。

"强干弱枝"是宋朝的祖宗家法之一，其核心内容就是加强中央集权，削弱地方权力。加强中央集权的方式有两种，一是将地方所有权力直接归中央掌管，这一方式实行的可能性较小；二是将地方权力进行分散。宋朝加强中央集权的方式属后者。宋朝在政治统治中实行地方分权体制，地方各级组织之间事权分散，互相牵制，"没有单一的权力机构、单一的权力圈和单一的权力中心，也就失去了割据一方的地理基础"。③将地方权力分属不同机构掌管，是宋朝弱化地方权力的重要一端。

南宋在四川地方治理中设置掌管财政的四川总领所，以此起到分化和节制武将权力的作用，其实质即地方分权。但在四川总领所制度的实际运行中，总领所财政权力逐步丧失，最终吴曦集统兵权与财政权于一身。从中央与地方关系角度看，地方权力的强大，地方对中央离心力增大，直接危及中央集权统治。这与南宋四川总领所制度在设计上以期实现地方分权的目的截然相反，最终导致吴曦之变的发生。当然，又因财政权的不稳定，吴曦兵变随即又被平定。

综上所述，南宋四川总领所掌管财政与节制武将的制度规定是一方面，更为重要的是，中央的制度规定在四川的实际执行中，由于开禧北伐

---

① 《宋会要辑稿》职官四一之六六至六七，第4033页。
② 《重校鹤山先生大全文集》卷四四《重建四川总领所记》，第181页。
③ 周振鹤：《中国文化通志·地方行政制度志》，上海人民出版社1998年版，第71—72页。

特殊的政治情势与吴曦、韩侂胄等人事关系的影响，四川总领所丧失其设置之初地方分权与节制武将的功能，转而为武将所利用，表现出制度在实际运行中的另一面来。南宋四川总领所的运行与吴曦之变的关系问题，无疑是理解同一制度"纸上的"与"实际的"①不同层面的绝佳个案，从中展现出南宋地方治理中制度运行与政治事件间复杂的互动关系。由吴曦之变这一具体事件来讨论四川总领所制度的运行，也可为学界倡导的"走向活的制度史"②研究提供一个实例。

（原载《文史哲》2011 年第 6 期）

---

① 罗尔纲：《师门五年记》，生活·读书·新知三联书店 2006 年版，第 47 页。
② 邓小南：《走向"活"的制度史——以宋代官僚政治制度史研究为例的点滴思考》，包伟民主编：《宋代制度史研究百年（1900—2000）》，商务印书馆 2004 年版，第 10—20 页。

宋代枢密院司法事权考述

张 明

作为宋代最高军事领导机构，枢密院具有军事司法监督和审判案件的职能。学界关于宋代枢密院问题的探讨，主要集中在枢密院长贰身份的变化、枢密院与宰相机构的关系，以及枢密院在中枢决策体系中权势的演变等方面，①对其司法权力的研究尚显不足，唯有梁天锡《宋枢密院制度》涉及宋代枢密院的部分司法职能。②本文拟在爬梳宋代枢密院与各级军事司法机构之间的司法管辖关系及其演进的基础上，考察枢密院司法事权诸层面，以期窥知宋代军制设计理念之一端。

一、枢密院对军人案件的覆审之权

宋代枢密院不仅可以直接开庭审判军事案件，③对于军人流、死案件以及疑难案件更有审查覆核之责。

① 参见陈峰：《北宋枢密院长贰出身变化与以文驭武方针》，《历史研究》2001年第2期；傅礼白：《宋代枢密院的失势与军事决策权的转移》，《史学月刊》2004年第2期；李全德：《唐宋变革期枢密院研究》，国家图书馆出版社2009年版；田志光：《北宋中后期"三省—枢密院"运作机制之演变》，《史学月刊》2012年第3期；等等。

② 梁天锡：《宋枢密院制度》，台湾黎明文化事业股份有限公司1981年版。

③ 〔宋〕李焘：《续资治通鉴长编》（以下简称《长编》）卷五五，咸平六年六月癸酉，中华书局2004年版，第1202—1203页；〔宋〕陈均：《皇朝编年纲目备要》卷二五《哲宗皇帝》，中华书局2006年版，第626—627页；〔清〕徐松辑：《宋会要辑稿》刑法二之一〇九，中华书局1957年版，第6550页。

（一）对军人流罪案件的覆核

在京军人案件，通常归三衙审判，北宋开封府、南宋临安府亦得受理。[①]宋真宗大中祥符五年（1012），宋廷"诏法寺，取开封府、殿前、侍卫、军头司等处见用宣敕，凡干配隶罪名，悉送枢密院，详所犯量行宽恤，改易配牢城罪名；内军人须合配者，并降填以次禁军，及本城诸色人情重须配者，量所犯轻重，更不刺面，配定官役年限，令本处使役"。[②]可知，三衙、开封府审理的军人流罪案件，须上呈枢密院覆核定判。也就是说，枢密院对在京军人流罪案件有覆核之责。

宋代各地已判流刑的军人犯罪，枢密院也有责覆核审定。宋真宗景德三年（1006），枢密院深感"诸路部送罪人赴阙者，军头司引对，颇为烦碎"，而奏请"望止令本司依例降配"。宋真宗道："朕虑其间或有冤滥及情理可矜者，宜令银台司自今取审状送枢密院进拟，付司施行，其涉屈抑者，即令引见。"[③]即明示枢密院必须加强对此类案件的司法监督。之后的宋代统治者，贯彻了这一慎刑态度。如，宋神宗元丰三年（1080），诏："今后应刺面军吏、公人等，并枢密院施行。"[④]宋哲宗元符二年（1099），诏："禁军犯罪，除班直外，枢密院批降指挥，移降特配，更不取旨。"[⑤]

（二）对军人死刑案件的覆奏

宋代对死刑判决极其审慎。在京军人死刑案件，须经枢密院覆核，上奏皇帝取旨批准之后，方可执行。宋真宗大中祥符二年（1009），诏："自今开封府、殿前、侍卫军司奏断大辟案，经朕裁决后，百姓即付中书，军人付枢密院，更参酌审定进入，俟画出，乃赴本司。其虽已批断，情尚可恕者，亦须覆奏。"[⑥]但是宋仁宗时期，枢密院曾札下开封府，令"军人犯

---

① 张明、陈峰：《宋代军事审判管辖问题考论》，《人文杂志》2007年第5期。

② 《宋会要辑稿》刑法四之六，第6624页。

③ 《长编》卷六三，景德三年七月丁巳，第1412页。

④ 《长编》卷三〇九，元丰三年闰九月庚戌，第7498页。

⑤ 《长编》卷五一五，元符二年九月辛丑，第12237页。

⑥ 《宋大诏令集》卷二〇一《大辟经裁决后付中书密院参酌诏》，中华书局1962年版，第746页。

大辟无可疑者，更不以闻"，即案情确凿、无疑难的军人死刑案件，无须经枢密院覆奏，便可行刑。宋仁宗得知后，出于"重人命"考虑，于至和元年（1054）九月下诏开封府加以纠正，"自今凡决大辟囚，并覆奏之"。①至是，在京军人死刑案必须覆奏。

宋代地方军人死刑案件，在宋真宗大中祥符五年（1012）之前，只录案刑部，不覆奏；在大中祥符五年五月之后，必须上枢密院覆核。该年五月，"诏诸路部署司，科断军人大辟者，承前旨不上奏，止录案申刑部，自今具犯名上枢密院，覆奏以闻"。②据此可作一推断，宋代枢密院覆核军人死刑案，应是由京师推广到诸路。

南宋初年，地方军事司法十分混乱。宋廷先罢诸军淫刑。宋高宗建炎二年（1128），诏："自今士卒有犯，并依军法，不得剜眼刳心，过为惨酷。"③时隔不久，宋廷就着手恢复祖宗旧制，明令非战时军人死刑案件必须经枢密院覆核取旨。建炎三年（1129），诏："将帅非出师临阵，毋得用刑。即军士罪至死者，申枢密院取旨。"④通过强化枢密院对军人案件的司法监督，宋廷再度将军队死刑案件的判决执行权收归中央。

（三）对军人疑难案件的覆审

枢密院对军人流罪以下的疑难案件，亦得覆核。如，宋仁宗天圣七年（1029），御马直于荣"鬻自制紫衫"，被开封府"以军号法物定罪"。⑤依此罪名，于荣案将量至杖刑。⑥但此案因罪名与实际犯罪情节名实不符，即"紫衫荣所自制，非官给，难以从军号法物定罪"，⑦遂以疑难案件的形式接受了枢密院的覆核。又如，宋哲宗元祐四年（1089），诏："禁军公案

---

① 《长编》卷一七七，至和元年九月丁丑，第4281页。
② 《长编》卷七七，大中祥符五年五月己丑，第1766页。
③ 〔宋〕李心传撰，胡坤点校：《建炎以来系年要录》卷一六，建炎二年七月戊子，中华书局1956年版，第338页。
④ 《建炎以来系年要录》卷二二，建炎三年四月己酉，第465页。
⑤ 《长编》卷一〇八，天圣七年十月丁未，第2525页。
⑥ 《宋会要辑稿》刑法七之九至十，第6738页。
⑦ 《长编》卷一〇八，天圣七年十月丁未，第2525页。

内流罪以下，情法不相当而无例拟断，合降特旨者，令刑部申枢密院取旨。"①

枢密院通过审核军人重罪、疑难案件，大大加强了对军事审判的监控力度。

二、枢密院对军官案件的覆奏之权

宋代军官案件无论大小，各级机构通常无权直接处置，须具案奏裁。根据涉案军官的职务高低及罪情轻重，统治者会将案件交与不同的司法机构受理；待案件审清后，报枢密院取旨，方可定判。也就是说，枢密院对军官案件拥有覆奏之权。

宋神宗元丰改制前，文臣等罪案归中书，武臣等罪案归枢密院，所谓"文臣、吏民断罪公案并归中书，武臣、军员、军人并归密院"。②熙宁八年（1075）右侍禁陈吉案审判程序中出现的问题，足以说明枢密院对于军官案件的覆奏之责。是年，陈吉"押盐纲稽留"，三司不申枢密院听旨，"辄牒发运司依所申及牒三班院照会"。就三司官吏不报枢密院取旨的失当行为，宋廷令开封府劾罪。③熙宁十年的诏令便强调："内外责降官，侍从之臣委中书，宗室委大宗正司，武臣委枢密院，具元犯取旨。"④元丰元年（1078）万州刺史全信"乞取本班长行卫旦钱物"案，即是由大理寺审判，经枢密院奏闻，宋神宗圣旨裁定。⑤

有鉴于中书、枢密院"轻重各不相知"，宋神宗元丰五年（1082）改官制时，命"凡断狱公案，并自大理寺、刑部申尚书省，上中书取旨"。⑥即官员案件无论文武，均由三省覆奏。这样，便一度剥夺了枢密院对军官

① 〔宋〕苏辙：《栾城集》卷四六《论边防军政断案宜令三省枢密院同进呈札子》，《苏辙集》，中华书局1990年版，第806—807页。
② 《栾城集》卷四六《论边防军政断案宜令三省枢密院同进呈札子》，《苏辙集》，第806页。
③ 《长编》卷二七一，熙宁八年十二月辛卯，第6636页。
④ 《长编》卷二八六，熙宁十年十二月甲申，第6996页。
⑤ 《长编》卷二九三，元丰元年十月乙卯，第7153页。
⑥ 《栾城集》卷四六《论边防军政断案宜令三省枢密院同进呈札子》，《苏辙集》，第806页。

案件的司法知情权和处置权。到了宋哲宗元祐时期，宋廷逐步放开了对于枢密院司法事权的限制。元祐五年（1090）七月，枢密院言："诸路主兵官及使臣等犯法，下所属鞫治，及案到大理寺论法，乃上尚书省取旨。虑有元犯情重，或事干边防，合原情定罪者，既元自枢密院行下，当申枢密院取旨。"宋廷从之。[1]于是，由枢密院行下的案件，申枢密院取旨。同年十月四日，诏："应官员犯罪公案，事干边防军政，并令刑部定断，申枢密院取旨。"时隔25天，即十月二十九日，宋廷便对十月四日诏令加以补充和限定，诏："应官员犯罪公案，事干边防军政，文臣令刑部定断，申尚书省，武臣申枢密院。"[2]至此，枢密院对于军官案件的司法管辖权，基本恢复到元丰改制之前。而后，元祐六年二月，宋廷采纳御史中丞苏辙的建议，诏："文武官有犯同案，事干边防军政者，令刑部定断，申尚书省，仍三省、枢密院同取旨。"[3]元符二年（1099），熙河兰会路、秦凤路文武官"妄增首级，冒受功赏"案，就由枢密院、中书省共同上奏取旨。[4]

在此，需要厘清枢密院于军官奏案方面司法事权的演变轨迹。元丰改制之前，枢密院拥有独立的军官奏案受理权；元丰五年（1082）改官制，完全将枢密院剥离于军官案件上奏程序之外；而到元祐五年（1090）十月四日，将事干边防军政的官员案件，统交由枢密院一司负责上奏取旨。至此，枢密院专掌了不仅武臣，甚至包括文臣在内的涉及边防军政案件的审判权。这一权力的赋予，使得枢密院的司法管辖范围触及文臣；单就此方面而言，其时枢密院的司法权能已超过了元丰改制之前。随后，在台谏官的施压下，宋廷于元祐五年十月二十九日、元祐六年二月连颁诏令，旨在限制日益扩大的枢密院司法权力：先是紧急修正了元祐五年十月四日诏令内容，将事关边防军政的文官案件交付尚书省，仅保留了枢密院对于武臣案件的审理权；而后枢密院这一独立司法管辖权也被收回，宋廷在强调枢

---

[1]《长编》卷四四五，元祐五年七月丁卯，第10711页。
[2]《栾城集》卷四六《论边防军政断案宜令三省枢密院同进呈札子》，《苏辙集》，第807页。
[3]《长编》卷四五五，元祐六年二月己亥，第10906页。
[4]《长编》卷五〇七，元符二年三月乙丑，第12085—12089页。

密院与三省之间沟通与协作的名义下，诏命武官与文官同案案件由二者共同受理，这样便将枢密院该方面司法职能的行使置于三省的制约之下。从元丰五年针对军官案件的司法事权被剥夺，到元祐五年起的逐渐恢复，再到元祐五年十月四日的反超，其后又有元祐五年十月二十九日的回落、元祐六年二月的限制，十年间枢密院司法管辖权限经历了最为跌宕的调整变动期。

南宋初年，统治者逐步控制诸将业已膨胀的权力，其中至关重要的一环便是收其"专杀"之权。继建炎三年（1129）责成诸将必须将军人死刑案申枢密院取旨，①绍兴五年（1135）又诏命诸路必须将军官案件申枢密院覆奏。②关于绍兴五年的这条诏令，《宋会要辑稿》所载文字最能反映出时局下中央与诸路大将间的微妙关系。宋廷在诏令中先是充分肯定了诸路大将功绩，然后婉转提出朝廷的顾虑，所谓"尚虑本军偏裨将佐不能遵守诸帅约束，非因行军，用刑过当"，遂要求诸将"依条断遣"士卒，"有官人"则须具案情申枢密院处置，"不得故为惨酷，因致杀害"；而又深恐诸将因之多心，不明"朝廷责任事功之意"，于诏令结尾处重申了战时诸将的临机制变之权。③对于此诏背后的深刻用意，南宋史家李心传一语道破："此指挥虽云为偏裨设，然令径申密院，则是大帅亦不得专杀也。朝廷指挥不得不尔。"④该诏令正是以语气委婉但又意旨明确的方式，通过要求军官案件必须报枢密院覆奏定判，再度将军官案件的判决权收归中央。

三、集权与便宜：枢密院与各级军事司法官司之关系

宋代高度重视中央军事集权，特别是以严控和限制各级官司军事司法管辖权的方式，强化中央对军队的绝对领导与监督。但是值得注意的是，

---

① 《建炎以来系年要录》卷二二，建炎三年四月己酉，第465页。
② 《建炎以来系年要录》卷八五，绍兴五年二月戊子，第1400页；《宋会要辑稿》刑法七之三六至三七，第6751—6752页。
③ 《宋会要辑稿》刑法七之三六至三七，第6751—6752页。
④ 《建炎以来系年要录》卷八五，绍兴五年二月戊子，第1400页。

并非所有的军人流、死刑案、军官案件均须枢密院覆核。

在战时及紧急状况下，宋代军事司法官司会被赋予必要的事权。宋制，"大将每出讨，皆给御剑自随，有犯令者，听其专杀"。①这类事例不胜枚举。如，宋仁宗皇祐四年（1052），广源蛮首领侬智高反宋，仁宗任命狄青为荆湖北路宣抚使、提举广南东西路经制贼盗事，诏"广南将佐皆禀青节制"。②狄青遂用此权军前斩杀广西钤辖陈曙等32名败军将校。③宋高宗建炎三年（1129），知枢密院事、宣抚处置使张浚奉命主持川陕战场，宋高宗"许浚便宜黜陟"。④富平之战后，张浚行便宜之权，斩同州观察使赵哲于邠州，责明州观察使刘锡为海州团练副使，合州安置。⑤绍兴十年（1040），金军再攻川陕，宋廷诏川陕宣抚副使胡世将依"昨张浚所得指挥"，军前合行便宜黜陟。⑥青溪之战后，胡世将斩统制官曲汲；⑦泾州之战后，胡世将责统制樊彦贷命，追夺其身官爵，统制王喜降十官，皆押赴本军自效。⑧

在日常的军队管理中，宋廷也会针对某种军事犯罪行为颁布诏令，赋予官司死刑执行权。如，宋太宗至道二年（996），诏："自今沿边城寨诸军，内有故自伤残、冀望拣停者，仰便处斩讫奏。"⑨宋真宗咸平五年（1002），诏："陕西振武军士逃亡捕获，曾为盗及情理蠹害罪至徒者，所在处斩讫奏。"⑩宋仁宗庆历三年（1043），诏广南转运司："诸配军有累犯情涉凶恶者，许便宜处斩以闻。"⑪在欧阳修文集中，还载有这样一则案例：

---

① 〔宋〕曾公亮：《武经总要前集》卷一四《赏格罚条》，文渊阁《四库全书》第726册，台湾商务印书馆1986年版，第451页。

② 《长编》卷一七三，皇祐四年九月庚午，第4174页；《长编》卷一七三，皇祐四年十月辛巳，第4175—4176页。

③ 《长编》卷一七四，皇祐五年正月己酉，第4190页。

④ 《建炎以来系年要录》卷二三，建炎三年五月戊寅，第481页。

⑤ 《建炎以来系年要录》卷三八，建炎四年十月庚午，第717页。

⑥ 《建炎以来系年要录》卷一三五，绍兴十年四月庚子，第2174页。

⑦ 《建炎以来系年要录》卷一三六，绍兴十年六月甲子，第2185页。

⑧ 《建炎以来系年要录》卷一三六，绍兴十年闰六月甲申，第2191页。

⑨ 《宋会要辑稿》刑法七之一，第6734页。

⑩ 《长编》卷五三，咸平五年十一月壬子，第1164页。

⑪ 《宋会要辑稿》刑法四之二一，第6632页。

右臣访闻岢岚军昨于四月中捉获逃走万胜长行张贵、虎翼张贵、李德等三人，并系禁兵。本军勘正法司检用编敕："禁军料钱满五百文，逃走，捕捉获者，处斩讫奏。"其张贵等，并依法处斩讫。[1]

岢岚军正是依照朝廷法令，对其捉获的逃亡禁军先斩后奏。

此外，对于一些特殊地区，宋廷还会在日常军事审判中授予其便宜之权。如，由于"所部去朝廷远"，川峡地区的钤辖司被获准"事由便宜裁决"，[2]对辖区内的禁军犯罪拥有相对较大的审判管辖权限。宋仁宗皇祐元年（1049），两浙转运司请求"自今杭州专管勾一路兵马钤辖司事，如本路军人犯法，许钤辖司量轻重指挥"，[3]得到批准。这样，杭州钤辖司亦得便宜审决禁军案件。

要之，作为宋代最高军政领导机构，枢密院虽然拥有对一般军人重罪案件、疑难案件，以及军官案件的覆核、覆奏之权，但各级军事司法官司一旦获得便宜之权，遂不须经由枢密院，即可实现对涉案人员的司法处置。宋代统治者一方面将枢密院对各类军人案件的有效司法监督，作为保障和实现中央军事集权的重要手段；另一方面在战时以及日常军事审判中，又通过赋予前线将帅和各级军事司法官司便宜之权的方式，来确保局部军事刑政的令行禁止。

如所周知，立国以来，宋代统治者不断强化中央军事集权，授予官司便宜权的做法终究与这一主旨相抵触。因而，在军事司法的集权与便宜之间，统治者一直努力探寻着最稳妥的契合点。宋仁宗天圣五年（1027）四月枢密院的一份上奏，便充分反映了统治者在集权与便宜之间慎重权衡的态度：

（天圣）五年四月，枢密院言："诸归远指挥，系杂犯配军人拣

① 〔宋〕欧阳修：《欧阳修全集》卷一一五《米光濬斩决逃军乞免勘状》，中华书局2001年版，第1742页。

② 〔宋〕文彦博：《潞公文集》卷一九《奏议·乞别定益利钤辖司画一条贯》，文渊阁《四库全书》第1100册，第698页。

③ 《长编》卷一六六，皇祐元年正月乙卯，第3982页。

充。先曾密降宣命，如有赌博、吃酒、劫盗、恐喝不受约束者，便行处斩。访闻近日军伍渐有伦序，虑其间有因轻罪配军，今来再犯小过，逐处尽从极断。欲降宣，就粮并屯泊州军，如归远节级、兵士不改前非，再作过犯，先详前犯，如是贷命决配之人又作过者，既依宣命施行；若前罪稍轻、再作过犯者，止依法决断。仍此宣命不得下司，令长吏慎密收掌。"从之。①

由上述史料可知，鉴于诸归远指挥"系杂犯配军人拣充"的特殊构成，宋廷曾密降宣命，授予当地军事司法官司便宜处斩之权。其后随着形势的发展，归远指挥"军伍渐有伦序"，枢密院虑及其间会存在配军微罪重罚的情况，遂奏请宋廷区别对待不同性质的犯罪行为，既有依前宣命从重施行者，又有轻犯"止依法决断"，并谨慎强调"此宣命不得下司，令长吏慎密收掌"。枢密院的建议，不仅保持了前宣命"便行处斩"的震慑作用，而且以此宣命维护了日常军事执法慎刑的基本精神，可谓周密细致，用意深远。又，如前所述，川峡地区钤辖司拥有便宜裁决禁军犯罪的司法权力。但是，这种"便宜"之权予夺无常、屡有反复。宋神宗熙宁五年（1072）六月利州路发生的一起禁军案件，即说明这一时期"成都便宜行事法"被宋廷收回。是月，神勇兵杨进等"谋夺县尉甲为乱"，钤辖司判"配进等沙门岛及广南"，宋廷却诏"斩进首送成都府令众，余配沙门岛"。旨意下达后，宋神宗还对执政道："朝廷改成都便宜行事法，（知成都府）吴中复屡乞复行。及杨进结众为变，而中复乃止刺配之，若付以便宜，不过反是，妄配平人为多，有何所补也。"②同年十月，中书删定敕文，再次赋予成都四路钤辖司断"军人犯罪及边防并机速"③的司法特权。其后，该特权一度又被宋廷夺回。至元丰八年（1085），经知成

---

① 《宋会要辑稿》刑法七之九，第6738页。
② 《长编》卷二三四，熙宁五年六月癸酉，第5687页。
③ 《长编》卷二三九，熙宁五年十月庚子，第5820页。

都府吕大防奏请，宋廷予以恢复。^①透析这一地区钤辖司便宜权往复变动的过程，亦足以窥见宋代统治者在收放军事司法权力时的踌躇与审慎。

对于军事司法便宜权，宋代统治者不仅秉持着谨严的态度，更从制度层面妥善规范集权与便宜之间的关系。首先，非常形势下各级军事司法官司被暂时赐予的便宜之权，待局势缓解后就会被宋廷及时收回。如，宋神宗熙宁五年（1072），因"疆事渐宁"，诏鄜延经路略使赵卨赴枢密院，"缴纳先许便宜行事札"。^②宋高宗建炎四年（1130）七月，诏："诸州守臣自军兴以来得便宜指挥者，并罢。"^③绍兴三年（1133），川陕宣抚处置使张浚还行在，宋廷随即"罢宣抚司便宜黜陟"。^④其次，宋廷责命官司在临机裁决军人案件之后，必须依法上奏。宋英宗治平三年（1066），同知谏院傅卞言："乞今后惟诸路帅臣受特旨许便宜从事及军前或临贼战斗，其犯罪之人仍须委实情理不可恕者，方得临时裁处，仍限十日内奏闻。"^⑤可知，至少在这一时期，地方军事司法官司便宜处置军事案件后，必须于10日内向中央上奏案情。再者，宋代统治者高度维护日常军事审判秩序，要求平时军事案件的审理必须严格遵循法定司法程序，并对各级军事官司私自处置军兵的行为予以严厉惩治。如，宋太宗太平兴国四年（979），沂州防御使张万友决所部军校郭赟致死，被鞫治。^⑥宋神宗熙宁九年，殿直刘永安擅杀"率众卒不推兵器车"士卒年李贵，被大理寺判以死刑。^⑦宋高宗建炎三年，武略大夫王德擅杀军将陈彦章，被除名、郴州编管。^⑧

①《长编》卷三六〇，元丰八年十月丁亥，第8621页。
②《宋会要辑稿》兵一四之三至四，第6994页。
③《建炎以来系年要录》卷三五，建炎四年七月癸卯，第673页。
④《皇宋中兴两朝圣政》卷一三，绍兴三年五月辛巳，北京图书馆出版社2007年版，第2册，第372页。
⑤《宋会要辑稿》兵一四之三，第6994页。
⑥《长编》卷二〇，太平兴国四年四月戊辰，第449页。
⑦《长编》卷二七七，熙宁九年七月癸亥，第6768—6769页。
⑧《建炎以来系年要录》卷二五，建炎三年七月甲申，第507页。

四、结语

宋代统治者对于一般刑事案件，除疑难案件外，始终未将地方官司的死刑终审权收归中央，[1]但是对于军人案件的态度却截然不同。中唐以来，节度使的军事司法权力极大，得"总军旅，颛诛杀"。[2]赵宋建国后，立足于矫枉防弊，对武将权力进行层层削夺与限制，其中一个重要的方面就是严控军事司法权。在逐步实现中央、京畿及地方军事司法机构之间权力周密分配的进程中，宋代最终将军人死、流罪案件的审决权收归中央。枢密院与三衙分掌兵权、地位有序，包括三衙在内的在京军事司法机构审理的军人死、流罪案，须由枢密院覆审定判。当此过程，三衙显然处于枢密院覆核结果的执行者之地位。不仅是京畿，宋代各地已判流刑的军人犯罪，枢密院也有责覆核审定；在宋真宗大中祥符五年（1012）之后，地方军人死刑案件同样也必须经枢密院覆核。此外，枢密院还拥有军人疑难案件以及军官案件的覆审、覆奏之权。与此同时，并非所有的军人死刑案均须枢密院覆核，无论在战时还是日常的军事审判中，宋廷会有针对性地赋予各级军事司法官司临机裁决的便宜之权。在集权与便宜之间，宋代统治者不仅有极为谨慎的予夺态度，更有细致稳妥的制度设计；既要维护军事司法活动的正常秩序，又要保证局部军队执法的震慑力与时效性。川峡地区钤辖司便宜权的流变，即体现了宋代统治者探寻这一军事司法权力平衡点的努力。综观宋代枢密院司法事权的演进，统治者正是通过枢密院这些司法事权强化了对军人案件的司法监督，一方面有效地降低了军中冤假错案的出现几率，另一方面则极大地遏制了军官以杀立威的现象，从法制层面切实促进了中央军事集权的效果。

[原载《历史教学（下半月刊）》2017年第2期，本文有删改]

---

[1] 戴建国：《宋代刑事审判制度研究》，氏著：《宋代法制初探》，黑龙江人民出版社2000年版，第225—233页。

[2] 〔宋〕欧阳修、宋祁：《新唐书》卷四九《百官志四》，中华书局1975年版，第1309页。

第二编

宋代军事征伐与战争

　　宋朝与辽、夏、金、蒙元之间的军事征伐和战争，是宋代军事史的重要组成部分。本编所选六篇文章或长于理论阐释，或侧重突破成说，或善于史料辨析，或注重战争叙事，一定程度上代表了20世纪不同时期相关研究领域的学术水平。本编主要包括以下内容：一是讨论了北宋"先南后北"统一战略，对辽、西夏战争中的弹性战略防御，南宋对蒙古战争中的山城防御体系问题，为深入认识宋朝对内统一战争的经过及历史影响、对外战争的基本方略，提供了新的解释框架；二是细致梳理了宋辽高梁河之战及其后的满城之战、宋金富平之战等两宋历史上重要战争的背景、过程和意义，分析了它们的成败得失；三是关注了战争的文本问题，对记载宋金顺昌之战的《顺昌战胜破贼录》等相关史料作了深入辨析。

评宋太祖"先南后北"的统一战略

徐　规

从南宋初期开始，不少学者认为，宋太祖赵匡胤改变了周世宗柴荣采取的"先北后南"统一政策，因而坐失消灭辽朝的良机，造成日后"积贫积弱"局面和严重边患。如南宋陆游以至现代范文澜等，都持此说。[1]最近有些人也从不同角度重申这种看法，赞扬周世宗统一政策的正确，指责宋太祖"先南后北"战略的失误。我们认为，赵匡胤是继续执行柴荣的战略的。历史的实践也证明了这一战略思想符合当时实际，终于基本结束了唐末五代长期分裂割据的局面。

本文试从三个方面来谈：周世宗是否采取"先北后南"的战略？宋太祖"先南后北"的战略是否符合宋初的客观实际？宋太祖的统一战略是否失误？

---

① 〔宋〕陆游著，马亚中、涂小马校注：《渭南文集校注》第三册卷二五《〈书通鉴后〉》（浙江古籍出版社2015年版）第109页载："（周世宗）先取淮南，去腹心之患，不乘胜取吴、蜀、楚、粤，而举胜兵以取幽州。使幽州遂平，四方何足定哉！甫得三关，而以疾归，则天也。其后中国先取蜀、南粤、江南、吴越、太原，最后取幽州，则兵已弊于四方，而幽州之功卒不成。故虽得诸国，而中国之势终弱，然后知世宗之本谋为善也。"
范文澜的说法见《中国通史简编》第三编第三章。编者注，经查，第三编第三章没有发现该论述，而在第三编第四章提及："赵匡胤来回五天的工夫，获得帝位，他知道自己成功太容易了，所以登位以后专力巩固中央政权，一切设施，都含着对内严防的性质。这是他和他的后代坚执不变的国策，因而宋朝内政最腐朽，外患最强烈，成为历史上怯弱可耻的一个时代。……赵佶、赵桓父子屈膝降金，中原不战沦亡。这就是赵匡胤养兵防内的效果。"（《中国通史简编》第三编第四章，商务印书馆2010年版，第389—391页）

一

五代末年，刚即帝位的周世宗（954—959在位）于高平（在今山西东南）之战打败了南下掠夺的北汉军队之后，下决心要统一中国。他在显德二年（955）四月，命令近臣二十多人，各献《平边策》，提出"混一"中国的办法。"时群臣多守常偷安，所对少有可取者。"①惟比部郎中王朴所献的《平边策》，主张在战略上先易后难，先南后北；在战术上避实击虚，避强击弱；在策略上，分别对待，先诱以恩信，后制以强兵。周世宗欣然接受了这个建议。

刚巧在这年三月间，即王朴建议之前的一个月，"秦州民夷有诣大梁献策请恢复旧疆者"（以上均见《资治通鉴》卷二九二。以下简称《通鉴》）②，周世宗顺应了他们的请求，于五月间，首先对后蜀用兵，相继收回了秦、凤、阶、成四州之地。接着，冬间立即出师讨伐南唐，并在显德三年（956）正月，御驾亲征，经过两年多的战斗，于显德五年三月，收取了南唐在长江以北的全部土地，共得十四州、六十县、二十二万六千五百七十四户。③淮甸有着丰富的农产品和渔盐之利，这就大大增强了后周的国力。

这时周军本来可以渡江南下，乘胜攻灭南唐，可是周世宗却在接受南唐降号称藩之后，即于四月间班师北返。这是为什么呢？只因南唐与辽朝、北汉早有往来，所谓"勾诱契丹，至今未已，结连并寇，与我为仇"。④当周兵入境之后，"唐主遣人以蜡丸求救于契丹"，"遣兵部郎中陈处尧持重币浮海诣契丹乞兵"。⑤而契丹也蠢蠢欲动。显德四年（957）十一月，"契丹遣其大同节度使、侍中崔勋将兵来会北汉，欲同入寇，北汉

① 〔宋〕司马光：《资治通鉴》卷二九二《后周纪三》，中华书局1956年版，第9527页。
② 《资治通鉴》卷二九二《后周纪三》，第9524页。
③ 《旧五代史》卷一一八《周世宗纪》，中华书局1976年版，第1570页。
④ 《旧五代史》卷一一五《周世宗纪》，第1534页。
⑤ 《通鉴》卷二九二《后周纪四》，第9541页。

主遣其忠武节度使、同平章事李存瑰将兵会之,南侵潞州,至其城下而还"。①到显德五年春夏间,北方形势更为紧张。据史书载:

> (显德五年二月)刘钧(北汉主)闻帝南征,发兵围隰州,巡检使李谦溥以州兵拒之而退。②

> 帝之南征也,契丹乘机入寇。(四月)壬申(二十一日),帝至大梁,命(镇宁节度使)张永德将兵备御北边。③

> 四月甲戌(二十三日),澶州(军额号镇宁)节度使张永德准诏赴北边,以契丹犯境故也。④

> 辽应历八年(958)四月甲寅(初二),南京留守萧思温攻下沿边州县。五月,周陷束城县(在今河北河间东北)。六月辛未,萧思温请益兵,乞驾幸燕。⑤

> 初,周人攻扬州,上(指辽穆宗)遣思温蹑其后,惮暑不敢进,拔缘边数城而还。⑥

> 五月,成德节度使郭崇攻契丹束城,拔之,以报其入寇也。⑦

上述史实充分说明,当后周和南唐进行战争之际,由于辽朝派兵骚扰后周的北部边境造成了严重威胁,故周世宗在取得南唐江北地区以后,不得不暂时改变其"先南后北"的原定计划,回过头来准备反击辽朝的进攻。周世宗于显德五年(958)四月班师后,北边情势稍有好转,他又谋伐蜀。十月己卯,以户部侍郎高防为西南面水陆制置使,右赞善大夫李玉为判官。同月,荆南节度使"高保融奏,闻王师伐蜀,请以水军趣三峡。诏褒之"。可见周世宗还是要继续执行"先南后北"的战略,在水陆两方

---

① 《通鉴》卷二九三《后周纪四》,第9574页。
② 《旧五代史》卷一一八《周世宗纪》,第1569页。
③ 《通鉴》卷二九四《后周纪五》,第9583页。
④ 《旧五代史》卷一一八《周世宗纪》,第1572页。
⑤ 〔元〕脱脱:《辽史》卷六《穆宗纪》,中华书局1974年版,第75页。
⑥ 《辽史》卷七八《萧思温传》,第1267页。
⑦ 《通鉴》卷二九四《后周纪五》,第9583页。

面都作了部署。但后周的图谋，已为蜀国所侦悉。周将李玉攻蜀归安镇，全军覆没，李玉也被杀。蜀又派遣将军"将兵六万，分屯要害以备周"。①周世宗只得暂且打消移兵攻蜀的计划。至显德六年三月，转而北伐契丹。清初王夫之认为："盖周主之志，不在江南而在契丹也。"②近时有的同志著文说，周世宗基本上没有依据王朴的谋划行事。他在迫使南唐称臣屈服后，不忙于攻灭南唐，而是掌握时机，解决主要矛盾，挥师北上，抗击契丹，等等。我们认为这些见解都是值得商榷的。周世宗之所以匆匆北返，征伐南唐事业半途而止，是由于辽兵的不时骚扰边境，打乱了他的既定战略部署。

显德六年（959）三月，周世宗亲自领兵北伐。北伐大军纪律良好，所过城邑，汉族守将望风投降，出兵四十二天就迅速收复了瀛、莫二州，以及莫州以北的瓦桥关、益津关和淤口关所谓"三关"之地。③在此期间，后周军队始终没有同辽朝的主力部队接触过。五月初二日，周世宗大宴诸将于行宫，计议继续进军，攻取幽州（今北京市）。幽州是契丹南部第一军事重镇，城高池深，有险可守，契丹又集结重兵于附近地区；加上"契丹主遣使者日驰七百里诣晋阳，命北汉主发兵挠周边"。④此时，若周兵深入幽州就要受到辽朝主力部队的反击和北汉的牵制，后周能否取得胜利，是难以预卜的。这一情况，后周诸将也有所觉察，据《通鉴》卷二九四载：

> 显德六年五月丙午（初二），（周世宗）宴诸将于行宫，议取幽
> 州，诸将以为"陛下离京四十二日，兵不血刃，取燕南之地，此不世

---

① 《通鉴》卷二九四《后周纪五》，第9588页。

② 〔清〕王夫之撰，舒士彦点校：《读通鉴论》卷三○《五代下·二五》，中华书局1975年版，第945页。

③ 瀛、莫二州即幽云十六州最南面的两州。瀛州治所在今河北河间县，莫州在今任丘县。瓦桥关在今雄县北，益津关在今霸县北，淤口关在益津关东，今霸县东面的信安镇。

④ 《通鉴》卷二九四《后周纪五》，第9597页。

之功也。今虏骑皆聚幽州之北，未宜深入"。上不悦。①

当天晚上，周世宗突然得病，乃停止进兵，准备回朝。这时后周军队还攻下了被辽朝占领的易州和三关北面的固安县。②后周在这一带构筑了防御工事，巩固了边防。

这里需要指出的是，辽朝在穆宗统治时（951—968），它的军事实力仍相当强大。高平之战后，周世宗曾进军太原，辽穆宗命南院大王耶律挞烈出重兵援助北汉，后周大将符彦卿率兵北上，两军激战于忻口（今太原北面），结果周兵大败，死伤甚众，"史彦超恃勇轻进，去大军浸远，众寡不敌，为契丹所杀"。符彦卿退守忻州（治今忻县）。周世宗不得不从太原班师，是时"刍粮数十万在城下，悉焚弃之。军中讹言相惊，或相劓掠，军须失亡不可胜计。所得北汉州县，周所置刺史等皆弃城走"。③后周这次惨败的情况，似未受到古人和今人的重视。欧阳修说："世宗南平淮甸，北伐契丹，乘其胜威，击其昏殆。"认为世宗若不遇疾，"则十四州之故地，皆可指麾而取矣"。④这未免过于乐观了。另一点颇耐人寻味的是，当周世宗经诸将劝阻，回师至澶渊时，迟留不行，群臣通过他的妹夫张永德进言，认为"天下未定，根本空虚，四方诸侯惟幸京师之有变"，要求速归。世宗"即日趣驾归京师"。⑤盖前有强敌，后有内忧，当时形势不允许周世宗久离京师，更不能因深入攻辽而受挫。周世宗终于采纳了臣下的忠告，率师南归。

对周世宗的历史功绩是应该予以充分肯定的。问题的关键在于作出这种肯定是否依据具体事实。陆游说周世宗"甫得三关，而以疾归，则天

---

① 《通鉴》卷二九四《后周纪五》，第9597页。
② 易州洽所在今河北易县，是后晋守将孙方简于开运三年（946）降附辽朝的，不包括后晋天福三年（938）石敬瑭割让给契丹的十六州之内。
③ 《通鉴》卷二九二《后周纪三》，第9516页；《辽史》卷七七《耶律挞烈传》，第1262页。
④ 〔宋〕欧阳修：《新五代史》卷七三《四夷附录》，中华书局1974年版，第904页。
⑤ 〔宋〕徐度撰，朱凯、姜汉椿整理：《却扫编》卷上，《全宋笔记》第三编第十册，大象出版社2008年版，第118页。

也"。[1]王夫之也说周世宗"其有疾而竟不克者，天也"。[2]他们都异口同声地把后周未能完成统一大业，归之于"天"。这当然是唯心的说法。至于近来有些同志把周世宗之死这个偶然事件，说成影响到后日中国四百年的分裂局面的继续，那就过分夸大了偶然性和周世宗这个历史人物的作用了。我们知道，历史上每一个杰出人物的出现，都是历史发展的必然产物。周世宗之死，只能改变当时形势的个别情况，不能改变当时历史发展的一般趋向。历史是不会中断的，时代潮流是任何人也阻挡不了的，周世宗虽然不幸早逝，未能完成他的统一事业，但这一伟大事业仍然会按照周世宗在世时所走的"先南后北"方向继续发展下去，这就是赵匡胤黄袍加身以后所负的历史使命。

二

赵匡胤代周之后，国内的客观形势促使他继续执行"先南后北"的统一战略。

赵宋王朝刚建立，就面临着一系列的矛盾。诸如汉族与契丹等族的矛盾、统治阶级内部即赵宋与后周新旧两大势力之间的矛盾、皇帝和功臣宿将之间的矛盾以及封建地主阶级和农民阶级之间的矛盾，等等。但是，"在复杂的事物的发展过程中，有许多的矛盾存在，其中必有一种是主要的矛盾，由于它的存在和发展，规定或影响着其他矛盾的存在和发展"。[3]北宋初期错综复杂的矛盾中，中央皇权和地方节度使实力派之间的矛盾，占着主要地位。我们认为自唐安史之乱（755），中经五代，直到北宋太平兴国四年（979）削平北汉为止，在这个历史时期，由于封建军阀割据混战，使得社会经济遭受严重的破坏，所以当时面临的最重大而迫切需要解决的问题，是中央集权势力战胜地方割据势力的问题。北宋建立初年，南

---

① 〔宋〕陆游：《渭南文集校注》第三册卷二五《又》，第109页。
② 《读通鉴论》卷三〇《五代下·二五》，第946页。
③ 《毛泽东选集》（横排本）第一卷，人民出版社1967年版，第295页。

方还有南唐、后蜀、吴越、南汉、荆南、湖南、漳泉等封建割据政权；北方也有称臣于辽朝而占领今山西、陕西、河北部分地区的北汉。这种四分五裂、各据山头、互争雄长的混乱局面，极大地阻碍了南北经济文化的交流和社会生产力的进一步发展，也严重地威胁着北宋王朝的安全和中央集权的巩固，宋太祖对此是给以严重关注的。他曾对赵普说："吾睡不能著，一榻之外，皆他人家也。"①这话充分说明了宋太祖对统一事业是日夜悬挂在心头的。后来宋太祖派兵攻伐南唐，李煜曾派遣博学有才辩的徐铉出使开封，宋太祖与徐铉反复论争，"铉声气愈厉"。太祖怒，"因按剑谓铉曰：'不须多言！江南亦有何罪？但天下一家，卧榻之侧，岂容他人鼾睡乎！'"②上述这段话深刻而又形象地说明宋太祖要统一中国的决心。平定南方各国和攻取北汉以及收复幽云诸州，是完成全国统一必不可少的两大历史任务，但是这两件大事不可能同时进行，而只能根据实际力量，按照轻重缓急，来确定用兵的先后。以赵宋王朝本身力量而论，在统一南方之前，其经济力量和军事力量都是难以摧垮北汉、击败契丹、收复幽云的。

在宋初，结束分裂割据，完成统一事业，乃是大势所趋，人心所向。但是，究竟谁统一谁，往往取决于交战双方力量的对比，这在很大程度上取决于经济力量。

从宋朝方面看，自隋、唐以来，中原王朝的官僚机构和军队的粮食都要依靠江、淮漕运来解决。到北宋时，这个发展趋势显得更为突出。宋太宗太平兴国六年（981），全国运到汴京的粮食总数是五百五十二万石，其中从江淮地区运去的就占四百万石。③北宋史学家范祖禹说："国家根本，仰给东南。"④可见东南一带在经济上的重要地位。北宋初年，淮河流域虽已归入版图，但最称富庶的长江下游和钱塘江流域以及号称天府之国的四

---

① 〔宋〕李焘：《续资治通鉴长编》（以下简称《长编》）卷九，开宝元年七月丙午，中华书局2004年版，第205页。

② 《长编》卷一六，开宝八年十一月条记事，第350页。

③ 《宋史》卷一七五《食货志·漕运》，中华书局1985年版，第4250页。

④ 《宋史》卷三三七《范祖禹传》，第10796页。

川地区仍为南唐、吴越和后蜀等国所占有。这时宋太祖即使能够抽调十万大军北伐辽、汉，但在中原人民困于运粮苦役的情况下，生产不能正常进行，若战役时间拖长，粮草供给必然发生困难。而更重要的是北宋初年，百废待举，国内的农业生产急待恢复和发展，单靠区区宋初所辖地域本身的人力、物力，是难以支持大规模的北伐战争的。

与此相反的是，辽朝地域辽阔，"东至于海，西至金山、暨于流沙，北至胪朐河，南至白沟，幅员万里"。[1]其疆土面积数倍于北宋初年的中原版图。它不仅幅员广大，而且有"冀北宜马，海滨宜盐"的优越自然条件。[2]当时辽朝境内出现了"城郭相望，田野益辟"的兴旺景象。[3]特别是养马事业十分发达，自辽太祖（916—926）到辽兴宗（1031—1055）的一百四十年间，"群牧之盛如一日"。辽在发展畜牧业的同时，又重视农业生产的发展，"辽自初年，农谷充羡，振饥恤难，用不少靳，旁及邻国，沛然有余"。[4]穆宗应历初（元年为公元951年），耶律挞烈任迭刺部南院大王，"均赋役，劝耕稼，部民化之，户口丰殖"，"年谷屡稔"，"朝议以为富民大王云"。[5]又辽政府曾在公元977年（辽景宗保宁九年，宋太宗太平兴国二年）一次拨给北汉粟米就达二十万斛。[6]总之，辽朝能根据不同地区的特点，因地制宜，做到农牧业彼此结合，互相补充，同时发展。

此外，辽朝手工业、商业也相当发达。社会经济的发展，促进了城市的繁荣。辽朝的五京既是行政上的首府和军事上的重镇，又是工商业的中心，特别是南京析津府，"城方三十六里"[7]，"户口三十万，大内壮丽，城北有市，陆海百货，聚于其中……锦绣组绮，精绝天下……水甘土厚，

---

① 《辽史》卷三七《地理志》，第438页。
② 《辽史》卷六〇《食货志》，第932页。
③ 《辽史》卷四八《百官志》，第812页。
④ 《辽史》卷六〇《食货志》，第932页。
⑤ 《辽史》卷七七《耶律挞烈传》，第1263页。
⑥ 《辽史》卷九《景帝纪》，第99页。《辽史》卷五九《食货志》作保宁七年（975），疑误。
⑦ 《辽史》卷四〇《地理志》，第494页。

人多技艺"。①从近年出土的地下文物，更可以证明他们的生产技术水平并不比宋方差多少。即使在辽穆宗的统治年代，也能"资富强之势以自肆"。②

再看看宋辽双方军事力量的对比：

以军队的数量而论，北宋初年，辽朝约有军队数十万骑。③宋朝在开宝年间（968—976），有"禁军马步十九万三千"④，这点兵力用来驻防内地和守卫边关，尚可支撑；若是深入幽州、云州边地，与辽朝数十万精锐骑兵角逐，是远远不够的。再从军队的素质和战术来看，辽军也是占了上风。契丹人以游牧、狩猎为生，世代擅长骑射，他们的主力军都是骑兵，其谋生条件与战斗条件紧密联系，特别能打仗。河北大平原为契丹骑兵提供了纵横驰骋的有利条件。而且其战术机动灵活，队形变化莫测，使人不易捉摸。对此，"生居边土，习知兵事"的宋初名臣宋琪（917—996）曾在雍熙三年（986）春天的奏疏里有过详细的叙述。⑤同时，契丹行军，对斥堠及营寨也很重视。侦骑远出，情报和命令传递迅速。营寨驻扎严密，"穹庐连属如冈阜，四面亘以毛索，挂铃为警，纵犬往来"，⑥是一支能打硬仗恶仗的军队。辽朝除以契丹骑兵为主外，还有汉军和其他兵种的配

---

① 〔宋〕叶隆礼撰，贾敬颜、林荣贵点校，《契丹国志》卷二二《四京本末》，中华书局2014年版，第241—242页。

② 《辽史》卷七八《耶律夷腊葛传论》，第1269页。

③ 据《辽史》卷三四《兵卫志》第396页载：耶律阿保机在即位之前，曾"总兵四十万伐代北，克郡县九，俘九万五千口"。《新五代史》卷七二《四夷附录》第887页载："梁将篡唐，晋王李克用使人聘于契丹，阿保机以兵三十万会克用于云州东城。"《长编》卷二七，雍熙三年（986）春（第605页），刑部尚书宋琪在奏疏中说："每契丹南侵，其众不啻十万。"据此，当时辽朝单用在南侵的兵力就不止十万，若加上辽朝驻守在内地和边境的兵力，总数就更多了。《长编》卷五五，咸平六年（1003）七月己酉（第1207页），契丹供奉官李信来降，言其国中事宜，也谈到契丹国中，仅幽州一地的汉兵就有一万八千余骑，而契丹、九女奚、南北皮室当直舍利及八部落舍利、山后四镇诸军约十万八千余骑。仅这两者合计就有十二万六千余骑。说明整个辽朝兵力，加上其他归附的少数民族军队在内，就远不止此数。

④ 《宋史》卷一八七《兵志》，第4576页。

⑤ 《长编》卷二七，雍熙三年三月条，第605—608页。

⑥ 《新五代史》卷三三《张敬达传》，第361页。

合。如汉军以步兵为主，其行动虽不如契丹骑兵迅捷，但长于击刺和使用劲弩和飞炮。战争中能做到以骑兵为主、步兵配合，各施其威、各效其力。加上当时辽朝耶律休哥和耶律斜轸更是才能杰出的名将。特别是耶律休哥，"少有公辅器"，"智略宏远，料敌如神。每战胜，让功诸将，故士卒乐为之用"。[1]

而宋军方面，虽有一些长处，但因缺乏马匹，故少骑兵，以步兵为主，这就不利于在华北平原北部与拥有众多骑兵且有其他兵种互相配合的辽军作战。北宋史家宋祁总结宋辽长期作战的经验教训时指出："国之大事在兵，兵在马。"[2]这是很有道理的。

在北宋初年，从宋辽双方力量对比来看，辽方显然处于优势。宋太祖和他的高级臣僚谋士反复研究了当时的形势，认为单靠中原地区的人力和物力是难以战胜辽朝的。这就是宋太祖在统一战争中采用"先南后北"战略的客观依据之一。

宋太祖之所以要采用"先南后北"的战略，还因为长江以南地区自唐末五代以来，战争较少，社会比较安定，中原人民纷纷避地南迁，增加了大量劳动人手，劳动人民在相对安定的环境下辛勤从事生产。加之南方的统治者，为了增加财政收入，也注意奖励生产，发展经济。因此江南地区的社会经济在过去的基础上得到继续发展，全国经济文化重心已从黄河流域逐渐转移到长江流域。南方七个割据政权所占领的大都是物产丰富的地区，广州、泉州、明州、杭州又是海外贸易的港口，使得当地政府的财政收入较充裕。同时，我们还必须注意到，长期割据纷争的局面，也给南方社会经济的进一步发展带来了重重的灾难。

另一方面，经济富庶的南方诸国，到了五代末期，由于统治者穷奢极欲，秕政百出，人民生活陷于水深火热之中。据说，北宋初年，宋朝间谍

---

[1]《辽史》卷八三《耶律休哥传》，第1301页。

[2]〔宋〕宋祁：《景文集》卷二九《论群牧制置使》，文渊阁《四库全书》第1088册，台湾商务印书馆1986年版，第248页。

从蜀国返回汴京，宋太祖问："剑外有何事？"答曰："但闻成都满城诵朱长山的《苦热》诗：'烦暑郁蒸无处避，凉风清冷几时来？'"太祖曰："此蜀民思吾之来伐也。"①又宋军进攻南汉都城广州时，当地就流传着如下的童谣："羊头二四，白天雨至。"宋军凑巧是开宝四年（971）辛未（羊年）二月四日进入广州，南汉人民把宋太祖的统一战争比作"时雨"。②上述两则故事，在一定程度上反映了南方人民盼望早日统一祖国的心情。这种大势所趋、人心所向的情况，连后蜀宰相李昊也看得十分清楚，他曾对蜀主孟昶说："臣观宋氏启运，不类汉、周，天厌乱久矣，一统海内，其在此乎。"③所以后来宋军攻蜀，有如摧枯拉朽之势，自出兵到受降，前后不过六十六天。

宋太祖之所以决定先取南方诸国，是因为它们既易于制胜，而得到这些地区后，又可增加财政收入，以便有足够的力量对北边用兵，统一中国。这就是宋太祖实行"先南后北"战略的客观依据之二。

其三，宋太祖实行"先南后北"的战略，又是总结历史和现实的经验教训而确定下来的。周世宗征伐北汉，虽有高平之捷，却始终无力打垮北汉。相反的，忻口之役，损兵折将，死伤惨重，宿将史彦超为契丹所杀，被迫班师。现实的教训是，宋太祖在刚即帝位的建隆元年（960）十月，晋州（治今山西临汾）兵马钤辖荆罕儒于汾州（治今汾阳）附近京土原战斗中，被北汉兵所杀。宋太祖为此事贬黜两位将军，并"斩其部下龙捷指挥使石进德等二十九人"。④乾德元年（963），宋太祖又对北汉发动外交攻势，派遣使者往北汉交涉，但未能达成协议。是岁隆冬，"或言上将北征，大发民馈运。河南民相惊，逃亡者四万家"。⑤开宝元年（968）冬、二年

---

① 〔宋〕僧文莹撰，郑世刚、杨立扬点校：《玉壶清话》卷六，中华书局1984年版，第60页；〔宋〕吴曾撰，刘宇整理：《能改斋漫录》（上）卷五，全宋笔记第五编第三册，大象出版社2012年版，第115页。

② 《宋史》卷六六《五行志》，第1446页；卷四八一《南汉刘氏世家》，第13928页。

③ 《长编》卷四，乾德元年五月丁丑，第92页。

④ 《长编》卷一，建隆元年十月乙酉，第27页。

⑤ 《长编》卷四，乾德元年闰十二月乙卯，第112页。

春夏间，宋太祖相继两度派兵进攻北汉，均被契丹援军与北汉兵击败于太原城下。①特别是开宝二年二月，宋太祖亲征北汉，围攻太原城达一百多天，宋方损失也十分惨重。面对这种局势，绛州（治今山西新绛）人薛化光向宋太祖献策说：

> 凡伐木，先去枝叶，后取根柢。今河东外有契丹之援，内有人户供输，窃恐岁月间未能下矣。宜于太原北石岭山，及河北界西山东静阳村、乐平镇、黄泽关、百井社，各建城寨，扼契丹援兵；迁其部内人户于西京、襄、邓、唐、汝州，给闲田使自耕种，绝其供馈。如此，不数年间，可平定矣。②

宋太祖被迫采取这个策略，班师南归。

宋太祖的"先南后北"战略，是周世宗时王朴《平边策》的继续完善和发展，是在全面考察、权衡利弊之后而作出的，完全符合宋初军事、经济实力的一种稳妥的决策。"先南后北"，只是统一战争中的先后次序问题、方法步骤问题，而决不是只南不北，更不是南攻北降。宋太祖于平定荆湖以后，曾对他的弟弟赵光义说：

> 中国自五代以来，兵连祸结，帑藏空虚。必先取巴蜀，次及广南、江南，即国用富饶矣。河东与契丹接境，若取之，则契丹之患，我当之也。姑存之以为我屏翰，俟我富实则取之。③

宋太祖在不断总结历史和现实的经验教训而得出的这一论断，值得我

---

① 据《辽史》卷六、卷七《穆宗纪》，《宋史》卷一、卷二《太祖纪》，《十国春秋》卷一〇五《北汉英武帝纪》，《长编》卷六、卷七，《宋史纪事本末》卷一二等统计，太祖时，宋辽冲突的次数至少有八次，其中五次是北汉与契丹联合作战的。宋太祖几次围攻太原，也都遭到契丹的干涉。

② 〔宋〕范镇撰，汝沛点校：《东斋记事》卷一，中华书局1980年版，第1页；《长编》卷一〇，开宝二年闰五月己未，第225页。

③ 〔宋〕王称撰，孙言诚、崔国光点校：《东都事略》卷二三《孟昶传论》，齐鲁书社2000年版，第190页；〔宋〕魏泰撰，李裕民点校：《东轩笔录》卷一，中华书局1983年版，第1页。

们重视。

三

判断一个政策或策略正确与否，要看它的实践效果如何。由于宋太祖推行了"先南后北"的正确战略，所以宋初的统一战争进展神速。这里值得注意的是，宋太祖对南方用兵，同样也是采用先取其易者、弱者，再积蓄力量攻其较强较大者的战略方针。乾德元年（963），北宋首先出兵两湖，灭掉荆南和湖南两个最弱小的割据政权；接着，宋军次第削平后蜀、南汉、南唐等较强大的割据政权。宋太祖于灭南唐的次年即开宝九年（976）去世，这时全国统一的大局已定。到宋太宗太平兴国三年（978），漳泉的陈洪进和吴越的钱俶在北宋的强大军事、政治压力下，也相继纳土归附。先后只用了十五年时间就统一了南方，得州一百五十七，军四，监一，县七百四十五，户二百三十多万。①宋太祖于灭蜀后，曾诏"取蜀宫殿材造船二百艘，装载物帛铜钱器皿及银腰带十万，应付江南军前"，②来支援对南唐的战争。宋代史臣也着重地指出："及取荆湖，下西蜀，储积充羡。"③又平南唐之后，每年从那里漕运来京师的稻米就有数百万石之多。④北宋的国力大大增强了。

宋初于平定南方后，才用大军攻取北汉，这是经过朝廷君臣们慎重考虑而决定的。据《长编》卷一，建隆元年（960）八月条载：

> 时上将有事于北汉，因密访策略，（张）永德曰："太原兵少而悍，加以契丹为援，未可仓卒取也。臣愚以为每岁多设游兵，扰其田

---

① 据《长编》卷四、卷六、卷一二、卷一六、卷一九所载的数字统计，但不包括后蜀的秦、凤、阶、成四州及南唐江北的十四州、六十县、二十万六千多户。另据北宋初年统计，当时北方人口包括北汉三万五千多户在内，总共一百多万户，只有南方人口的一半弱。
② 〔清〕吴任臣撰，徐敏霞、周莹点校：《十国春秋》卷四九《后蜀后主纪》，中华书局2010年版，第738页。
③ 《长编》卷六，乾德三年三月条，第152页。
④ 《长编》卷一八，太平兴国二年二月壬辰，第396页。

事，仍发间使谍契丹，先绝其援，然后可图。"上曰："善。"①

《长编》卷九，开宝元年（968）七月条载，宋太祖即位不久，尝微行过谋臣赵普家，与之商讨南征北伐事：

> 上曰："吾欲收太原。"……普曰："太原当西北二边，使一举而下，则边患我独当之，何不姑留以俟削平诸国。彼弹丸黑子之地，将何所逃。"上笑曰："吾意正尔，姑试卿耳！"②

宋太祖是同意并采用了张永德、赵普这个把北汉暂时放一放的策略的。到宋太宗即位之初，由于南方的平定，攻打北汉的形势业已完全成熟了。

吴越归宋后不到一年（979），宋太宗便大举亲征北汉。辽朝这时在景宗（969—982年在位）的统治下，照例派兵来救。前锋到达白马岭（今山西盂县东北，盂县在太原的东面），与宋军只隔一条溪涧。主帅主张等待后军到齐后决战，监军却要尽先出击，主帅扭不过他，结果辽军渡涧未半，为宋军所乘，大溃，监军及五将战死，士兵死伤无数。宋军进围太原城，军士冒犯矢石，奋勇争先登城，甚至使宋太宗怕伤亡过多，传令缓攻。半个月之后，北汉主刘继元被迫出降，北汉平定。这时北宋的国力达到鼎盛阶段，已可与劲敌契丹交手了。

这个有利形势的到来，正是宋太祖十多年来坚定不移地执行"先南后北"战略的丰硕果实。如果宋太宗能够头脑冷静，总结历次对辽作战的经验教训，稍事休整，严肃军纪，那么打败契丹、收复幽云，全部实现宋太祖的统一大业，并不是没有可能的。可是白马岭之战的胜利，使宋太宗过高地估计了自己的力量，急躁冒进，企图一举而下幽州。哪知由于"攻围太原累月，馈饷且尽，军士罢乏。会刘继元降，人人有希赏意，而上将遂

---

① 《长编》卷九，开宝元年七月条，第205页。
② 《长编》卷一，建隆元年八月条，第21页。

伐契丹，取幽蓟，诸将皆不愿行，然无敢言者"①。宋太宗却无视将士们的合理要求和实际困难，亲率大军迅速向东北进发。一路上没有碰到辽军主力，沿途军民纷纷响应，东易州（即岐沟关）和涿州（治今河北涿县）的辽朝守将都自动投降，不到一个月就比较顺利地到达幽州城下，附近的辽朝守将也陆续前来投降，形势和周世宗北伐时的情况一样。可是宋军围攻坚城十五天不下，"士卒疲顿，转输回远"。②当宋方正处于强弩之末难于穿鲁缟之际，辽景宗已派名将耶律休哥和耶律斜轸率领骑兵前来救援，马不停蹄，连夜赶路，从小道兜到宋军后方，宋军仓促应战于高梁河一带，为辽兵所内外夹攻，立时大败，四散逃窜，宋太宗只身乘驴车逃回，大腿上中了两箭。十八年后，他就因这伤口的发作而死。③高梁河之败，乃宋太宗麻痹轻敌、急躁冒进与宋军纪律松弛、斗志涣散所致，绝不能据以否定"先南后北"战略的正确性。

到宋太宗太平兴国四年（979），除了幽云等地区还由辽朝占据着，陕北地区仍被党项贵族统治着，边疆地区尚有西北的高昌、龟兹、于阗，西南的大理和吐蕃等政权以外，中国内地都被北宋统一了。安史之乱以来延续了两百多年的分裂割据局面基本结束，统一的中央集权国家在中国再度出现，大大有利于祖国先进生产力的发展和国内外商业交通的活跃，促进了宋代经济文化的全面繁荣和高涨，达到了我国封建社会的最高境地，这无疑是历史上的一大进步。

我们在评述了宋太祖"先南后北"战略的继承关系、奠定过程、确切含义和实践效果之后，再回头来看看那种认为宋太祖因为执行"先南后北"战略而坐失灭辽良机，造成日后"积贫积弱"局面和严重边患的论调是否妥当，就洞若观火了。

辽穆宗在位时，辽朝军事力量尚相当强大。前述公元954年高平之战

---

① 《长编》卷二〇，太平兴国四年五月丁未，第453页。

② 《长编》卷二〇，太平兴国四年七月甲申，第457页。

③ 此据《辽史》卷九《景宗纪》、卷八三《耶律休哥传》，《宋史》卷四《太宗纪》，王铚《默记》卷中的记事。而宋代官修史书不载宋太宗攻幽州败绩事，《长编》亦如此。

后，周世宗曾进军太原，被辽与北汉联军击败于忻口，就是明证。殷鉴不远，960年登位的宋太祖岂能把国力作孤注一掷？经过宋太祖多年的苦心经营，宋太宗本有条件完成收复幽云的大业，只因急于求成，乃有高梁河之败绩。从10世纪末期（辽圣宗时）以来，辽政府普遍采用先进的封建生产关系和汉制，国内矛盾趋向缓和，最高统治者又注意选拔人才，统治比较稳固。宋辽双方的力量已处于相持状态。辽于公元986年（辽圣宗统和四年，宋太宗雍熙三年）大败来攻的宋军于岐沟关。此后，辽兵连年南犯，亦遭宋军强烈抵抗。自1004年（宋真宗景德元年、辽圣宗统和二十二年）宋辽订立澶渊之盟后，宋政府仍死守祖宗法制，不图改革，国力遂日趋衰微了。

这种衰微局面的出现始于北宋中期，其根本原因可追溯到北宋初期的许多措施，特别是宋的传统国策。宋初为了防止割据势力的再起，不惜强干弱枝，削弱地方武备；为了防止军人跋扈而实行兵将分离、"将从中御"政策，带来了将帅无权，指挥不灵，以致军队战斗力削弱的弊端；为了使朝廷"恃兵以为固"而造成弱天下以奉兵的冗兵恶果；为了笼络士大夫、"与士大夫治天下"而形成了重叠的官僚机构，行政效率低。尽管北宋政府极力搜括人民财物，仍难以应付庞大的财政开支。但此种种，与宋太祖"先南后北"战略是风马牛不相及的。

综上所述，"先南后北"的统一战略乃是周世宗即位之初就早已制定的，是经过君臣们慎重讨论的；宋太祖兄弟及其大臣们也是继承和完善了周世宗的政策，并通过历史的实践取得成效的，因此必须予以肯定。

（原载《宋史研究论文集》1982年年会编刊，河南人民出版社1984年版。

选自徐规：《仰素集》，杭州大学出版社1999年版，第568—583页）

宋太宗第一次伐辽：高粱河之战

——宋辽战争研究之一

漆　侠

一、宋辽战前双方国势

宋辽战争长达二十五年。双方"战争的政治目的"[①]在于争夺燕山要区。为说明这场战争的总过程和最后结局，对战前双方国势作一简要的叙述，是十分必要的。

先说契丹辽国。

耶律阿保机建国后的六七十年间，契丹国势一直是兴旺的、发达的和日趋强大的。早在阿保机即位前契丹社会内部所孕育的封建依附化关系[②]，在建国之后得到广泛的发展。建国前后所掠夺来的人口，大部分成为皇室直接控制下世袭领地（斡鲁朵）和贵族们建立的投下军州中的农奴，以及散布各地的二税户。以耶律氏和萧氏为核心的契丹贵族专政便是在这一经济基础上建立起来的。这个专政，由于早期皇位继承制是兄终弟及制，曾引起了一系列争夺皇位的斗争，契丹国势因此受到相应的影响。直到辽景宗耶律贤继位，父死子继制成为皇位继承制，这一斗争才和缓下来，辽国的政治局面稳定下来[③]。

---

① ［德］克劳塞维茨，中国人民解放军军事科学院译：《战争论》第一卷，商务印书馆1978年版，第33页。

② 漆侠：《知困集》，河北教育出版社1992年版，第116—127页。

③ 漆侠：《契丹辽国建国初期的皇位继承问题》，《河北师院学报（哲学社会科学版）》1989年第3期，第38—43页。

契丹人多少世纪以来即以"车马为家"，[①]"挽弦射生，以为衣食"。[②]畜牧、渔猎生活把契丹人锻炼成为骑猎能手，并由这些好手组成富有机动性的骑兵队。正是利用这支强大的骑兵队，契丹贵族不仅臣服草原周围诸部族，雄踞塞北，而且还趁中原分崩离析之际，南下牧马，插足中原政治漩涡之中，借收渔利。耶律阿保机利用燕（刘仁恭）、晋（李克用）和梁（朱温）鼎足之势，远交近攻，攻占平州，轻取榆关天险。耶律德光支持割据河东的石敬瑭为"儿皇帝"，一举取得燕云十六州之地，据有燕山要区和代北诸郡。之后，又一度攻占汴京，大肆掳掠；支持割据太原的北汉，试图继续左右中原局势。

辽国的强大，特别是占有燕山要区之后，不但给契丹贵族提供大量的财富，所谓南京"多财赋官"，[③]而且这一进攻退守的有利地势给包括宋朝在内的中原王朝以严重的威胁。梁襄在金世宗大定年间对此曾有所评论，他说：

> 燕都地处雄要，北倚山险，南压区夏，若坐堂隍，俯视庭宇，本地所生，人马勇劲，亡辽虽小，止以得燕故能控制南北，坐致宋币。……居庸、古北、松亭、榆林等关，东西千里，山（《读史方舆纪要》引文作"险"）峻相连，近在都畿，易于据守……[④]

顾祖禹曾经指出，"幽平之间，以五关为形胜，而渝关又其最也"[⑤]，《金国节要》对五关形势有如下的描述：

> 燕山之地，易州西北乃金坡关，昌平之西乃居庸关，顺州（今顺

---

① 《辽史》卷三二《营卫志中·行营》，中华书局1974年版，第373页。
② 《辽史》卷五九至卷六〇《食货志》。（编者按："以为衣食"载于《辽史》卷三二《营卫志中·部族上》，第377页。
③ 参阅《辽史》的《地理志》和《食货志》等。编者按："南京、中京多财赋官"载于《辽史》卷四八《百官志四·南面京官》，第801页。
④ 《金史》卷九六《梁襄传》，中华书局1975年版，第2134页。
⑤ 〔清〕顾祖禹撰，贺次君、施和金点校：《读史方舆纪要》卷一，中华书局2005年版，第428页。

义县）之北乃古北口，景州东北（遵化县）乃松亭关，平州之东乃渝
关，……自雄州东至渝关，并无保障，沃野千里，北限大山，重冈复
岭，中五关惟居庸、渝关可通饷，金坡、古北止通人马，不可行车。
其山之南，则五谷良材良木无所不有，出关未数里，则地皆卤瘠，盖
天设之险。宋若尽得诸关，则燕山一路可保也。

综观我国古代历史，梁襄、顾祖禹之所论，长城天险对中原王朝的立
国，确实具有极其重要的意义和作用。一些强大的王朝如汉唐，其所以能
够同草原民族一争雄长，一是以长城天险为依托，阻御草原民族牧骑南
下，以保障中原地区的安全；二是据有一片草原，繁衍马匹，编组为骑
兵，主动出击，以机动对机动，以能够支持长期战争的国力为基础，终于
战胜对手，成为国势强大之王朝。宋代立国不仅没有像汉唐那样具备上述
两个条件，而且长城天险又被契丹占有，国都汴京立处平野，直接暴露在
契丹牧骑威胁之下。因此，在议论历代王朝国势的时候，不能忽视它们所
获得的历史条件。

赵匡胤建国之际，一方面如上所述强敌契丹在北方虎视眈眈，而另一
方面分布在赵宋政权周围又有七八个割据势力。这一客观形势，不能不使
赵匡胤深深感觉到"一榻之外，皆他人家也"：

> 上自即位，数出微行，或过功臣之家，不可测。赵普每退朝，不
> 敢脱衣服。一夕大雪，普谓上不复出矣。久之，闻叩门声异甚，亟
> 出。则上立雪中。普皇恐迎拜。上曰：已约吾弟矣。已而，开封尹光
> 义至。即普堂设重裀地坐，炽炭烧肉，普妻行酒，上以嫂呼之。普从
> 容问曰：夜久寒甚，陛下何以出？上曰：吾睡不能著；一榻之外，皆
> 他人家也。故来见卿！普曰：陛下小天下耶？南征北伐，今其时也，
> 愿闻成算。所向上曰：吾欲收太原。普嘿然良久，曰：非臣所知也。
> 上问其故，普曰：太原当西北二边，使一举而下，则边患我独当之，
> 何不姑留，以除削平诸国，彼弹丸黑子之地将何所逃？上笑曰：吾意

正尔，姑试卿耳！于是用师荆湖，继取西川……①

按这则故事出自邵伯温《闻见录》，李焘订正其中错误，定其事为建隆二年（961）平荆湖之前，甚是。故事真实地反映了宋建国初之形势，以及为改变这一形势赵宋君臣们所制订的统一天下的战略方针。这一战略方针则来自周世宗时候王朴的《平边策》，亦即所谓的先南后北、先易后难的战略方针。②就这个战略方针来看，从周世宗君臣到赵匡胤君臣，在对北方强敌契丹的问题上，实有其共通之处，即都是郑重其事、认真对待的。但也自有不同之处，即周世宗在辽睡王统治期间，北上用兵，收复三关，敢于撄契丹之锋；赵匡胤虽然也两度伐太原，但始终未同契丹进行面对面的斗争，史料上还有这样的反映：

太祖一日召赵韩王于别殿，左右无一人，出取幽燕图示之。赵熟视久之，曰：此必曹翰所为。帝曰：何以知之？曰：非翰不能也。帝曰：何如？赵曰：翰必克之，须世世得曹翰守之乃可。帝不语，携图而入，不复言幽燕之讨。③（邵伯温《闻见录》卷六所载略同，不录）

太祖皇帝削平僭伪诸国，收其帑藏，金帛之积，归于京师，贮之别库，号曰封椿库，凡岁给国用美赢之数皆入焉。尝密谕近臣曰：石晋苟利于己，割幽燕郡县以赂契丹，使一方之民独限境外，朕甚悯之。欲俟斯库所蓄满三五百万，当议遣使谋于彼国，土地民庶傥肯归之于我，则此之金帛悉令齐往，以为赎直。如曰不然，朕特散滞财、募勇士，俾谋攻取，以决胜负耳。④（王辟之《渑水燕谈录》卷一所载与此略同，不录）

今之勍敌，正在契丹。自开运以后，益轻中国。河东正扼两蕃，

---

① 〔宋〕李焘：《续资治通鉴长编》（以下简称《长编》）卷九，开宝元年七月丙午，中华书局2004年版，第205页。

② 〔宋〕薛居正：《旧五代史》卷一二八《王朴传》，中华书局1976年版，第1679—1681页。

③ 〔宋〕王巩：《随手杂录》，《全宋笔记》第二编第六册，大象出版社2013年版，第59页。

④ 〔宋〕王曾撰，张其凡点校，《王文正公笔录》，中华书局2017年版，第10页。

若取河东，便与两蕃接境，莫若且存继元，为我屏翰，俟我完实，取之未晚。故太祖末年始征河东。[①]

以上诸录是宋代官私记载中具有代表性的材料。材料集中地反映了赵匡胤君臣们把契丹当作最为强大的对手，竭力避免过早地同契丹发生直接冲突，唯其如此，对契丹的附庸——北汉，也是在次第削平江南诸国之后，再来收拾，也不是作为首先打击的对象。不仅如此，赵匡胤还考虑到，不先从军事上"决胜负"，而是通过谈判，用赎买的方式，收回幽燕的"土地民庶"。这一方面反映了赵匡胤君臣们对待契丹的态度是极其谨慎的，但另一方面也透露了与这种极其谨慎态度相联系的是畏葸情绪，此前契丹牧骑横行中原的阴影，一直笼罩着人们，包括赵匡胤君臣在内。可是没有多久，赵匡胤之弟赵光义篡夺了政权，他一反乃兄所为，拉开了宋辽战争的序幕，是为第一次伐辽。

二、宋太宗进攻幽州的战略决策

太平兴国四年（979）春，宋太宗决计攻太原，剪灭最后一个割据势力。在此之前，宋太祖已经对太原进行了两次围攻，在薛化光建策下，"先去枝叶，后取根柢"[②]，大量迁徙北汉诸州户口，极大地削弱了北汉力量，因而宋太宗发动的这次进攻，确实具有摧枯拉朽的必胜之势。而这个必胜之势之变成现实，关键在于"围城打援"，即挫败契丹的援军，就能够攻克太原。所以，这次进攻北汉的一个重要部署便是在太原东北二十里石岭关设防，由郭进任都部署，并于这年三月在太原盂县东北三十里的白马岭[③]，同契丹援军进行了激战：

太平兴国四年三月乙未，郭进言：契丹数万骑入侵，大破之石岭

---

① 〔宋〕魏泰撰，李裕民点校：《东轩笔录》卷一，中华书局1983年版，第1页。
② 〔宋〕范镇撰，汝沛点校：《东斋记事》卷一，中华书局1980年版，第1页。
③ 〔清〕顾祖禹：《读史方舆纪要》卷七《历代州城形势七·石岭关》条，第288页。

关南，于是北汉援绝。①

契丹没有掩盖这一战役的失利，《辽史》有关这方面的记载比宋人所载更为翔实：

> （辽景宗）乾亨元年三月丁酉，"耶律沙等与宋战于白马岭，不利。冀王敌烈及突吕不节度使都敏、黄皮室详稳唐筈皆死之，士卒死伤甚众。②
>
> 乾亨初，宋再攻河东，（耶律斜轸）从耶律沙至白马岭遇敌，沙等战不利，斜轸趋之，令麾下万矢齐发，敌气褫而退。③
>
> 乾亨初，宋复北侵，（耶律）沙将兵由间道至白马岭，阻大涧遇敌。沙与诸将欲待后军至而战，冀王敌烈、监军耶律抹只等以为击之便，沙不能夺。敌烈等以先锋渡涧，未半，为宋所击，兵溃。敌烈及其子蛙哥、沙之子德里、令稳都敏、详稳唐筈等五将俱没。会北院大王耶律斜轸兵至，万矢俱发，敌军始退。④

打援的成功，为五月初攻占太原奠定了基础，而且又直接推动宋太宗在下太原后立即以进攻幽州为战略目标，从而与契丹发生了全面的军事对抗。

宋太宗攻占太原，立即转旆北征，这一战略决策是否恰当呢？在宋太宗提出这一战略决策时，群臣当中产生了两种截然相反的意见：

> 太原将平，刘继元降王随銮舆将凯旋，而三军希赏，诸将遽有平燕之请，未敢闻上。崔翰者，晋朝之名将也，奏曰：当峻坂走丸之

---

① 此据《长编》卷二〇，太平兴国四年三月乙未，第447页；《宋会要辑稿》之《蕃夷》一六五，《宋史》卷二七三《郭进传》同。

② 《辽史》卷九《景宗纪下》，第101页。

③ 《辽史》卷八三《耶律斜轸传》，第1302页。

④ 《辽史》卷八四《耶律沙传》，第1307页。

势，所至必顺，此若不取，后恐噬脐。上然之，改銮北伐。①

富郑公（即富弼）尝为余言：永熙（宋太宗陵寝）讨河东刘氏，既下并州，欲领师乘胜复收蓟门，始咨于众。参知政事赵昌言对曰：自此取幽州，犹热鏊鏊翻饼耳！殿前都指挥使呼延赞争曰：书生之言，不足尽信；此饼难翻。永熙竟趋幽燕，倦甲而还，卒如赞言。郑公再三叹为予曰：武臣中盖亦有人矣！②

按《麈史》所记有关赵昌言、呼延赞官职等均不准确，李焘在引用这段记载时已作了考证。即使如此，宋太宗君臣们在进攻幽州这一重大战略的决策上，存在严重分歧。那么，这两种分歧，是"热鏊鏊翻饼"估计得正确呢？还是"此饼难翻"估计得正确？

崔翰是极力赞成宋太宗实施进攻幽州这一战略决策的。他认为，进攻幽州已经形成了"峻坂走丸之势"，而又"所至必顺"，同所谓"热鏊鏊翻饼"之见无甚差别。诚然，击败契丹援军，攻占太原，造成先声夺人之势，对宋军实施下一战略目标是有利的。这一点应予以充分的重视。

但，这仅是事情的一个方面。另一方面，白马岭之役，契丹虽然失利，但毕竟是局部性质的，无损于契丹的全局。耶律沙所领的辽军退至幽州一线，加强了幽州外围的防御。而且，自宋发动进攻太原的军事行动后，辽景宗即于是年三月"诏北院大王（耶律）奚底、乙室王撒合等以兵戍燕"③，加上稍后进入幽州城的耶律学古援军，辽集结在幽州城内外的军队也不下五六万人。进攻幽州的宋军，初步估计，不过十五万人，比集结幽州一带的辽军自然占有较大的优势。可是，辽军以幽州坚城为依托，与外围的辽军相结合，能够抗击优势的宋军。这样，同进攻太原一样，宋军又面临了"围城打援"的形势，而这一形势比宋初围太原时要严峻得多

① 〔宋〕文莹：《玉壶野史》卷七，文渊阁《四库全书》第1037册，台湾商务印书馆1986年版，第331页。

② 〔宋〕王得臣撰，黄纯艳整理：《麈史》卷一，《全宋笔记》第一编第10册，大象出版社2003年版，第20页。

③ 《辽史》卷九《景宗纪下》，第101页。

了。因此，宋军在旬月之内攻不下幽州，辽援军即可自上京临潢一带调来。到那时候，顿兵于坚城之下的宋军，就要遭到两面夹击而腹背受敌了。宋太宗蔽于攻占太原所造成的局部优势，而昧于对进攻幽州这一战略全局的审察，在这一战略决策下的军事行动就不能不具有某种程度的盲目性。

更何况在宋军内部还存在许多问题。一是，由于战略目标的骤然改变，各项准备由于紧迫仓促而难免周到了；二是，宋军对太原的进攻历时两个多月，缺乏必要的休整，而且在六月酷暑中又开始了一个新的军事行动，天时对进攻者一方——宋方是更加不利的；三是，宋军将士都希望在攻占太原得到赏赐，不愿北征："初攻围太原累月，馈饷且尽，军士乏食，会刘继元降，人人有希赏意，而上将遂伐契丹、取幽蓟，诸将皆不愿行，然无敢言者。"①直到太平兴国六年（981），田锡在上宋太宗的奏章中还提到这件事情："自河东破后，圣驾回旋，诸军之心，皆望赏赐"，而"陛下未覃堂捷之恩，未行策勋之礼，经今二载"②。因之，宋军将士之中孕育了不满情绪。天时、地利、人和，这三者对宋方都是不利的，宋太宗就是背负着这些不利因素，仓促决策，仓促开始其军事行动的。

三、宋辽高梁河之战

太平兴国四年（979）六月庚申（13日），宋军约十余万人自镇州向北推进。就是在军事行动开始的第一天，"扈从六军有不即时至者"③，军队中的不满情绪即已暴露出来，惹得宋太宗恼怒发火。丙寅（19日），经过六天的时间，宋太宗进驻契丹统治下的金台顿。接着，宋军前锋于丁卯（20日）攻占岐沟关，契丹东易州刺史刘禹投降，并在涿州胡翟河一带同

---

① 《长编》卷二〇，太平兴国四年五月丁未，第454页。
② 〔宋〕田锡撰，罗国威校点：《咸平集》卷一《上太宗论军国要机朝廷大体》，巴蜀书社2008年版，第11页。
③ 以下未注明者均采自《长编》卷二〇，太平兴国四年；《宋会要辑稿》之《蕃夷》一六五等页所载。

辽军作了规模较大的战斗：

> （傅潜率前锋攻至涿州）与契丹战，生擒五百余人。①
>
> （李继隆）领先锋，破契丹众数千，及围范阳（即涿州），又与（郭）守文为先锋，大破其众于湖翟河（亦即湖梁河、胡良河南）。②

攻占涿州两天以后，庚午（23日）宋太宗进驻幽州城南之宝光寺。这时，自石岭关退回之耶律沙一军和来援幽州的耶律奚底军集结幽州西北一带。宋如果进攻幽州，必须扫清幽州外围之辽军，因而宋开始了对耶律奚底军的攻击，丁卯双方战于沙河，辽军战败，"退屯清河北"③。耶律斜轸抓住宋军屡胜轻敌的弱点，"取奚底等青帜军于得胜口以诱敌，敌果争赴"，而耶律斜轸率军"出其后，奋击败之"。④这样，耶律沙、耶律奚底诸部辽军，虽然受到宋军的不小压力，但一直在幽州西北、北部苦撑待援，有力地支持了幽州的防御。

宋军击败了幽州外围的辽军，立即将幽州团团包围。壬申（25日），宋太宗下令攻幽州，攻城的部署是：

（一）定国军节度使宋渥攻南面，尚食使侯昭愿副之；

（二）河阳节度使崔彦进北面，内供奉官江守钧副之；

（三）彰信军节度使刘遇东面，仪鸾副使王宾副之；

（四）定武军节度使孟元喆西面，闲厩副使张守明副之；

（五）宋太宗于围城期间，亲自到城北、城西隅督战进攻。

宋军这次军事行动究竟投入了多少兵力，史无明文记载，只能根据零散材料作一估计。据《宋渥传》载："又从征幽州，诏渥与尚食使虞昭愿

---

① 《宋史》卷二七九《傅潜传》，中华书局1985年版，第9473页。

② 《宋史》卷二五七《李继隆传》，第8964页。

③ 《辽史》卷九《景宗纪下》，乾亨元年六月丁卯记事，第101页；《辽史》卷八三《耶律斜轸传》，第1302页。

④ 《辽史》卷八三《耶律斜轸传》，第1302页。

领兵万余，攻城南面。"①依此估计，四面攻城宋军当在五万上下。但攻城的重点在幽州城北、城西，特别是城北、城西的外线，尚有耶律沙等的辽军，宋军在这两面投入的军队必然多于城东、城南两面，而且也可能选派一支劲旅戒备外围的辽军，以利于攻城。这样估计，城北、城西军队多增一倍，为两万余，另有一支对西、对北的警戒部队两万人以上，加上护卫宋太宗的军队，约为十二三万人，总之，宋军投入的总兵力不超过十五万人。

材料反映，幽州的攻城战极为激烈。攻城用的云梯、洞子，宋军都曾使用。所谓"洞子"，是"攻城者以牛革蒙木上，士卒蒙之而进"的一种攻城器械②。赵延进在进攻幽州时，被任命为攻城八作壕寨使，曾负责制造"洞子"和"炮具八百"，得到宋太宗的奖励③。不但从地面上攻，还"围城三周，穴地以进"④。除白天攻击，还要夜晚攻击，"适有敌三百余人夜登城，（耶律学古）战却之"⑤。在进行猛烈的军事攻势的同时，宋军还发动了攻心战，给辽守城军民以不少的压力，所谓"宋兵围城，招胁甚急，人怀二心"⑥，就是这一情况的反映。幽州显然处于极度危急的境况中。

在此危急情况下，权知南京留守事韩德让（后易名耶律隆运）同辽援军、权南京马步军都指使耶律学古和知三司事刘弘等"日夜登城"，"随宜备御"，"安人心，捍城池"⑦，固守待援，为这次战役的胜利奠定基础。

解幽州之围，对辽军来说已迫在眉睫。六月底，辽已经制订好解围方案："丁丑（30日），诏谕耶律沙及奚底讨古等军中事宜"，当是命令在清

---

① 《宋史》卷二五五《宋渥传》，第8907页。
② 《宋史》卷二六〇《李汉琼传》，第9020页。
③ 《宋史》卷二七一《赵延进传》，第9299页。
④ 《辽史》卷八三《耶律学古传》，第1304页。
⑤ 《辽史》卷八三《耶律学古传》，第1304页。
⑥ 《辽史》卷八二《耶律隆运传》，第1289页。
⑦ 《辽史》卷八二《耶律隆运传》，第1289页；卷八三《耶律学古传》，第1304页；卷九《景宗记下》，第102页。

河沙河一线的两支军队向围城的宋军实行反击，另派耶律休哥率契丹精锐五院军①驰援，耶律休哥并代耶律奚底为戍燕诸军统帅。双方决战的时刻即将到来。

七月癸未（6日），宋太宗又至幽州城西北隅督将士攻城，这时耶律沙部辽军已自沙河清河一线进至幽州城西北约十余里之外，宋太宗不得不率军迎战，双方遂于高粱河展开激战：

> 秋七月癸未，（耶律）沙等及宋兵战于高粱河，少却；休哥、斜轸横击，大败之。②

> 乾亨元年，……南京（即幽州）被围。帝（辽景宗）命休哥代奚底，将五院军往救。遇大敌于高粱河，与耶律斜轸分左右翼，击败之。追杀三十余里，斩首万余级，休哥被三创。③

这一仗打得十分激烈，宋军大败，宋太宗狼狈南窜，耶律休哥为扩大战果，追杀三十余里，自己也三处负伤。辽方的记载是：

> 癸未，……宋主仅以身免，至涿州，窃乘驴车遁去。甲申，击宋余军，所杀甚重，获兵、器甲、符印、粮馈、货币不可胜计。④

宋代官方对此次大败缺乏记载，私人记载是：

> 太宗自燕京城下军溃，敌人追之仅得脱。凡行在服御宝器尽为所夺，从人宫嫔尽陷没。股上中两箭，岁岁必发，其弃天下竟以箭疮发云。⑤

---

① 此据《辽史》卷八三《耶律休哥传》，第1299页。按：五院部、六院部既是契丹皇帝，又是契丹最强大的两部，因而也是契丹军精锐所在。
② 《辽史》卷九《景宗纪下》，第102页。
③ 《辽史》卷八三《耶律休哥传》，第1299页。
④ 《辽史》卷九《景宗纪下》，第102页。
⑤ 〔宋〕王铚撰，朱杰人点校：《默记》卷中，中华书局1981年版，第20页。

综合两方记载，除宋太宗中箭一事为《辽史》未有外，其余的大都相符，《辽史》上称宋太宗至涿州"窃驴车逃去"一事，也隐约反映了宋太宗因伤未能骑马。宋军在高梁河战役中，可以说是惨败的。

然而，更加严重的是，在高梁河鏖战之际，宋军发生了一场兵变。王铚《默记》上说：

> 既迎大驾至幽州城下，四面攻城，而我军以平晋不赏，又使之平幽，遂军变，太宗与所视厚夜遁。①

由于在混战中，宋太宗下落不明，因而军队当中有拥立赵匡胤长子赵德昭的意图，事后为宋太宗闻知，甚是不满：

> 魏王德昭，太祖之长子。从太宗征幽州，军中夜惊，不知上所在，众议有谋立者，会知上处乃止。上微闻，衔之，不言。②

把司马光的这段记载同王铚所载联系起来考察，在高梁河交战之际，宋军确曾发生了兵变，而兵变亦确曾有立赵德昭的意图，联系以后赵德昭向宋太宗提出"行河东之赏"，遭到宋太宗的怒斥而被迫自杀，充分说明兵变与拥立赵德昭有着内在的联系。只是因为牵涉到宋太宗皇位问题，讳莫如深，宋代官书对此也就不了了之了。已故的傅乐焕教授《关于宋辽高梁河之战》③一文，曾征引上述记载，本文是在这一启示下提出这一看法的，可惜无法就教于傅先生了。

尤为可笑的是，宋代官书上却于七月丙戌（9日）记载了所谓"金台失律"一事：

> 七月丙戌（9日）次金台驿，内供奉官阎承翰驰奏：大军不整，南向而溃。上令殿前都虞候崔翰将卫兵千余人止之。翰请单骑前往，

---

① 《默记》卷上，第5页。
② 〔宋〕司马光撰，邓广铭、张希清点校：《涑水记闻》卷二，中华书局1989年版，第36页。
③ 傅乐焕：《辽史丛考》，中华书局1984年版，第29—35页。

至则论以方略，众遂定。反命，不戮一人。上甚嘉之。①

按七月六日高梁河激战，七日，辽又追杀宋其余诸军，宋太宗狂窜不已，几日内无消息，宋军建制已是混乱不堪，几乎无一旅完整之师，在幽州城下早已"失律"，金台顿距宋境非遥，又何失律之有？所谓"金台失律"者，充其量不过是宋太宗命崔翰在金台收容南向溃窜的宋军，免得这副狼狈相在入境后暴露在广大人民面前，以至自己也颜面无光，不好交账！

七月乙巳（28日）宋太宗安然回到汴京。接着，八月初抓了两件事情。一是：

> 守中书令西京留守石守信从征范阳，督前军失律，壬子责授崇信节度使兼中书令。
>
> 甲寅，彰信节度使刘遇责受宿州观察使，光州刺史史珪责受武定行军司马，皆坐从征范阳所部兵逗挠失律故也。②

李焘在这两条记载下注释道："守信失律事，《实录》《正史》都不详，所以班师殆由此故耳，当考"；"刘遇史珪传载失律事亦不详，恐国史或有避忌，更须参考"。按刘遇、史珪系宋攻幽州东城的方面军，石守信也很可能在这支军队中。李焘认为，他们之所以被贬，情况不明，"恐国史或有避忌"，由此造成的，甚有识见。宋"国史避忌"的是什么？结合前面引用的《涑水记闻》《默记》的材料，应当是：石守信、刘遇和史珪在幽州城东攻城之际，因太原未赏而不肯卖力，听说宋太宗下落不明，并有立赵德昭的意图，因而溃退下来。所以，宋太宗借失律之名加以贬黜。这是一件大事！

第二件大事是迫死其侄赵德昭。《涑水记闻》记载道：

---

① 《长编》卷二〇，太平兴国四年七月丙戌，第457页。
② 《长编》卷二〇，太平兴国四年八月壬子、甲寅，第459页。

时对上以北征不利，久不行河东之赏，议者以为不可，王（德昭）乘间入言。上大怒曰：待汝自为之未晚也。王惶恐，还宫，诏左右带刀乎……取割果刀自刭。上闻之，惊悔，往抱其尸，大哭曰：痴儿何至此矣！[①]

此段记载为李焘全部引用，并注释道："此据司马光记闻，本传云德昭好啖肥猪肉，因而遇疾不起。今不取。"赵德昭之所以被迫自杀，就在于幽州兵变要拥立为帝，从而激起宋太宗的忿恨。赵德昭即使这次不自杀身死，也必然在另一种借口下遭到杀害，这是毫无疑义的。

高梁河的惨败和幽州城下兵变，不仅使宋太宗再也不敢亲临前线，而且他的目标转移到对内进一步控制上，这就是加强对亲族对军队的控制，用来挽回他失去的威信。

四、辽宋满城之战

同年九月，辽景宗为报幽州之役，遣兵攻宋。统帅是辽景宗的亲信、一个契丹化了的汉人燕王韩匡嗣（即韩德让之父），南府宰相耶律沙为监军，惕隐耶律休哥、南院大王耶律斜轸和权奚王耶律抹只率所部南征。

此前，宋太宗退至定州后，对北部边防重新作了部署：崔翰、孟元喆等留屯定州，李汉琼屯镇州，崔彦进等屯关南，"得以便宜行事"。辽军南侵之后，宋镇州都钤辖刘廷翰首先率军阻御，"先阵于徐河"；崔彦进提关南（高阳关）兵潜师出黑卢隄北，缘长城口蹑辽军后路；李汉琼、崔翰等亦领兵来到，集结于满城，兵力达八万人[②]，与辽军会战。

宋太宗虽然不敢亲临前线，他却念念不忘"将从中御"这一法宝，授诸将阵图，按照他设计的框框，"分为八阵"。这时"辽骑坌至"，赵延进登高眺望，"东西亘野，不见其际"。崔翰等仍然"按图布阵，阵去百步，士众疑惧，略无斗志"。在此形势下，赵延进提出："今敌众若此，而我师

---

① 《涑水记闻》卷二，第36页。
② 《宋史》卷二七一《赵延进传》，第9300页。

星布，其势悬绝，彼若持我，将何以济！不如合而击之，可以决胜。违令而获利，不犹愈于辱国乎？"崔翰等曰："万一不捷，则若之何？"赵延进乃坚决表示，"倘有丧败"，自己"独当其责"。李继隆也作了同样的表示："事有应变，安可预定，设获违诏之罪，请独当之！"①宋军诸将的军事辩证法思想抵制住了宋太宗的形而上学的军事指挥方法，崔翰等遂下决心，将原来的八阵改为二阵，前后相接应，使兵力集中起来。

宋军将帅改变了形而上学的指挥方法，辽军统帅却陷于主观主义的错误估计之中。辽宋两军会战徐、驰河一带。契丹方面的记载是：

（韩匡嗣等）军于满城，方阵，宋人请降。匡嗣欲纳之，休哥曰：彼军气甚锐，疑诱我也。可整顿士率以御。匡嗣不听。俄而宋军鼓噪薄我，众蹇践，鏖起涨天。匡嗣仓促谕诸将，无当其锋。众既奔，遇伏兵扼要路，匡嗣弃旗鼓遁，其众走易州山，独休哥收所弃兵械，全军还。②

……休哥引兵凭高而视，须史南兵大至，鼓噪疾驰。匡嗣不知所为，士率弃旗鼓而走，遂败绩。休哥整兵追击，敌乃却。③

宋方记载则无"请降"事，而是：

三战大破之，敌众崩溃，悉走西山，投坑谷中死者，不可胜计，追奔至遂城，斩首万余级，获马千余匹……④

在正面战场上，辽军受到宋军的猛烈攻击，而在退却中，又遭到崔彦进部宋军的伏击，因而吃了不小的败仗。

满城战役后，辽景宗怒斥韩匡嗣指挥失利的罪过道："尔违众谋，深入敌境，尔罪一也；号令不肃，行伍不整，尔罪二也；弃我师旅，挺身鼠

---

① 《宋史》卷二五七《李继隆传》，第8965页。
② 《辽史》卷七四《韩匡嗣传》，第1234页。
③ 《辽史》卷八三《耶律休哥传》，第1299页。
④ 《长编》卷二〇，太平兴国四年九月，第463页。

窜，尔罪三也；侦候失机，守御弗备，尔罪四也；捐弃旗鼓，损威辱国，尔罪五也。"因之"促令诛之"。经过皇后外戚的解说，"杖而免之"。

虽然对韩匡嗣的处分较为宽松，但一般来说，辽景宗对从白马岭到高梁河、满城三次战役中将官们的处分，不失为严明的。"以白马之役责（耶律）沙、（耶律）抹只，复以走宋主功释之；奚底遇敌而退，以剑背击之；撒合虽却，部伍不乱，宥之；冀王敌烈摩下先遁者斩之，都监以下杖之。"[1]功过赏罚是恰当的。更重要的是，从这几次战役中，耶律休哥、耶律斜轸的卓越才能脱颖而出，被辽景宗选拔到将帅岗位，在此后的宋辽对抗中，发挥了重要的作用。

五、几点评论

一、高梁河之战、满城之战，是宋辽长期战争中的第一个回合。尽管双方各有胜败，但从全部战略上考察，宋因高梁河之战失利，没有实现收复幽州这一战略，可以说是失败的；辽虽有满城的失利，但确保了幽州以及燕山要区的统治，在战略上则是成功的。

二、宋在战略上之所以失败而没有成功，主要由于：（1）宋太宗急功好利，在战略决策上过于仓促、草率，只看到自己取得的局部胜利，而没有看到契丹的优势和长处；（2）宋军上下缺乏收复幽州和燕山要区的信心；（3）太原之赏未行，将士不肯用命，在高梁河主力受挫情况下，发生兵变，以至全线崩溃，造成巨大损失。

三、辽国之所以取得战略上的胜利，则是由于：（1）契丹封建制日益发展，辽景宗时摆脱了"睡王"辽穆宗时期造成的政治混乱局面，辽贵族政治比较稳定；（2）军事上除维持其早期的优势外，培养出来一批有为的优秀指挥人才，如耶律休哥、耶律斜轸等；（3）以坚城为依托，外围兵力为牵制，有生力量到达，即获得决定性的胜利。

四、值得一提的是，战争的胜利和失败与军事指挥有着至为密切的关

---

[1]《辽史》卷九《景宗纪下》，第102页。

系。满城战役就提供了一个非常生动的事例。在战法上，宋军将帅既有刘廷翰、崔翰诸军在徐河一线正面阻击，又有崔彦进之迂回辽军后路，有正有奇，正奇结合，指挥是灵活的。特别重要的是，宋军将帅抵制了宋太宗"将从中御"的主观主义、形式主义军事指导方法，集中兵力，变八阵为二阵，从而取得战役的胜利。辽军统帅韩匡嗣自以为是，不采纳耶律休哥等的正确意见，临战之际"侦候失机，守御弗备"，不得不"捐弃旗鼓"，"挺身鼠窜"了。谁违背了军事辩证法，谁就受到军事辩证法的惩罚。历史上战争（不管性质如何）的血的教训，都说明了这一真理。

（原载《河北大学学报（哲学社会科学版）》1991年第3期。

选自《漆侠全集》第九卷，第159—176页）

北宋对外战争中的弹性战略防御：
以宋夏洪德城战役为例

曾瑞龙

以往考察北宋的国防和战略，①很容易得出消极被动的印象。这个印象可能由史家对"强干弱枝""重文轻武"等消极的大战略（grand strategy）——或俗称"国策"——所作的种种批评所造成。②在史家笔下，北

---

① 关于"战略"这一名词的用法，坊间似有太滥之嫌，如打麻将的"战略"，或芝加哥公牛队"把球传给迈克尔·乔丹（Michael Jordan）便是唯一的战略"。这种近乎滥用的现象并非毫无道理，而是和战略的复杂性和普遍性分不开。根据爱德华·勒特韦克（Edward Luttwak）的定义，战略包含五个层次，即技术（technology）、战术（tactics）、战役法（operational art）、战区战略（theater strategy）和大战略（grand strategy）。大战略具有很大普遍性，甚至存在于街头党帮的殴斗中。见 Edward Luttwak, *Strategy: The Logic of War and Peace*（Cambridge, Massachusetts, and London, England: The Belknap Press of Harvard University Press, 1987), p.58, 180–181。本章在讨论一般性概念时采用广义的用法，但随着讨论进入军事领域，则战略一词亦转随较狭的定义，多指战区战略和战役法。军界对于战区战略这一概念存在不同意见，见 Gregory D.Foster, "Review on Luttwak's Strategy: *The Logic of War and Peace*," *Strategic Review* 2 (1987), pp.75–80。

② 北宋开国伊始，为了积极解决军人拥立天子的弊端，便推行"强干弱枝"政策，"将从中御"，甚至以阵图来束缚将领的作战自由。同时，中央所倚重的禁兵很快就呈现素质下降的现象，不但未能战胜辽军，连应付西夏的入侵也好像力有不逮。朝廷在荒年募饥民为兵，导致兵多而冗滥，最受史家诟病。再者，北宋在收回节度使兵权之同时，更大开科举之门，终致产生"重文轻武"的现象，加深了积弱不振。结果，宋初不但未能收复燕云，更与辽妥协，订下澶渊之盟，岁输银绢以换取和平。此类意见甚为普遍，不能尽录，其主要论点，参见钱穆：《国史大纲》，台湾商务印书馆 1940 年初版，1960 年第 7 版，第 382—384 页。金毓黻：《宋辽金史》，乐天出版社 1972 年再版，第 32—35 页。蒋复璁：《宋代一个国策的检讨》，《大陆杂志》1954 年第 9 卷第 7 期，第 217—236 页；后收入宋史座谈会编：《宋史研究集》第 1 辑，台湾编译馆 1958 年初版、1980 年再版，第 407—450 页。邓广铭：《北宋的募兵制度与当时积贫积弱和农业生产的关系》，《中国史研究》1980 年第 4 期，第 61—77 页；后收入氏著：《邓广铭治史丛稿》，北京大学出版社 1997 年版，第 75—103 页。吴晗：《阵图与宋辽战争》，氏著：《吴晗史学论文集》第 3 分册，人民出版社 1988 年版，第 87—96 页。王熙华、金永高：《宋辽和战关系中的几个问题》，《文史》第 9 辑，第 83—113 页。

宋朝廷为了解决内部隐忧，不惜采取消极被动的对外政策，而铸成"积弱"的局面。由于这样一个积弱的王朝在大战略的层次已经很失败，也就遑论其军事战略有何出众了。可是伴随着史家对"强干弱枝""重文轻武"的评价不断修正，及近二十年来学界在不同程度和层次上强调宋代军人角色的重要性，①特别是对北宋杨氏、曹氏、种氏、折氏和南宋吴氏将门的

---

① 关于北宋兵制，罗球庆认为，"强干弱枝"政策本身不一定带来兵多而冗的恶果，"将从中御"也是兵制破坏的现象，而非当初原意。见罗球庆：《北宋兵制研究》，《新亚学报》1957年第3期，第167—270页。关于"重文轻武"现象，虽曾被提到"国策"的水平来探讨，但严格的研究著作其实不多。在史实上，这项政策由何人提议、有无经过讨论、何时开始推行等问题，都不像"强干弱枝"和"先南后北"那样有较为明确的答案。何况"轻武"是长期"重文"的后果，还是一方面崇文、另一方面有意图地抑武，好像也欠缺深入讨论。过往对于"重文轻武"的讨论，据笔者限于条件和水平所做的不完全归纳，大致有下列几种了解。第一种主张，认为宋代"强干弱枝""重文轻武"两大国策有内在联系，核心在"收兵权"。可是在讨论具体史实时，史家仍偏重前者，对后者则匆匆带过。如蒋复璁：《宋代一个国策的检讨》，第217—236页。赵铁寒：《关于宋代"强干弱枝"国策的管见》，《宋史研究集》第1辑，第450—453页。然而，这个问题的关键在于"收兵权"政策，以"强干弱枝"概念已可收摄，"收兵权"可能只是为了王室和中央政府的安全，并非必然在普遍意义上"轻武"，如要扩大解释为一种普遍压抑武将的开国政策，则与史实不尽符合，如郭进控西山一事，至少反映出宋太祖对部分武将相当信任。另一种观点认为，北宋曾经以"崇儒"或"右文"政策加强其统治。如王云海：《宋太宗的右文政策》，《河南大学学报》1986年第1期，第1—10页。而 Thomas H.C.Lee, *Government Education and Examination in Sung China*（Hong Kong: The Chinese University Press, 1985）从科举制立论，提出宋代文官单轨制的上升途径；有关论述并见氏著：《宋代教育散论》，东升出版事业有限公司1980年版。这种看法能落实到具体制度来解释"崇儒"或"右文"的政策，但对于"轻武"则欠缺同样分量的讨论。第三种看法基本上不否定宋代有"重文轻武"政策，但同时认为武官也属于统治阶级，作用不容低估。其代表作品有［美］刘子健：《略论宋代武官群在统治阶级中的地位》，氏著：《两宋史研究汇编》，（台北）联经出版事业公司1987年版，第173—184页。刘氏指出朝廷给予武官的种种特权值得注意，并在引言中呼吁展开有关研究。何冠环：《宋初三朝武将的量化分析——北宋统治阶层的社会流动现象新探》，《食货月刊》复刊1986年第16卷第3、4期合刊，第19—31页；后收入氏著：《北宋武将研究》，（香港）中华书局2003年版，第1—24页，认为从军也是社会流动的上升阶梯。另外，John Richard Labadie, *Rulers and Soldiers: Perception and Management of the Military in Northern Sung China*（960—CA.1060）（Ph.D dissertation, Department of History, University of Washington, Seattle, 1981）对北宋军人的专业精神给予较高评价。最后，第四种看法有点"翻案"的味道，主张"重文轻武"具有相对积极的作用。见顾全芳：《重评北宋重文轻武的历史作用》，《学术月刊》1984年第4期，第62—67页。甚或有的论者索性否定此项政策的存在。见宋衍申：《是"重武"不是"轻武"——谈北宋的一项基本国策》，《光明日报》1985年9月4日。

研究日益获得重视，①宋代军事战略的研究也相应展开。

西方战略学界近二十年的研究趋势，可以为治宋史者提供两点反思：首先，以往对宋代内政为主导的大战略（domestic based grand strategy）所施加的种种批评，似乎是站在结构现实主义（structural realism）的立场，以西欧外交学说的势力均衡（balance of power）为典范。然而，近年欧美从事战略研究的学者对于这个典范产生了不同的评价。现实主义者（realist）认为，听任内政的逼切性影响国家的大战略取向，会带来消极后果。相反，另一派意见则发现内政对大战略有所制约（constraint）几乎无可避免，而国家以内政为主导来构建大战略是至为寻常的现象。②这种问题的关键，在于国家利益有内外两个方面，达致国际势力均衡不一定是一个国家最重要的战略考虑；何况战略并非纯理性的产物，文化的或非理性的战

① 有关杨家将的散篇论文很多，难以具录，较有代表性的著作有常征：《杨家将史事考》，天津人民出版社1980年版。郝树侯：《杨业传》，山西人民出版社1984年版。关于曹氏者，有张其凡：《庸将负盛名——略论曹彬》，邓广铭、徐规等编：《宋史研究论文集》，浙江人民出版社1987年版，第507—527页。柳立言：《宋初一个武将家族的兴起——真定曹氏》，台北"中央研究院"历史语言研究所编：《中国近世社会文化史论文集》，台北"中央研究院"历史语言研究所1992年版，第40—50页。汤开建：《北宋御边名将曹玮》，《西北民族学院学报（哲学社会科学版）》1986年第2期，第37—43+49页。关于种氏将门，有曾瑞龙：《北宋种氏将门之形成》，香港中文大学历史学部硕士论文，1984年。虞师：《论北宋御夏名将种世衡》，邓广铭、徐规等编：《宋史研究论文集》，第549—566页。何冠环：《论靖康之难中的种师道与种师中》，杨炎廷编：《宋史论文集——罗球庆老师荣休纪念专刊》，（香港）中国史研究会1994年版，第46—69页；后收入《北宋武将研究》，第551—584页。关于折氏将门，常征及郝树侯两本关于杨家将的著作均有专章讨论，而代表性论文则有畑地正宪著，郑梁生译：《五代北宋的府州折氏》，《食货月刊》复刊1975年第5卷第5期，第29—49页，及戴应新：《折氏家族史略》，三秦出版社1989年版。关于吴氏将门，20世纪80年代有陈家秀：《吴氏武将势力的成立与发展》，《台北师专学报》1984年第11期，第193—233页，及《吴氏武将对四川的统治及南宋的对策》，《台北师专学报》1985年第12期，第139—162页。近年来全面的研究，有王智勇：《南宋吴氏家族的兴亡》，巴蜀书社1995年版，及《吴氏世将与南宋政治》，《中国史研究》1996年第4期，第74—82页。杨倩描：《吴家将——吴玠、吴璘、吴挺、吴曦合传》，河北大学出版社1996年版。
② 关于两派意见的争论概况和重点，见 Richard Rosecrance and Arthur Stein, "Beyond Realism: The Study of Grand Strategy," in Richard Rosecrance and Arthur Stein (ed.), *The Domestic Bases of Grand Strategy* (Ithaca and London: Cornell University Press, 1993), pp.3–21.

略因素随处可见。①从这个角度来看，以往令国人痛心疾首的宋代历史教训，可能只是战略领域中司空见惯的现象。

此外，即使我们进一步假设内政导向的大战略本身带有消极成分，但它是否必然派生消极的军事战略？严格来说，倒还有讨论的必要。传统以来所谓"以战逼和""以守为攻"等概念，似乎反映出中国传统战略文化（strategic culture）当中包容了一些与大战略不一致的军事手段，其性质如何，有待厘清。无可否认，军事战略应当服从大战略，但这种服从的具体形式和内容是什么，理论家们的看法已经略有出入，运用到历史研究时就更莫衷一是。②例如，澶渊之盟（1005）代表着消极的外交政策，还是积极的军事政策成果，端视从何种角度加以观察，③而北宋对辽夏的军事行

---

① 伊利莎白·基尔研究两次大战间法国陆军的战略取向，断言内政导向的决定性，见 Elizabeth Kier, "Culture and Military Doctrine: France between the Wars," *International Security* 19, 4 (1995), pp.65–93. 勒格罗检讨了第二次世界大战中作战双方对潜艇战和使用化学武器的约束，指出战略取向完全是由内部组织文化决定的，与现实利益和规范机制的关系都不大，见 Jeffrey Legro, *Cooperation under Fire: Anglo-German Restraint During World War II* (Ithaca, NY: Cornell University Press, 1995).

② Edward Luttwak, *Strategy: The Logic of War and Peace* 承认战略实践中可能采用存有重大矛盾而实际上和谐一致的政策，并解释战略遵从的是假象逻辑（paradoxical logic）而非线性逻辑（lineage logic）。然而，大卫·阿布希尔则持相反意见，主张具"凝聚力""一以贯之"及首具有透明度的"公共战略"（public strategy）。见 David M. Abshire, *Preventing World War III: A Realistic Grand Strategy* (New York: Harper and Row, 1988), 中译本见大卫·阿布希尔著，军事科学院外国军事研究部译：《防止第三次世界大战：现实大战略》，军事科学出版社1991年版，第195页。江忆恩对勒特韦克的意见不置可否，但同时指出战略落实到战役层次时，常有和大战略脱轨的现象，而中国古代也不例外，详见 Alastairlain Johnston, *Cultural Realism: Strategic Culture and Grand Strategy in Chinese History* (Princeton: Princeton University Press, 1995). 这种现象似乎值得从事中国古代对外关系研究的学者进一步留意。

③ 固然，从狭义民族主义或大汉族主义立场出发，宋不能收复燕云，反岁奉银绢买和，自是丧权辱国；可是比较一下北宋的岁入与用兵之费，却不难得出岁币为数甚微的结论。从双方关系的角度入手，也可看出宋辽关系为古代中国对等外交创立了先例。参见日野开三郎：《五代、北宋の岁币、岁赐の推移》，《东洋史学》1952年第5期，第392—503页；《五代、北宋の岁币、岁赐と财政》，《东洋史学》1952年第6期，第1—26页。畑地正宪著，郑梁生译：《北宋与辽的贸易及其岁赠》，《食货月刊》复刊1974年第4卷第9期，第32—47页。陶晋生：《宋辽关系史研究》，（台北）联经出版事业公司1984年版。柳立言：《宋辽澶渊之盟新探》，台湾编译馆编：《宋史研究集》第23辑，台湾编译馆1995年版，第71—189页。

动中，也不乏积极防御和攻略的例子。①因此，北宋的大战略是否消极被动？纵或如此，又是否必然带来消极被动的军事战略？这些都是需要进一步探讨的问题。在目前的阶段，起码我们没有需要将宋代"积弱"和军事失利看作必然。

为避免积极、消极的二分法，本章换一个角度，改从具体战略类型入手，试图分析北宋国防战略的基调——弹性防御（elastic defense）。以下将概括介绍弹性战略防御的概念，简单检讨北宋在对辽夏战争中的有关意图及其遭遇的问题，最后以洪德城战役（1092）为例，作微观分析。类似的例子和相关问题还有很多，窃意以为值得进一步广泛探讨。

一、弹性战略防御的概念

弹性防御（又名机动防御，active defense）是运动战处于防御形态下的一种积极战略。一般来说，防御战有三种形式，即前沿防御（for ward defense）、纵深防御（defense in depth）和弹性防御。②前沿防御又可称为战线防御（perimeter defense），目的是要拒敌于国门之外。纵深防御的意图是最大限度地增加敌军占领和推进的困难，从而尽量减少其入侵的获益。弹性防御的意图是集中兵力在局部战场上构成相对优势，击溃或歼灭入侵的敌军。

---

① 丁放：《试论宋初的"北御"之策》，《历史教学》1991年第3期，第11—15页。初步认为宋太祖在北边采取的是积极防御的战略。笔者曾提出在岐沟关之败后的半年内，攻势战略还影响着宋军的指挥阶层。见曾瑞龙：《向战略防御的过渡：宋辽陈家谷与君子馆战役（986—987 A.D.）》，《中国文化研究所学报》1996年新第5期，第81—111页。另外，北宋对于收复燕云的热衷是否可以提高到"国策"的高度，曾引起学者争论。见吴景宏：《宋金攻辽之外交》，《东方杂志》1947年第43卷第18期，第45—52页。徐玉虎：《宋金海上联盟的概观》，《大陆杂志》1955年第11卷第12期，第384—388页。张天佑：《宋金海上联盟的研究》，《中国历史学会史学集刊》1969年第1期，第223—267页。陶晋生：《宋辽关系史研究》，第203—215页。

② 此处不拟讨论核防御（nuclear defense）的问题。事实上，核防御及北约（North Atlantic Treaty Organization）所谓灵活反应（flexible response）战略也是一种防御形态，不过在处理古代历史问题时，后核武战略（post-nuclear strategy）的适用性似不大。

三种防御形态各有优劣。前沿防御采用最直接的途径来达成战争的政治目的。若我们同意克劳塞维茨（Carl von Clausewitz，1781—1831）所说的"战争是政治的延续"，[1]那么防御战的政治目的自然是保护国家免遭敌人蹂躏。由于成功的前沿防御可免国土遭受战祸涂炭，很多国家从政治的考虑出发而采用前沿防御战略。例如北约（North At lantic Treaty Organization，简称NATO）的成员国德国，在20世纪80年代坚持前沿防御战略作为留在联盟的先决条件，其原因是西德30%的人口和25%的工业都位于距离前沿不足100公里的地方。[2]北约的前身西欧联盟（Western European Union）曾遵循蒙哥马利元帅（Field Marshal Montgomery of Alamein，1887—1976）在莱茵河建立防线的构想，但这样无疑将德国推向苏联那一边，结果北约还是采用前沿防御。[3]不过，从军事的角度看，前沿防御成功取决于防御者拥有的优势，诸如火力、工事的坚固、对地形的熟悉等因素，以及消弭对方在兵力兵器上的相对优势。在一般情况下，进攻者多半拥有较强战力，而且能在主要突击方向上集中大量部队，只要撕开一个突破口便能长驱直入。

纵深防御正好避免这种情况。它强调节节抵抗敌人，令敌军每攻陷一城一村，都遇到抵抗和付出代价。在深一层次上，这种抵抗不单是物质性的，也是心理上的。成功的纵深防御将传达一个强烈的信息给对手：我国军民上下一心，无论何处都会进行抵抗，要彻底征服我国的代价是很大的。若对方在发动战争前已能深刻体会这一点，其发动入侵的可能性将大为降低。因此，纵深防御作为一种备战姿态，可能收到武装劝止（armed dissuasion）之效，而达成保卫国家的政治目的。而战争一旦发动，则双方

---

① Carlvon Clausewitz, *On War*, Howard Michael and Peter Paret（ed.and trans.）（Princeton, NJ: Princeton University Press, 1976），p.87.

② Goetz Sperling, *German Perspectives on the Defence of Europe*：*An Analysis of Alternative Approaches to NATO Strategy*, National Security Series no.1/85（Kingston, Canada：Center for International Relations at Queen's University, Kingston, 1985），pp.19–20, figure 4–5.

③ Stanley M.Kanarowski, *The German Army and NATO Strategy*, National Security Affairs Monograph Series 82–2（Washington：National Defense University Press, 1982），pp.10–16.

可能都是输家，防御者纵使赶走敌人，得回的往往只是糜烂的家园。因此，除去军事上的因素，纵深防御的成败更多地取决于政治，如统治者的决心和人民对政府的支持。事实上，纵深防御往往倾向进行持久战，以游击战争和人民战争的形式出现。

弹性防御则不然。它避免将部队分散在前沿漫长的战线，也避免作旷日持久的消耗战。弹性防御能同时拥有进攻者的机动和在本国作战的便利，在战役层次上常常表现为以下几种形式。守军可以在内线集中相对优势的兵力，逐个击破敌人几个并进的外线军团。守军也可以凭着对地形的熟悉，隐伏一定兵力，或派出一个迂回部队于敌军的侧后，配合正面的大部队同时前后夹击。守军也可以作大幅度的退却，让敌军过度延长的补给线逐渐暴露后加以袭击，削弱敌军的整体战斗力，然后集中兵力决战。弹性防御并不必然意味着完全放弃前沿抵抗。若没有给予敌军相当的迟滞、骚扰和杀伤，则在纵深处会战和反击的效果未必很好。弹性防御未必要求人民无限度的支持，但通常要具备较机动化的野战军和一体化的指挥机制。总之，弹性防御是一种积极的战略。

二、北宋对辽战争中的弹性战略防御

北宋开国伊始，宋太祖（960—976在位）似乎有从事前沿防御的意图，命郭进（922—979）控西山、李汉超（？—977）镇关南、何继筠（921—971）领棣州、贺惟忠（？—973）屯易州、张美镇横海，虽"少与之兵"，但"二十年不迁其任"，给予极大的自主权。太祖任命这批前沿将领，历受北宋一代文臣赞美，且作为一个典故在讨论战略问题的奏章上一再出现。[①]然而，以上史实是否便说明太祖具有前沿防御的构想？这似乎需要更多的研究才能论定。一方面，太祖时宋辽之间并未出现持续的军

---

① 〔宋〕李焘：《续资治通鉴长编》（以下简称《长编》）卷五，中华书局2004年版，第974页（编者按：应为卷四五，咸平二年十一月丙子）；卷五〇，咸平四年第十二月条，第1092—1093页；卷一六三，庆历八年二月条，第3926页。

事对抗，诸将的任务可能仅在对付契丹的日常抄掠。另一方面，在969年围攻太原一役，契丹援军深入定州嘉山之后，才遭遇韩重赟（？—974）所统禁旅伏击而败走，①也似乎反映出宋太祖对前沿防御没有寄予厚望。

　　大量史实说明，宋军由于不容易建立巩固的前沿战线而宁愿采用弹性防御。宋辽边界的地理形势是这种取向的主要因素。自沧州至顺安军边吴淀，边界有塘水阻隔。这段天然防线，按照何承矩计算，其直线距离"东西三百余里，南北五七十里"，②但全长则"绵亘七州军，屈曲九百里"，水深自五尺至一丈不等，"深不可以行舟，浅不可以徒涉，虽有劲兵不能渡也"。③按照沈括记载，"信安、沧、景之间多蚊虻，夏月牛马皆以泥涂之，不尔多为蚊虻所毙。郊行不敢乘马，马为蚊虻所毒，则狂逸不可制"。④但边吴淀西向至长城口不到一百五十里，"山阜高仰，水不能至，敌骑驰突，得此路足矣。"尤其是989年易州、满城相继失守，辽骑直叩唐河，是边防最严峻的考验。⑤据沈括调查，这一地段中又可分为两段，即定州、西山、北平寨一段，和保州以东至顺安军一段。对于前者，宋军可倚西山布阵，另以奇兵设伏，令局势不致恶化。但后者则"平川横衮三十余里，南北径直、并无险阻，不经州县。可以大军方阵安躯，⑥自永宁军以东直入深、冀，行于无人之地"。⑦这才是前沿的最大漏洞。

　　宋军在前沿列置堡寨，作为体现主权、维持治安的机制，为巡检司等小部队提供基地设施，也作为难民的临时庇护站。部分堡寨还有贸易功

① 《长编》卷一〇，开宝二年五月戊寅，第221—222页。
② 《宋史》卷二七三《何承矩传》，中华书局1977年版，第9328页。
③ 《长编》卷一一二，明道二年三月丁卯，第2608页。
④ 〔宋〕沈括：《梦溪笔谈》卷二三，中华书局1975年版，第228页。
⑤ 《长编》卷一一二，明道二年三月丁卯，第2608页。
⑥ "安"疑似"长"之误。
⑦ 〔清〕徐松辑：《宋会要辑稿》兵二八之一六，上海古籍出版社2014年版，第9217页。

能。^①可是，这些堡寨未必能抵御辽军大部队的进击，县邑的抵御能力也似不强。《宋史・翟守素传》说君子馆战役（986）之后，"河朔诸州城垒多圮"，指的大概是诸州属下的县邑和堡寨。事实上，25 年的宋辽战争中，宋曾经失陷的州城只有易州、深州和祁州，而失陷的县城和堡寨则甚多。单是辽军在 989 年的攻势，就攻拔了满城、长城口、小狼山寨等多个宋军沿边的据点。^②

　　宋军北方防线既出现了一大漏洞，而沿边堡寨又不能完全填上这个空档，弹性防御就成为重要而必须的战略。自 979 年宋辽战争全面爆发后，宋太宗便提出"会兵设伏夹击"的训示，^③并进行了满城会战（979）——宋军第一场大型的弹性防御作战。宋军不在前沿的易州拒敌，而将镇州、定州两处屯军集结在徐河待机。太宗为这一战特地颁下阵图，结果不符合战场实际，以致诸将必须临时变阵出击而大受史家诟病。^④然而，无可否认，太宗"会兵设伏夹击"的战役意图是完全达到的，而且镇、定和关南（瀛州）三路大军的协同也恰到好处。这一方面，崔彦进巧妙的侧翼迂回

---

① 学者对堡寨研究的成果多重在宋夏前沿及河湟，而较少涉及宋辽边界之堡寨。见罗球庆：《宋夏战争中的蕃部与堡寨》，《崇基学报》新刊号 1967 年第 6 卷第 2 期，第 223—243 页。吕卓民：《宋夏陕北战争与北宋的筑城》，西北大学西北历史研究室编：《西北历史研究》，三秦出版社 1989 年版，第 161—184 页。江天健：《北宋对西夏边防研究论集》，华世出版社 1993 年版。陈守忠：《河陇史地考述》，兰州大学出版社 1993 年版。宋秀芳：《宋代河湟吐蕃地区历史地理问题探讨》，《藏学研究论丛》第 5 卷，西藏人民出版社 1993 年版，第 181—203 页。李智信：《青海古城考辨》，西北大学出版社 1995 年版，及曾瑞龙：《拓边西北：北宋中后期对夏战争研究》，浙江大学出版社 2019 年版，第 15—44 页。

② 易州之失守，见《辽史》卷十二《圣宗纪》，中华书局 1974 年版，第 133 页。有关论文，见伍伯常：《易州失陷年月考——兼论南宋至清编纂北宋历史的特色》，《宋史论文集——罗球庆老师荣休纪念专刊》，第 1—19 页。还有，笔者未曾发表之博士论文 *War and Peace in Northern Sung China: Violence and Strategy in Flux, 960–1100*（Ph.D. dissertation, Department of East Asian Studies, The University of Arizona, Tucson, 1997），Chapter 4，n38，分寨、关、县、军、州五类统计了宋辽战争期间宋军城镇失陷于辽者。

③ 《长编》卷二〇，太平兴国四年七月庚寅，第 458 页。

④ 此类批评散见于大部分谈及宋辽战争战役或战术问题的书籍和文章，难以尽录，其较严肃者，如吴晗：《阵图与宋辽战争》，第 87—96 页；其较温和者，有程光裕：《宋太宗对辽战争考》，台湾商务印书馆 1972 年版，第 239—241 页。

功不可没。他"潜师出黑芦堤，趣长城口"，恰好在辽军从满城方向败退时从后截杀，因而将大量辽军赶入西山坑谷，造成巨大的伤亡。[1]宋军在处理战役上的成功，主要是能在纵深上的徐河巩固一个坚强的正面阵地，同时，得到一个有力的外线兵团威胁敌军的退路。这种战役法鲜明地体现了弹性防御的特色。

此后，宋军的正面阵地大体就以定州为枢纽，环绕着唐河、徐河、保州、威虏军、北平寨等要点，随敌情而修正位置。如冯拯（958—1023）曾作出置大阵于唐河、中阵于邢州、后阵于天雄军的构想。[2]寇准（962—1023）对澶渊之役的种种构想，也是基于在定州设大阵的既定方针而变化出来的。[3]与在定州设大阵这一相对稳定的措施相比，如何构建外线兵团，却是煞费苦心的事情。宋军很难再寄望契丹会重蹈满城会战的覆辙，轻易地让关南部署司切入其后方；而且太宗也表现出过度留恋战区指挥权，迟至关南部署司在君子馆战役覆没后，才设置一体化的镇、定、高阳关三路都部署司。然而，要怎样建立必要的迂回力量，仍然没有定论。

宋辽战争期间，宋军所施行的弹性防御还有很多内在的问题。如8万人以上构成的大阵中步兵比例高，以致行动和反应能力比较迟缓，后期的主将傅潜、王超（？—1005后）作风保守，更大问题出在一体化的指挥难以达成。太宗、宋真宗虽然屡次颁下阵图来划一行动，但往往未能符合战场实际。值得一提的是，真宗对王超过于谨慎的作风似有微词，索性将沿边游骑的指挥权完全独立出来，下令杨延昭（958—1014）等4位骑兵将领不受镇、定、高阳关三路都部署，亦即大阵主将王超的指挥。真宗说："本设奇兵挠其心腹，若复取裁大将，则四人无以自效。"[4]这样无疑活跃

---

[1]《辽史》卷九《景宗纪》，第103页；卷七四《韩知古传》，第1234页；卷八三《耶律休哥传》，第1300页。《宋史》卷二五九《崔彦进传》，第9007页；卷二六〇《崔翰传》，第9025、9027页。《长编》卷二〇，太平兴国四年九月条，第462—463页。

[2]《宋史》卷二八五《冯拯传》，第9609—9610页。

[3]《长编》卷五七，景德元年闰九月癸酉，第1266—1267页。

[4]《长编》卷五八，景德元年十月丁酉，第1277页。

了沿边游骑的功能，但对于达成指挥一体化的目标而言，却仍是遥遥无期。到庆历初年，边患又日益严重，朝廷对于万一与契丹发生战争时，如何构建河北战区的指挥体系的问题出现分歧。程琳主张四路分帅，夏竦（985—1051）主张平时置四帅，战时择一位两府大臣为总帅，而韩琦则主张分东西两路。其问题症结在于河北的政治重心在大名府，而军事的重心则在镇、定两州，"其势倒置"，[1]加深了建立一体化指挥的困难。

三、北宋对西夏战争中的弹性战略防御

与河北相比，陕西虽然也发生指挥权不一的问题，而庆历时期的宋夏战争中也确乎发生过关于四路分帅的争议，但更大的困难，似乎是由战区的地理环境所造成的。本来陕西一度是北宋土地开发量最高的三个地区之一，[2]但并非国家经济命脉所在，尤其是人口相对不那么集中的北部，即使沦为大型机动战的战场，也不会造成太大的破坏。可是，宋夏之间的天然国界横山，物产丰盛，遍布党项部族，西夏可以利用这些部族作为大型进攻前夕的补给站，陷宋于不利地位。宋初名将李继隆（950—1005）取夏州时，曾提议筑城山界久守，本来很有远见，但太宗却图谋消灭李继迁于一战，而忽略长远的边防计划，没有好好巩固前沿。[3]

失去横山之险，北宋陕西前沿便按着延水、洛水、华池水、马岭水、泾水、胡芦川及渭水的上游布防。上述河川除了胡芦川西北向之外，全属东南向，大致上纵深越大，地势越低。根据各支河道的分水岭，北宋陕西前沿分为鄜延、环庆、泾原和秦凤四路，而四路又隶属内里的永兴军路，构成防御纵深。可是，鄜延路边面"西自保安军，东自白草寨四百余里"，难以分守。环庆路虽"素为险扼之地"，但庆州以东有西夏金汤、白豹二城，威胁鄜延、环庆两路的接合部。其南又有明珠、勿藏等强族阻隔于泾

---

① 《长编》卷一六四，庆历八年四月辛卯，第3947页。

② 〔宋〕马端临：《文献通考》卷四，新兴书局1959年版，第59—60页。

③ 《长编》卷三五，第777—778页。Tsang Shui-lung, *War and Peace in Northern Sung China: Violence and Strategy in Flux, 960–1100*, Chapter 6, 对此有较详细的讨论。

原、环庆的边界，这使环庆路成为一个犬牙交错、互相楔入的战线突出部。泾原路接西夏点兵的重镇天都山监军司，"山川平易，可以出大兵。若劲骑疾驰，则渭州旦暮可至。自渭以东，缘泾河大川，直抵泾、邠，略无阻阂，彼若大举为深入之计，须由此路"。只有秦凤路的地理结构较为独特，它是边界贸易重镇永宁寨所在路份，且出产巨木，经济上较为重要，而"绝在西南，去贼界差远"，比较安全。①

本战区的道路系统主要沿着河川走向，而各条河流之间的分水岭则不易通行大兵。1041年，鄜延路都钤辖、知鄜州张亢（994—1056）指出："去春贼至延州，诸路发援兵，而河东、秦凤各逾千里，泾原、环庆各不下十程。去秋出镇戎，又远自鄜延发兵。且千里远斗，岂能施勇？如贼已退，乃是空劳师旅。"②陕西体量安抚使王尧臣（1003—1058）也批评："环州赵振引援兵，却由庆州取直罗赤城路入鄜州，方至延州城下，约近十程。比至，则贼马出境已数日矣。"③地形的阻隔严重降低了宋军的反应能力。

宋军既已不能快速应援防御体系内的薄弱环节，就不得不分散兵力扼守前沿各处。这样不但前沿守不牢固，弹性防御的格局又变得很难维持，陷于左右为难的地步。田况《兵策十四事》说：

> 陕西虽有兵近二十万，戍城寨二百余处，所留极少。近又欲于鄜延、环庆、泾原三路各抽减防守驻兵，于鄜、庆、渭三州大为屯聚，以备贼至。然今鄜延路有兵六万六千余人，环庆路四万八千余人，泾原路六万六千余人，除留诸城寨外，若逐路尽数那减屯聚一处，更会合都监、巡检手下兵并为一阵，极不上三四万人。贼若分众而来，犹

---

① 《长编》卷一三二，庆历元年六月己亥，第3141—3142页。王天顺编：《西夏战史》，宁夏人民出版社1993年版，第20—39页，对战区的地理环境有全面的说明。关于秦州的特殊地理环境，见［日］前田正名著，陈俊谋译：《河西历史地理学研究》，中国藏学出版社1993年版，第356—380页。

② 《长编》卷一三二，庆历元年七月己酉，第3147页。

③ 《长编》卷一三二，庆历元年六月己亥，第3143页。

须力决胜负，或昊贼自领十余万众，我以三二万人当之，其势固难力制。①

张方平（1007—1091）也作出类似的批评。②很明显，北宋在陕西很难建立如唐河大阵那样 10 万人上下的兵团。那样，宋军每路三四万人的机动兵力，其战役角色有待重新定义——它既不可能在西夏的主要进击方向上单独抵御，战区地理形势又限制了它们互相应援的能力，在有限的道路上它们不容易转出外线进行遮断或反击。

可是，某些具有远见的大臣已在探讨如何在陕西战场落实弹性防御。在战役层次上，重点有两个：一是遮断，二是浅攻。关于遮断，王尧臣指出：

> 且贼之犯边，不患不能入，患不能出。近塞山原川谷，虽险易不同，而兵难行小道，大众须由大川，大川之中，皆为寨栅控扼。然其远引而来，利在掳掠，人自为战，所向无前。若延州之金明、塞门寨，镇戎之刘墦、定川堡，渭州山外之羊牧隆城、静边寨，皆不能扼其来，故贼不患不能入也。既入汉地，分行钞略，驱虏人畜，贵至财货，人马疲困，奔趋归路，无复斗志，以精兵扼险，强弩注射，旁设奇伏，断其首尾，且逐且击，不败何待？故贼之患在不能出也。③

他批评了宋军前沿的脆弱，针对西夏侵宋战争的掠夺性质，指出其退兵时战斗力严重下降的事实。通过这番论述，他重申了弹性防御的适切性，认为宋军应该避其锋锐、击其惰归。同时，韩琦亦指出，"诚以昊贼据数州之地，精兵不出四五万，余皆老弱妇女，举族而行"。④他们都看出宋军所面对的敌军是一个完全不同的对手，成分复杂，人数众多，贸然以

---

① 《长编》卷一三二，庆历元年五月甲戌，第 3130—3131 页。
② 〔宋〕张方平：《乐全集》，收入《四库全书珍本初集》卷一九，页 15a—b。
③ 《长编》卷一三二，庆历元年六月己亥，第 3143 页。
④ 《长编》卷一三一，庆历元年二月丙戌，第 3098 页。

寡敌众只会落得失败的下场，因此集中兵力和发动反击的时机要很讲究。

问题是，当时兵将的战术水平还没有达到以上的战役要求。在好水川战役（1041）前，韩琦曾授意任福（981—1041）"并兵自怀远城趋德胜寨至羊牧隆城，出贼之后……度势未可战，则据险设伏，待其归然后击之"。①这项战役指导和王尧臣的主张并无二致，可任福却见敌轻进，不但没有完成韩琦的构想，还全军落入西夏的圈套。②定川会战（1042）时，泾原路副都部署葛怀敏（？—1042）也没有听从部将赵珣的建议向笼竿城方向撤退，而是死抱镇戎军大道不放，终于兵败身死。③会战后，元昊纵兵大掠渭州，环庆路主帅范仲淹立即出兵，打算遮断西夏大军的退路，而宋将景泰（？—1042后）亦在潘原击败西夏前锋，元昊掳掠数日后自动退兵。④大致上至1042年，遮断的概念已备受理论上的重视，也重新成为宋军鲜明的战役意图，但执行时仍未能得心应手。

在陕西帅臣一再尝试威胁敌军退路的同时，也有论者主张从外线反击。一路受攻，其他三路不能快速赴援的事实，说明了从内线合兵会战的构想不切实际，但其他路份从外线进入敌界反击却未必不可能。那样，即使受攻的一路遭受一定程度的破荡，只要主力未受重创，而邻路又获得一定战果，也未必不能得失相抵。在《平戎十策》中，张方平提出从麟州方向对银州发动反击。⑤与遮断的构想不同，浅攻的方案不强调获取一两次决定性胜利，反而强调战略上的持久。这一点范仲淹在讨论攻略横山时极力强调。⑥浅攻的要义在于"浅"，不用特意搞补给和调发民夫，而且由于攻击纵深不大，比较容易安全撤回。如范仲淹所说，"纵出师无大获，亦不致有他虞"。更重要的是，可以把山界的蕃部整个地招降或强逼迁徙入

---

① 《长编》卷一三一，庆历元年二月己丑，第3100页。
② 《长编》卷一三一，庆历元年二月己丑，第3100—3102页。
③ 《长编》卷一三七，庆历二年十月癸巳，第3300—3302页。〔宋〕司马光撰，邓广铭、张希清点校：《涑水记闻》卷二，中华书局1989年版，第80页。
④ 《长编》卷一三八，庆历二年十月己酉、辛亥，第3310、3312—3313页。
⑤ 《乐全集》卷一九，页17b。
⑥ 《长编》卷一三〇，庆历元年正月丁巳，第3080—3081页。

内地，积累地影响敌我战略力量的对比。①全民皆兵的西夏不可能承受长期没有决定性战果的侵略战争，频繁的调发会成为经济的负累，②如果在战役层次上得不到可观的胜利，本身已是战略层次上的挫败。

弹性防御需要素质较高的野战军，而根本的改革，是必须将野战军独立于戍守部队。本来北宋的禁军都属于野战军，但由于疏于训练，"东兵"不能战已成公开的秘密；加上厢军的衰落，禁军也要负上较重的戍守任务。前引田况的《兵策十四事》已指出，陕西驻军的戍守任务相当繁重。韩琦上疏主张"今鄜延、泾原、环庆三路，除驻扎防守兵马之外，可以各那一万人聚于鄜、庆、渭三州。臣今为陛下计者，莫若于鄜、庆、渭三州，各更益兵三万人，拔用有勇略将帅三员，统领训练，豫先分定部曲，远设斥堠，于春秋西贼举动之时，先据要害，贼来则会驻扎之兵，观利整阵，并力击之。又于西贼未经点集之际，出三州已整之兵，浅入大掠"。③这其实已是将兵法的雏形，其精义在由固定将官编练和"豫先分定部曲"，随时可以投入作战。同时，范仲淹也在延州设六将，成为后来蔡挺推行将兵法的楷模，这一点已为学者所熟知。④

同时，另一个重点是巩固前沿。大部分建议者都知道没有收取横山之前，陕西不可能建立永久的前沿防线，但相对坚固的前沿，对弹性防御的运作仍属有利。另外，前沿的党项部族也是北宋国防力量的一部分，从政治或军事的因素来看，都不能拱手让予西夏。因此，陕西四路相继展开招

---

① 《长编》卷一三〇，庆历元年正月丁巳，第3080—3081页。

② 有关西夏兵役制度，见王天顺编：《西夏战史》，第65—69页；又第285—305页曾讨论西夏薄弱的经济基础，及其不能支持长期战争的原因。

③ 《长编》卷一三三，庆历元年九月辛酉，第3177页。（编者按：卷数有问题，原文为卷一〇三）

④ 〔宋〕王称撰，孙言诚、崔国光点校：《东都事略》卷八二《蔡挺传》，齐鲁书社2000年版，第688—689页；《宋史》卷三二八《蔡挺传》，第10576页。

蕃部、①筑城寨、团结弓箭手的计划。②以相对巩固的前沿，来争取时间重新训练野战军，以备攻略横山，这就是范仲淹的长远战略。有关具体措施，近年学者已作过一定研究。③

北宋的弹性防御到了11世纪末可谓完全成熟，其战术上和战役上的基础也更巩固。经过熙丰改革，北宋的野战部队得到成长，将兵法在元祐旧党回朝的阶段没有被废除，至宋哲宗亲政时已施行多年，也得到多种试验的机会。例如，把将兵按安南九军法编练，把三将兵合成较高的指挥单位，将同等数量的弓箭手或蕃兵配属将兵，等等，这些都强化了将兵作为野战部队的角色。在1087年的洮河之役，宋将姚兕（1026—1094）和种谊（？—1087后）分兵两路，一方面在青唐、西夏联军抵达讲珠桥前先将大桥焚毁，另一方面则突袭了洮州，生擒敌将鬼章（1017前—1091），④展示出典型内线作战的范例。在防御计划方面，宋军大致能从两至四个战况，根据对方的主要进击方向，来收缩兵力和策动遮断，也大体能做到外线反击。一路受攻，各路同时浅攻牵制。⑤在一路之中，也指定野战部队在外线活动，这是庆历时代所没有强调，而为章楶所大力提倡的。⑥他一

---

① 前注引罗球庆、江天健著作。又李华瑞：《论宋夏争夺西北少数民族的斗争》，邓广铭、漆侠编：《国际宋史研讨会论文选集》，河北大学出版社1992年版，第556—570页。李蔚：《宋夏横山之争述论》，《民族研究》1987年第6期，第68—76页；后收入氏著：《西夏史研究》，宁夏人民出版社1989年版，第148—164页。

② ［日］小笠原正治：《宋代弓箭手の研究（前篇）》，［日］山崎宏编：《中国の社会と宗教：东洋史学论集》第2分册，不昧堂1954年版，第177—328页。魏天安：《北宋弓箭手屯田制度考实》，《河南大学学报（哲学社会科学版）》1988年第4期，第55—60页。

③ 汤承业：《范仲淹研究》，台湾编译馆1977年版，第171—199页。陈荣照：《范仲淹研究》，香港三联书店1987年版，第105—124页。李涵：《论范仲淹在御夏战争中的贡献》，邓广铭、郦家驹编：《宋史研究论文集》，河南人民出版社1984年版，第535—562页。

④ 〔宋〕张舜民：《画墁集·补遗》之《游师雄墓志铭》，上海商务印书馆1935年版，第73—80页。《长编》卷四〇四，元祐二年八月戊戌，第9840—9843页。

⑤ 见《长编》卷四六九，元祐七年正月壬子，第11209—11211页所载章楶1092年正月奏。Tsang Shui-lung, *War and Peace in Northern Sung China: Violence and Strategy in Flux*, 960—1100, chapter 11, 对此有较详细的讨论。

⑥ 有关章楶生平，见黄锦君：《章楶年谱》，四川大学古籍整理研究所、四川大学宋代文化研究数据中心编：《宋代文化研究》第4辑，四川大学出版社1994年版，第189—210页。

针见血地指出，"战兵在外，守军乃敢坚壁"。[①]1092年，他根据这个原则赢得洪德城战役的胜利。此后，西夏转入战略防御，宋军便公然在天都山上筑城，短短数年间几乎尽据横山。[②]哲宗去世前，宋军面临一个更大的战略抉择——到底是利用横山地势转入前沿防御，还是改采攻势战略直至彻底消灭西夏？无论如何，弹性防御已完成了战略任务。当然，这项转变和西夏的中衰和内争也有关系，然而，宋军战略的成功，毕竟历历可寻。

四、个案分析：宋夏洪德城战役

如果纯以斩级的数量来计算，1092年的洪德城战役并不算是宋军很大的胜利，将伤亡和斩级扣除之后，所获更是有限。可是，这场不大的战术胜利背后，代表着不容低估的战略意义。环庆路经略司经过慎重的研究，挫败了西夏倾国而来、以压倒性优势打击宋军一路的战略。这个以寡击众的问题在庆历年间还没有完全解决。宋军不但保存了所有州、军、城、寨，更在宋夏战争中唯一一次击破西夏的"中寨"，即中军御营。同时，这一役也是宋军争回战略主动的一个里程碑。此后，再经过延安之役（1096）和平夏城战役，西夏就转落于下风，宋军达成了庆历以来筑城横山、建立巩固前沿的战略构想。这一役的成功与府州折氏的后起之秀折可适（1049—1110）杰出的指挥水平分不开，而路帅章楶对弹性防御所作鲜明精辟的演绎，更是功不可没。

洪德城战役和其他宋夏战争的战役一样，由于缺乏西夏文记载，在研究过程中不可避免地需要借助汉文史料，由此引致研究结果的相对性应当注明。不过，也应当指出，章楶在宋陕西列帅中比较重视核实战功、防止虚冒，因而洪德城战役在宋夏战争的记载中也相对比较详尽。除了纪传、墓志和《续资治通鉴长编》（以下简称《长编》）的概述外，《长编》的注

---

① 《长编》卷四七〇，元祐七年二月辛酉，第11220—11221页。

② 马力：《宋哲宗亲政时对西夏的开边和元符新疆界的确立》，邓广铭、漆侠编：《宋史研究论文集》，河北教育出版社1989年版，第126—154页。又吕卓文：《宋夏陕北战争与北宋的筑城》，第173—179页。

中还收录了章楶覆奏枢密院的一份黄帖子和他所上折可适功状所附的两份小帖子，这些文件对战斗序列和作战经过有较深入的描述，这也是洪德城战役值得重视之处。

洪德城战役酝酿于元祐初年貌似平静实则充满暗涌的内外形势。元祐年间（1086—1094）旧党回朝，摒弃了新党的开边政策，但对于如何巩固边防还是大费思量。司马光主张尽数退回熙丰时所占的城、寨、州、军，但得不到旧党内部的一致认同。问题的关键在于，没有人敢保证西夏得回城寨之后能保持和平，反而忧虑一旦示弱，对方会变本加厉又来犯边。结果，朝廷采用了折中路线，保留兰州作熙河帅府，只退还几个城寨，看看西夏的态度，结果显示，西夏求和的意愿不甚明显。事实上，西夏后族梁氏执政期间，政争激烈，透过军事胜利来巩固权力的企图，并不因宋的缓和政策而降温。①于是，如何设定边防战略又再度成为开封朝廷的重要课题。

自元祐六年（1091）二月获除环庆路战区主师以来，章楶先后上奏讨论边防战略。针对是年十二月降下的御前札子，章楶对"坚壁清野"的指示做出了理论上和现实上的响应。章楶持有一种战略互动的观点，反对生搬硬套。他认为"坚壁清野"是自古御戎之策，但不可"只循一轨，使贼知我无通变之路，反为贼所制伏"。他批评片面强调"坚壁清野"，而不讨论如何打击敌军的被动防御，指出当时所谓"坚壁清野"战略只可施于前沿堡寨，纵深二三百里内已是"居民甚密"，频繁的清野会影响经济活动和人民生活。在军事上，他批评各处将兵都"束在城寨"，自陷于被动。他举出1087年镇戎军之役为例，当时"十一将兵尽在城内，蕃众掳掠三百里以上，如行无人之境"。到敌军退却时，"一夕而遁"，根本无从追袭。他又指出沿边城寨城门的阔度只可"并行人马"，设若1万人的守军要出城集队，也要花一个上午，怎可能及时追击？②

---

① 白滨：《论西夏的后族政治》，《民族研究》1990年第1期，第63—70页。
②《长编》卷四七〇，元祐七年二月辛酉，第11223页。

经过细心考虑，章楶强调野战军的角色，提倡"大抵战兵在外，守军乃敢坚壁"的主张。他计算环庆路城寨共30多处，若西夏动员20万精兵，尽围各城寨，每处便不及1万，无足深患；若不尽围，便无法阻止宋军互相策应，进行机动战。他提出具体措施，主张一旦探知西夏入侵，帅府应即下令各将兵马出城，"亦不使便当贼锋，令逐将与使臣、蕃官分领人马，择利驻扎，高险远望，即不聚一处。贼马追逐，又令引避"。那样，敌军有后顾之忧，便不能从事持续的攻坚或抄掠。西夏若敢长驱深入，则宋军可扼其退路伏击。[1]经过章楶的修订，前沿将兵在外线威胁敌军的角色得到明确指定。这是当年底洪德城战役成功的关键。

元祐七年（西夏崇宗天祐民安三年，1092）十月十二日，西夏梁太后（？—1099）大举亲征，沿马岭水（今环江）发动强大攻势，同日，围环州（今环县）及其西北40里外的乌兰、肃远、洪德及永和等寨。西夏兵力的具体数字似已失载，环庆路经略司的文件多处都作"数十万"，[2]失于含混，但西夏既然国母亲征，与章楶事前估计的20万应不会有太大出入。宋环庆路驻军约5万，扣除各城寨基本戍守部队后，大约剩下26000人的野战部队，编成七将，另外可以调发4000名下蕃兵。此外，泾原路虽曾派遣援军，但未抵战场前西夏已退兵，因而没有参与战斗。因此，总兵力对比之下，环庆路宋军以数倍劣势于对方。章楶后来在战报中亦不讳言兵力寡弱。自环州于十二日受围，章楶在十四日自庆州派遣都监张存率兵5000赴援，在十六日又再派出副都部署李浩（？—1095）和一支不到2万人的援兵后，"已别无重兵相继可遣"，"只是虚张声势，以示相续遣师讨击之势"而已。[3]

兵力对比虽然对宋不利，但章楶却胜在能先敌展开兵力。在西夏举兵之前，他已透过间谍得悉对方主攻重点在环州，便先在初八日派出皇城

---

[1]《长编》卷四七〇，元祐七年二月辛酉，第11220—11221页。

[2]《长编》卷四七九，元祐七年十二月丁卯、壬申，第11404、11405、11408页。

[3]《长编》卷四七九，元祐七年十二月丁卯，第11405—11406页。

使、第七将折可适兼统第二、第六将，合三将兵共约1万人，与庆州方面三将兵分头控扼，另派人在环州近城百里的水源下毒。当地食水来源有限，洪德城一带时至今日仍有"河水苦涩"的地理特征，可作参照。①章楶的作战计划和熙宁年间（1068—1077）制订的战役指引不同。1071年，枢密院曾颁下《陕西四路防秋法》，虽然在很多处都反映出弹性防御的特征，可是对于环庆路环州方向的作战指引仍然比较保守，说"贼若寇环州，即移业乐之兵截山径路趋马岭，更相度时势进兵入木波，与环州相望，据诸寨中，又可扼奔冲庆州大路，其沿边城寨只留守兵，不责以战，自余军马并屯庆州，以固根柢"。②以上的战役指引，虽然在快速机动和转换正面两处体现了弹性防御的构想，但其作战意图却完全是以帅府的安全，而不是以歼灭敌人为主要考虑的。章楶则不然，他强调在机动战中打击敌人，"贼进一舍，我退一舍，彼必谓我怯，为自卫计，不复备吾边垒。乃衔枚由间道绕出其后，或伏山谷，伺间以击其归"。③遵照这项指导，折可适便先于十二日移师至马岭，在纵深待机。④

从十二日至十四日，西夏完全握有主动权，前锋深入环庆二州之间的重要路口木波镇（今环县木钵乡），但所获有限。到十四日，章楶派出都监张存率兵5000人赴援环州，开始进入反击阶段。同日，折可适探得西夏开始退兵，于是将部队中"手脚迟钝之人"留下，由权第七将许良肱暂时照管，会合第六副将刘珩、同管干第六将党万、权第七副将张禧，合兵8488人，取间道自金村堡往环州以北的安塞寨。⑤据近年地图所示，马岭以北数公里处有金村寺，疑即宋代金村堡。此外，环江近木钵处有一条发

---

① 《长编》卷四七八，元祐七年十月辛酉，第11383—11384；卷四七九，元祐七年十二月壬申，第11407—11408页。见焦北辰编：《中华人民共和国地名词典：甘肃省》，环县洪德城条，商务印书馆1995年版，第106页。

② 《长编》卷二二五，熙宁四年七月辛亥，第5494页。

③ 《长编》卷四七八，元祐七年十月辛酉，第11384页。

④ 《长编》卷四七九，元祐七年十二月壬申，第11407页。

⑤ 《长编》卷四七九，元祐七年十二月壬申，第11407页。

源自北方老爷山（标高1774米）的支流安山川，①疑与宋代安塞堡的地名有关。谭其骧的《中国历史地图集》将安塞堡的位置标在安山川上游近老爷山主峰处。②如果上述推断无误，折可适避开西夏前锋屯驻的木波镇，自马岭取道金村堡往北，绕途至安塞堡，隐然威胁西夏大军的北翼。

折可适到达安塞堡后又收到谍报，说木波镇的西夏军"翻寨下环州，日夕头回，并取洪德大川路"。当时按章楶奏报所形容，"洪德、肃远、乌兰三寨至环州相去共只四十里。其乌兰之北，尽是西贼驻扎之处，贼势至重，道路不通"，宋军第二、六、七三将兵只能在蕃官带领下，取"大虫谷道于贼寨傍偷路前去洪德下寨"。③宋军选定洪德城来作伏击点，与附近的三五条山沟所造成的复杂地形有关。大虫谷今地不详。如上述安塞堡在今安山川上游无误，则大虫谷可能穿越安山川与代城沟的分水岭。代城沟是环江另一支流，发源自老爷山，流向西南，在今二十里铺附近入环江。④谭其骧将乌兰寨标在今二十里铺附近，肃远寨标在今庙儿沟流入环江的河口，⑤而洪德城距今环县环城镇24公里，⑥与章楶奏报所述折合里数大致相符。如以上方位无误，则可推断折可适在十五日那天，大致上是沿着今天老爷山西麓代城沟一带转向西南方向行军，绕过当时正在包围环州的西夏主力，在乌兰寨——约今二十里铺附近重新回到马岭水河谷的大路。由于西夏亦置有相当兵力来监视乌兰、肃远和洪德三寨，因此才发生"贼势至重，道路不通"，必须"于贼寨傍偷路前去洪德下寨"的情况。

十月十六日，折可适、刘珩、张禧、党万及蕃官孟真各带领所属部队进入洪德城。据李之仪（？—1108后）为折可适撰写的墓志铭所载，折可

① 水利部黄河水利委员会编：《黄河流域地图集》之《渭河流域图之二》，中国地图出版社1989年版，第336—337页。

② 谭其骧：《中国历史地图集》第6册，中国地图出版社1982年版，第18—19页。

③《长编》卷四七九，元祐七年十二月丁卯、壬申，第11404、11407页。

④ 水利部黄河水利委员会编：《黄河流域地图集》之《渭河流域图之二》，中国地图出版社1989年版，第336—337页。

⑤ 谭其骧：《中国历史地图集》第6册，第18—19页。

⑥ 焦北辰编：《中华人民共和国地名词典：甘肃省》，第106页。

适分兵2000人给蕃官慕化和摩勒博，潜入乌兰、肃远二寨待机，并约定举火为号。①同日，章楶派副都部署李浩率四将兵赴援。李浩兵力不到2万人，但已是当时环庆路最大的兵力集结。李浩接受命令后昼夜兼程，当日自中午前出兵，傍晚抵达故府寨，次日午后赶到木波镇，在一日另两个时辰赶了140里路。过了木波镇，西夏重兵在前，不能像先前那样赶路了，便下寨休息。十七日一整天，折可适和慕化分头在洪德城和肃远寨整顿待机，而西夏大军则大概在深夜从环州撤围。②

十八日凌晨稍后，折可适看见肃远寨举火为号，确认了西夏大军取道洪德城出塞，即时下令党万、孟真率部在路旁险要设伏，并亲自在城中整顿伏兵，放西夏前锋过去。大约卯时，或说辰时，西夏"前军已远、中寨方来"，折可适认明西夏梁太后旗号，出其不意，大开南门出战，其余各处伏兵亦相继杀出，截断大路。慕化在肃远寨也挥军杀出。接战至紧要关头，折可适从西门放出劲兵急攻，西夏中军大乱。③另一方面，李浩在午后未时抵达环州，还未探知折可适的确实方位，更因昼夜行军，人马疲乏，便在州城内外稍事休整，喂饲战马；同时，派遣部将张诚率蕃汉精兵追击，然后再派人马相续接应。据章楶事后解释，李浩没有全军立即投入战斗，还考虑到西夏"自来行兵入境，则精锐在前，出境则精锐在后"，而当时"殿后者皆铁骑，又隐轻骑于其间，其气可吞我军。……行阵壮坚，势甚雄伟"，令李浩不敢轻敌急击。章楶战后检讨说，当时权第四将马琼追击太急，反被西夏军包围，经全体将士奋力营救，才最后脱险。

洪德城方面的战斗持续至午后出现反复，宋军第二、六、七将一度处

---

① 〔宋〕李之仪：《姑溪居士后集》卷二〇《淮庆军节度蔡州营内观察处置等使、持节蔡州诸军事、蔡州刺史，泾原路经略安抚使兼马步军都总管、兼管渭州军州事、兼管内劝农使，西河郡国侯，食邑一千四百户，食实封四百户，上柱国折公墓志铭》（以下简称《折公墓志铭》），收入《四库全书珍本十集》，页4b。《长编》卷四七九，元祐七年十二月壬申，第11407—11408页。

② 《长编》卷四七九，元祐七年十二月丁卯、壬申，第11404—11405、11407页。

③ 《折公墓志铭》，页4b。《长编》卷四七八，元祐七年十月辛酉，第11384页；卷四七九，元祐七年十二月壬申，第11407—11408页。《东都事略》卷九七（编者按：卷数有问题，原文为卷九六）《章楶传》，第831—832页。

于下风。章楶的奏报和小帖子中所述战况开始吃紧，说未时以后"贼军铁鹞子数万迫近洪德寨"，后来又提及西夏"后军继亦奔溃"，显示西夏后军曾经加入战斗。[1]再结合前述西夏以铁骑殿后的特点，及李浩不敢对敌军尾部施以太大压力的情况来看，似乎西夏后军约莫在未时抵达战场，以精锐的铁鹞子把宋军又赶回城寨。折可适的部下自卯时至戌时"血战不已"，已达8个时辰。当战情出现逆转，他敏锐地转入防御，让部队得到歇息。他首先组织部下向敌骑来路撒铁蒺藜，又在城上设神臂弓、硬弩交叉射击，然而，西夏铁骑"犹奔冲不已"。最后宋军以虎蹲炮加入，矢石交击。至午夜，西夏军驼马受伤渐多，开始登山引避。在三更时分，折可适再开门出击，西夏军马"自相腾塌，坠入坑谷，驼马、甲士枕藉积叠死者不知其数"。[2]梁太后"几不得脱"，从间道走免。[3]

章楶事后下过一番工夫来核实战报，力求避免"以易为难，夺甲为乙"。此役宋军只斩得首级千余，扣除宋军三将兵的损失，"除亡失与所获准折，计获首级三百二十一级"。以一日一夜的恶战而言，的确战果不大，这与中间一度退入城寨，不能始终占领战场或有关系。同时，"其落崖扑死，及散在民间不在此数"；误饮已经下毒的泉水，"人马被毒"，失足堕入坑谷而死，及重伤而死的都已无法统计了。宋军缴获马600余匹、驼900余匹。驼多于马，显示出宋军的确攻击了敌军的辎重。另外，缴获监军以下铜印24枚及梁太后衣服、龙牌等，也证明宋军的确冲击了敌军的指挥中枢。[4]西夏遭受这次意外失败，立即借辽朝名义斡旋，向宋请和。[5]

宋军在洪德城战役的成功有赖主帅章楶严密的战役计划。其中最重要的一点，是他将外线机动部队第二、六、七三将兵在作战前四日派出，以

---

[1] 《长编》卷四七九，元祐七年十二月壬申，第11404—11406页。

[2] 《长编》卷四七九，元祐七年十二月壬申，第11407—11408页。

[3] 《长编》卷四七八，元祐七年十月辛酉，第11384页。《折公墓志铭》，页4b—5a。

[4] 《长编》卷四七八，元祐七年十月辛酉，第11384页；卷四七九，元祐七年十二月壬申，第11407—11408页。《折公墓志铭》，页5b。

[5] 《长编》卷四八〇，元祐八年正月庚寅、辛卯，第11420—11422页。

免被西夏大军围困在沿边堡寨，而李浩麾下的四将兵则在开战后四日，当对手萌生退志时才派去，这八天的时间差是整场战役的关键。同时，宋军也充分掌握了地形，否则，折可适的外线机动不大会成功。洪德城战役也体现了弹性战略防御对指挥官的要求，必须灵活敏锐、顾全大局，不能搞个人英雄主义。折可适伏击、退守、再出击的判断，和李浩赴援迅速而追击则转趋慎重的表现，比起早期时刘平、任福等可说称职得多。美中不足的是，李浩到达环州时没法和折可适联络上，不能发挥前后夹击的最大威力，将整场战役发展成一场歼灭战。这也反映出事前章楶对诸将相互策应的可能性估计得太乐观。

五、结论

讨论国防不能离开战略。能不能实现战略布势，攸关战争成败。在实现战略布势方面遭遇的困难，及如何克服这些困难，交织在宋军漫长的军事活动历程中，构成了宋代战争史上的主旋律。根据上面的论述，本章可以带来两点反思：第一，北宋政府虽然体会到建立完整国防线的迫切性，也对于防线存在漏洞而焦灼不安，但这并不表示失去燕山之险就没有国防可言。宋辽战争期间，镇、定、高阳关三路重兵并不完全依恃城守，而是意图围绕定州、唐河一带营建一套弹性防御体系，配合西山、塘水等战术地形与契丹角逐，曾经取得一定战绩，也遇到未能解决的问题。因此，评价宋初国防战略的成效，应以这一套防御体系的成效为核心作全面观察，而地形只是其中一项战略要素。

第二，弹性战略防御的运用，显示出宋军未尝没有积极意图，可是它并非经常具备实行这种战略的客观条件。在宋夏战争中，陕西山地虽然限制了西夏大军的进侵路径，但在更大程度上阻止了宋军集结兵力进行机动战，使宋军在几个战场上同时处于相对劣势；而这种劣势在面对西夏全民皆兵、一往无前的气势下更趋恶化。另一方面，1040年代的北宋几乎无法提供弹性防御所需的高素质野战军。禁军一触即溃，乡蕃兵正当编练，而未成形势，质量和数量两方面都遇上棘手难题。王安石变法后，陕西将兵普遍化使野战部队独立于戍守部队，与蕃兵的配合得到加强，各路之间协调进行浅攻牵制，明确战守角色，为弹性战略防御赋予新的内容。洪德城战役虽然战果有限，但标志着陕西宋军已能克服困难和灵活运用战略。

（原载曾瑞龙：《拓边西北：北宋中后期对夏战争研究》，
北京大学出版社2013年版，第36—61页）

"顺昌战胜破贼录"疏证（附：顺昌战前之刘锜）

张荫麟

　　谨按：顺昌之战（宋顺昌府治即今安徽阜阳县治）乃宋南渡后第一次大挫金人之战。此役为朱子少时事。后来朱子谈及此役，尝曰："虏人（经此）大败，方有怯中国之意，遂从和议，前此皆未肯真个要和。"[①]则其所系之重可知。且是役也，宋以远行疲敝，不盈二万之众，撄孤城，而败野人十万余整暇之师，亦军事史上一异迹，而有足资今日军人之兴感与借鉴者。此役最原始而详细之记录为《顺昌战胜破贼录》。据其内证，知作者身预此役而纪述于班师之前。陈振孙《直斋书录解题》卷七《传记类》谓此录"不著名氏"[②]。而徐梦莘《三朝北盟会编》采录之，则题作者为杨汝翼。汝翼事迹别无可考。梦莘去顺昌之战不远，所题宜有根据。然李心传《建炎以来系年要录》之记此役，自注所引，无杨汝翼之《顺昌战胜破贼录》，而有郭乔年之《顺昌破敌录》；观其所引《郭录》之文，除一两字之出入外，全同徐梦莘于所采之《杨录》，深可异也。岂心传所引之《郭录》与梦莘所采之《杨录》，实即一书，而于其作者，二人所闻异辞欤？抑《郭录》本采及《杨录》，而心传所引适为其所采于《杨录》之部分欤？今无从稽决矣。兹取所见《杨录》以外一切与顺昌战役有关之史料，以校补《杨录》，以《杨录》为正文，凡可以为其参证、补阙、正讹

---

①〔宋〕黎靖德编，王星贤点校：《朱子语类》卷一三二，中华书局1986年版，第3167页。

②〔宋〕陈振孙撰，徐小蛮、顾美华点校：《直斋书录解题》卷七《传记类》，上海古籍出版社2015年版，第216页。

及与其有出入者，皆分别疏附于其下；名曰《杨录疏证》，实即顺昌战役史之源汇集，亦即顺昌战役史之长编也。疏证所资之文献，列举如下：

（1）《朱子语类》卷一三二记顺昌战事。此刘锜亲言张栋，张栋以告朱子，朱子语其弟子而记之者。两弟子各记同一谈话而互有详略，且稍有参差，《语类》并收之。

（2）汪若海述顺昌战事《移辅臣书》（《疏证》省称《汪书》）。按：汪氏在战前任顺昌府通判，城将被围时，汪氏奉知府陈规命请援于朝。此书所述，据其内证，乃汪氏"躬往战地，或访亲见临阵之人，或质被虏得脱之士"[1]而得者。《三朝北盟会编》采录此书全文，题作《汪若海札子》，今载《建炎以来系年要录》卷一三七，[2]自汪改题如上。

（3）周南《山房杂记》。周南为朱子同时人，官至秘书省正字，《杂记》见于其本集（《山房集》，有涵芬楼秘笈本）卷八。

（4）《皇宋中兴两朝圣政》（《疏证》省称《圣政》）。南宋人撰，不著撰人，有宛委别藏本。

（5）《三朝北盟会编》（《疏证》省称《会编》）。此书关于顺昌大战，除采录原料外，亦有纲目式之记载不注所出者。

（6）《建炎以来系年要录》（《疏证》省称《要录》）。

（7）《宋史·刘锜传》（《疏证》省称《本传》）。

绍兴十年，春，天子以骑帅太尉刘公副守东都，仍节制所领军马。[3]

《要录》一三五[4]：绍兴十年二月，"辛亥（初六日），济州防御使、主管侍卫马军司公事刘锜（关于刘锜之生平，参看附录）为东京副留守，仍

---

[1]《三朝北盟会编》卷二○二引《汪若海札子》，上海古籍出版社2008年版，第1454页。

[2]〔宋〕李心传撰，胡坤点校：《建炎以来系年要录》（以下简称《要录》）卷一三七，绍兴十年七月庚午，中华书局2013年版，第2580页。

[3]《宋史》卷三六六《刘锜传》，中华书局1985年版，第11400页。

[4]编者注，应为《要录》卷一三四。

兼节制军马"。①自注："锜兼等制在此月壬戌（十七日）。"（《圣政》卷二六同）

继被朝旨，精锐兵马分戍陈、汴，随军老小屯泊顺昌。

《本传》："所部八字军才三万七千人。皆携其孥。将驻于汴，家留顺昌。"②

三月十八日，陛辞出城，益以殿司二千人。

《本传》及《要录》卷一三五皆作"三千人"③。

拨隶戍役，束装裹粮，越五日而后启行。绝江沂淮，风涛险阻，自临安凡二千二百里抵颍上。以顺昌之属邑，陆路两驿而近，水路萦纤曲折，殆三百里。太尉舍舟，与属官将佐先抵城下，时五月十五日。

"颍上"以下疑有讹夺。大意谓由颍上至顺昌府城陆路近而水路远，锜等趋陆故先至，大军仍以水路为便，故后至。《本传》："锜自临安溯江绝淮二千二百里至涡口。方食，暴风拔坐帐。锜曰：'此贼兆也，主暴兵。'即下令兼程而进。未至五月（日？），抵顺昌三百里，金人果败盟来侵。锜与将佐舍舟陆行，先趋城中。"④《要录》系锜至顺昌于本月丁亥，即十四日；《会编》系于五月二十六。

太守龙学陈规、倅（按即通判府事）汪若海，泊兵职官吏，门首迎迓，馆太尉于罗汉院。守、倅既相报谒，即往按视营寨，湫隘窄陋，悉不如法。两日之间，经营区处，尚未就绪。十七日早，太尉门

①《要录》卷一三四，绍兴十年二月辛亥，第2501页。
②《宋史》卷三六六《刘锜传》，第11400页。
③《要录》卷一三五，绍兴十年四月壬戌，第2516页。
④《宋史》卷三六六《刘锜传》，第11400页。

首别提官宋待制未及回，陈守约相见，出泰和县申状，报太子（按太子上当脱"四"字，四太子即兀术）人马于五月十二日寇东京。丞归谕诸将，戒饬士卒，无致张皇。

《要录》一三五："庚寅（十七日）……知顺昌府陈规得报，敌骑入东京。时新东京副留守刘锜方送客，规以报示锜。锜曰：'吾军有万八千人，而辎重居半，且远来力不可支。'乃见规，问曰：'事急矣！城中有粮，则能与君共守。'规曰：'有米数万斛。'锜曰：'可矣。'规亦力留锜共守。锜又见刘豫时所蓄毒药犹在，足以待敌。"①（《圣政》卷二六全同）

其时，选锋、游奕两军并老少辎重舟船九百余只相去尚远，遣骑速进，至四更后方遂入城。十八日，辰、巳间有探报，虏骑已入陈州。陈州距顺昌才三百里，阖城惶惑，罔知所措。而马军缘寨棚未定，遂以罗汉院驻左军，普惠寺驻右军，前军驻旧衙，后军驻毗卢院，中军驻台头寺，而太尉迁维摩院，乃欧阳文忠之故居也。皆在子城外，与府治及民家两不相干。是日，太尉遣主管机宜文字杜亨道、干办公事王羲宾谒陈守，以朝廷先降到赡军钱支发交子，欲敛兵入城，为捍御计。陈守愕然曰："城中闻警报，人皆欲去。太尉独欲守，何也？"

《要录》卷一三五②："锜遣兵属与规议，敛兵入城为捍御计，人心稍定。"自注："郭乔年《顺昌破敌录》云：'太尉欲敛兵入城为捍御计。'陈守愕然曰：'城中人闻警报皆欲去，太尉独望守城耶？'疑规未必有此言，今不取。"

继而汪若海告别，云："某已奉有檄，差往行在禀议。"太尉因托以章奏附行。寻闻挈家出南门矣。十九日，太尉与属官并统兵官聚议："我军方自远来，未及息肩，已闻虏骑压境，诸公以为何如？"其间或欲守御，或欲就便舟顺流而下，独太尉激以忠义，喻以祸福。且曰："某赴官留司，今京司既陷，未可之官，赖全军在此，幸有城池，粗可守御。顾此机会，

---

① 《要录》卷一三五，绍兴十年五月庚寅，第2525页。
② 《要录》卷一三五，绍兴十年五月庚寅，第2525页。

大不容失。要当同心戮力死报国家。"诸公翕然同辞，无或异议。

《本传》①："召诸将计事。皆曰：'金兵不可敌也，请以精锐为殿，步骑遮老少，顺流还江南。'锜曰：'吾本赴官留司，今东京虽失，幸全军至此，有城可守，奈何弃之？吾意已决。敢言去者斩！'惟部将许清，号夜叉者，奋曰：'太尉奉命副守汴京，军士扶携老幼而来。今避而走，易耳！然欲弃父母妻子则不忍。欲与偕行则敌翼而攻，何所逃之？不如相与努力一战，死中求生也。'议与锜合。锜大喜，凿舟沉之，示无去意，置家寺中，积薪于门。戒守者曰：'脱有不利，即焚吾家，毋辱敌手也。'"按《杨录》与《本传》所记诸将之勇怯大殊，汝翼不免袒其同辈也。

于是与官属登城区处，以后军统制许清守御东门。中军统制（自注：阙姓名）守御西门。

据《要录》卷一三五及《圣政》卷二六，守西门者为贺辉。

右军统制焦文通、游奕统制钟彦分守南门，左军统制杜杞守北门。分遣将士，明远斥堠，仍召募土人作乡导间探。是日晚，亳州把门使臣白忠等二人来报，云有王彦先者，刘豫时曾知亳州，号爪角，自东京同金贼已入亳州，亳州至顺昌二百四十里。继捉到王彦先所差探事人朱海、张三，斩之，枭首于市。又报金贼入陈州。陈州至顺昌三百里。二十日以后，报金贼犯蔡州。蔡州至顺昌二百七十里。续报犯项城。项城，陈州属邑，至顺昌一百九十里。又报犯泰和。泰和，顺昌属邑，至府城七十里。居民因贼势逼近，后闻太尉一意坚守，皆杂沓辐辏入城，城中百姓赖以安堵。

《要录》卷一三五："城外有居民数千家，恐为贼巢，悉焚之。"②

然太守及州官骨肉络绎出城，皆渡淮而东走。太尉日夕城上，亲督兵将，备设战具。而城垒摧缺，旋加补贴，芟剃榛子，如篦篱笆，仅存数十。悉取伪齐所作痴车。

痴车，《本传》同，《要录》卷一三五作"蚩尤车"。《圣政》卷二六作

---

① 《宋史》卷三六六《刘锜传》，第11400页。
② 《要录》卷一三五，绍兴十年五月壬辰，第2526页。

"蛊车"。

以轮辕埋没城上。又谕州索居民门户扇踏，随宜悬挂，仅能周匝。其时，新鄜延总管刘光远，以路梗亦留顺昌。新永康知军柳倪，缘太尉亲，以从行，至是皆就差，检察一行军马，提举四壁守御。自十九日至二十四日，凡六日之间为备御计，食息不暇。而探报日急，而军中相与激劝，争先整治甲器。且曰："我辈自此出阵，未曾立功。今才至此，便遇大敌，须是出力报答国家，兼荷太尉存恤，到这里要取一场富贵。"上下响应，如出一心。

《本传》[1]："军士皆奋，男子备战守，妇人砺刀剑。争呼跃曰：'平时人欺我八字军，今日当为国家破贼立功。'"

二十五日，金贼游骑数千涉颍河，出没城下。遇太尉，生擒银牌千户阿赫杀阿鲁等。

按：太尉下当脱"伏兵"二字，据《要录》卷一三五及《本传》补。阿赫杀阿鲁等，《要录》作"阿克顺杀等二人"，《本传》作"阿黑等二人"。

通说韩将军先遣来城下探城中事宜。及有探报，韩将军、翟将军两头项在白沙、龙涡一带下寨，在城北约三十里。太尉夜遣千余人击之。至二十六日早，复与贼战，杀伤千百人。辰、巳间入城，太尉于北门犒劳，即具捷奏以闻。

《汪书》[2]："兀术……初遣三路都统，既下淮宁，来取顺昌，犯白沙。刘某夜遣师，晨至白沙，相距终日，合数阵，三路都统大败而去。"此与《杨录》不同。

二十七日，金贼驰报龙虎大王及三路都统，皆自陈州来，增益兵马。至二十九日，合韩、翟二将军，一带逼城，自北之西，自西之南，自南之东。人马约三万余骑。太尉西门出军，仍激励出城士卒，内外协应。巳、

---

[1]《宋史》卷三六六《刘锜传》，第11401页。
[2]《三朝北盟会编》卷二〇二引《汪若海札子》，第1454页。

午之间，贼临城施放，而柳知军适在东门，为敌箭中左足，柳倪即拔箭，就以破胡弓射之，应声而倒，继发十枝，无不中者。翼以神臂弓破之，遂稍引去。即以步兵邀击，慌怖回奔走小河，人马淹溺者不可胜计。

《本传》记二十九日之战，较《杨录》为更得要领。记云："既而三路都统葛王褎以兵三万与龙虎大王合兵薄城。锜令开诸门，金人疑不敢近。初锜傅城筑羊马垣，穴垣为门。至是与清（按：部将许清，见上文）等蔽垣为阵。金人纵矢，皆自垣端轶着于城上，或止中垣上。锜用破敌弓，翼以神臂、强弩，自城上或垣门射敌，无不中。敌稍却，复以步兵邀击，溺河死者不可胜计。"①

《圣政》卷二六于葛王褎及龙虎大王兵败溺河后记云："夺其器甲及生获北国汉儿，皆谓敌已遣报银牌使驰诸东京，告急于都元帅宗弼矣。"②

抵暮，尚有铁骑数千，摆布河外，复出官军千数，连击之，大获胜捷。夺到韩将军大小认旗十面，并铁甲、提刀等。至三十日早，战士还屯，犒劳如初，亦以上闻。

《山房杂记》："锜至顺昌，不旬日，金之韩、翟二将与乌珠兵大入。锜命清野以待，近城居民皆徙入之。先是，属邑警报至，锜下令命军士及徙入百姓，持获煤纳于州之佛寺庑下，密遣小校碎以臼杵，囊盛而积之。数日，入者填满，勿能容。有番欲出城避兵者，因命人授一囊以归，且禁勿开视，曰：'汝归视汝冢墓，于其井坎，四旁沟涧，遇有水，则投之。敌当不敢近。'且戒以勿泄。时出者既众，一二百里内，投者皆遍。敌以五月出兵，至顺昌，涉六月，自陈、蔡而来，地多瓜桃，非北人宜食。入境捕生口，散鞫之，所言人人同。汲于井间，得渗末。敌暗曰：'吾固疑吾军多腹疾耳，马亦多毙，盖锜置毒于水也。'始命军士掘地而饮，遇天雨则以杯勺承以饮马。人马燥渴，皆欲速战，故锜得因城守以破之。"

① 《宋史》卷三六六《刘锜传》，第11401页。
② 〔宋〕佚名撰，孔学辑校，《皇宋中兴两朝圣政辑校》卷二六，绍兴十年五月壬寅，中华书局2019年版，第833页。

六月一日，金贼尚留旧寨。有擒到女真及汉儿（按：即汉人役属于金者）云："已遣银牌天使驰往东京，告急于四太子（按：即兀术）矣。"初二日，贼寨城东，地名李村，去城二十里。以精锐五百入夜出劫之。乡导者引军官直至中军，以枪撤去毡帐。有一披甲者疾呼曰："留得我即太平！"竟为官军所杀。是夜阴晦欲雨，时电光所烛，但见秃头辫发者，悉皆歼之。其杀伤比之前日两战为最。

《汪书》：① "刘某遣骁将阎充夜劫三路都统寨，正中中军，连破五寨，见毡帐数重，朱红美车。有虏酋急披甲呼曰：'毋杀我，留我则太平！'军士不听，即杀之。其余不及披甲，因乱击杀数百人，相枕藉死者，莫知其数。由此虏惊，昼夜不敢下马，惟于马上寝食而已。"

据《本传》，第一次夜袭后，"金兵退十五里。锜复募百人以往。或请衔枚，锜笑曰：'无以枚也。'命折竹为器，如市井儿以为戏者，人持一枚以为号，直犯金营。电所烛则皆奋激，电止则匿不动，敌众大乱。百人者，闻吹声即聚。金人益不能测。终夜自战，积尸盈野。退军老婆湾"。②此事《杨录》及《汪书》皆不载，可疑。

初三日，战士归城，亦以捷状奏闻。初四、初五日，金贼相持如初。伏兵擒到女真，具道杀伤甚多，且乏粮食。有建议者，愿乘此屡捷之势，顺流乘舟以全。太尉乃会诸统兵官于西门上，酌酒而誓曰："今日机会，天造地设。况以屡挫贼锋，军声稍振。虽贼与官兵多寡不侔，然业已至此，可前进不可退却。贼营去城三十里，而四太子又领重兵来援。万一诸军遽舍顺昌，不惟前功尽废，一军老小，当此仓卒扰攘，岂敢尽保无虞？贼众追袭，首尾相失，将至狼狈，大有不可言者。驯致侵扰两淮，惊动江浙，则吾辈生平报国之心，死为误国之鬼，虽万死何以谢天下？愿诸公坚忠孝心，誓与此城俱存，勿与此贼同生。此言不食，天实临之！"

---

① 《三朝北盟会编》卷二〇二引《汪若海札子》，第1454页。
② 《宋史》卷三六六《刘锜传》，第11402页。

《汪书》：①"刘某闻其（兀术）将至也，会诸将于东门上，问策当安出。诸将或曰：'今已三大战，军士夷伤者众。若兀术自至，恐势力不加，不如拥护老小渡淮。'刘正色谓诸将曰：'朝廷养兵十五年，正要一朝为缓急以用。安可见大敌而退？况老小一动，必不能全。虏骑无数十里之远者（按："者"字疑衍），若被迫，老小必乱，甲士未能保，何老小以可全？不如背城一战，以死中求生，上足以报答国家，下足以取富贵。请为诸君五日内杀回兀术。'"

于是诸统兵官皆愿奋不顾身，罔有退志，齐以警戒之令，晓谕将士，人人咸欲效命，欣然待敌。

《朱子语类》卷一三二②："刘锜顺昌之捷亦只是投之死地而后生。当时虏骑大拥而至，凡十余万。诸将会议，以为固知力不能当，然急渡江，则朝廷兵守已城自戒严，必不可渡。兼携老扶幼，虏骑已迫，必为所追，其势终归于死。若两下皆死，不若同守，庶几可生。遂闭城而守。"

初六日，太尉遂以东北门外泊舟船悉沉河底，以示死战，不为东归计。俄报四太子入泰和县，辎重前驱，已与龙虎诸酋营寨相接。连夜颍河系桥渡军马。初七日四太子至，亦与诸酋首连接下寨，人马蔽野，骆驼牛马纷杂其间，毡车奚车亦以百数。至于攻城器具来自陈州，粮食器甲来自蔡河。散遣轻骑，巡绰城下。有叩城以手捓揄曰："城里人只有三个日头里。"至晚，以前日陷阵人曹成，荷团枷，赍实封文字放回。太尉得知虏贼为诡计以惑众心，不启封而焚之。

《要录》卷一三六③："锜呼帐下曹成二人谕曰：'吾遣尔乘闲（《本传》作"间"），事捷有厚赏。第如我言，敌必不杀。我今遣骑绰路，置汝队中。汝遇敌必坠马，使为所得。敌帅问我何人，对曰：太平边帅子，喜声色，朝廷以两国讲好，使守东京图乐耳。'已而遣探骑果遇敌，二人

① 《三朝北盟会编》卷二〇二引《汪若海札子》，第 1454 页。
② 《朱子语类》卷一三二，第 3166 页。
③ 《要录》卷一三六，绍兴十年六月戊申，第 2541 页。

被执，兀术问之，对如前。兀术喜曰：'可蹴此城耳。'遂令不用负鹅车炮具行。翌日，锜行城上，见二人远来，心知其归，即缒上。贼械二人，以文书一卷置于械。锜取焚之。"《本传》略同。

初八日，四太子疏责诸酋前日用兵之失。诸酋皆答以今次南朝兵马非日前比，往往以一当百，不容措手足，明日国王临阵，自可备见。盖四太子称天下兵马大元帅、越国王也。即下令曰："顺昌城壁如此，可用靴尖踢倒。来日府衙会食，所得妇女玉帛，悉听自留，男子三岁以上皆杀之。"且折箭为誓，以激其众。

《汪书》[①]："折三箭为誓。折一箭曰：'初九日早饭于府衙。'折二箭曰：'敢过车轮之下者皆杀。'折三箭曰：'妇人财帛尽以赏军。'"

然太尉发策战争，忠义自持，仍以方略授诸将佐。顾视羯戎，逆天悖道，贪黩无厌，平时愤激，直欲气吞此贼，以谓不足忧也。

《本传》[②]：是日"锜遣耿训以书约战。兀术怒曰：'刘锜何敢与我战？以吾力破尔城，直用靴尖跃倒尔！'训曰：'太尉非但请与太子战，且谓太子必不敢济河，愿献浮桥五所，济而大战。'兀术曰：'诺。'乃下令明日府治会食。迟明，锜果为五浮桥于颍河上，敌由之以济"。

初九日平明，四太子遂合龙虎大王及三路都统韩将军、翟将军人马还合城下。甲兵铁骑，十有余万，阵列行布，屹若山壁，旗帜错杂，大小有差。而五色旗各七面，按方分植者，中军也。而顺昌东西两门受敌，贼乃睥睨东门，濒濠待敌。太尉亦自东门出兵应之。

《汪书》："九日辰时，扣城西门索战，谓城上人曰：'你只活得一个日头。'……刘出军五千人接战，自西门转向南门，又转东门及东北角。始与虏骑往来驰逐，后直冲入虏军中。"[③]《圣政》卷二六：时"锜所部不满五万，而可出战者仅五千"。[④]

---

① 《三朝北盟会编》卷二〇二引《汪若海札子》，第1454页。
② 《宋史》卷三六六《刘锜传》，第11403页。
③ 《三朝北盟会编》卷二〇二引《汪若海札子》，第1454—1455页。
④ 《皇宋中兴两朝圣政辑校》卷二六，绍兴十年六月壬子，第836页。

城上发鼓，即与交锋。转战逾时，贼复大衄。四太子披白袍甲马，往来指呼，以渠自将牙兵四千策应，皆重铠全装，虏号"铁浮图"，又号"扢义千户"。其精锐特甚，自用兵以来，所向无前。

《要录》一三六："兀术自将牙兵三千，往来为援。"[1]

《汪书》："其所将攻城士卒，号'铁浮屠'，又曰'铁塔兵'。被两重铁兜牟，周匝皆缀长檐，其下乃有毡枕。三人为伍，以皮索相连，后用拒马子。人进一步，移马子一步，示不反顾。以铁骑为左、右翼，号'拐子马'，皆是女真充之。自用兵以来，所不能攻之城，即勾集此军。"[2]

至是亦为官军杀伤。先枪揭去兜牟，即用刀斧斫臂，至有以手捽扯。极力斗敌，自辰至戌，贼兵大败，遽以拒马木陈之，少休。城头鼓声不绝，乃出饭羹，坐享战士，优游闲暇如平时。贼众望之，骤然披靡。食已即来，数队趣战斗。去拒马木，深入斫贼，又大破之。

《朱子语类》卷一三二[3]："张栋（字彦辅）谓刘信叔（即刘锜）亲与他言：'顺昌之战，金人十二万围了城。'城中兵甚不多。刘使人下书约战日，虏人笑。是日早，虏骑迫城下而阵，连山铁阵，甚密不动。刘先以铁甲一联晒庭中，一边以肉饭犒师。时使人摸铁甲，未大热，又且候。候甲热甚，遂开城门，以所犒一队持斧出，令只掀起虏骑，砍断马脚。人马都全装，一骑倒又粘倒数骑。虏人全无下手处。此队归，以五苓大顺散与服之，令歇。又以所犒第二队出如前。杀甚多，虏觉得势败，遂遁走。后人问晒甲之事如何？曰：'甲热则虏人在日中皆热闷矣。此则在凉处歇方出。'时当暑月也。"《朱子语类》又有一则同记此事而略异，并摘录如下："刘锜分部下兵五千为五队，先备暑药饭食酒肉存在。先以一幅兜牟与甲置之日下晒，时令人以手摸，看热得几何，如此数次。其兜牟与甲尚可容手，则未发。直待热如火，不可容手，乃唤一队军至，令吃酒饭，少定与

---

[1]《要录》卷一三六，绍兴十年六月壬子，第2544页。

[2]《三朝北盟会编》卷二〇二引《汪若海札子》，第1454页。

[3]《朱子语类》卷一三二，第3167页。

暑药，遂各授兵出西门战。少顷，又唤一队上，授之出南门。如此数队，分诸门，叠出叠入。虏遂大败。"此则视前则所记似较得实。

《本传》[1]："锜遣人毒颍上流及草中，戒军士虽渴死毋得饮于河，饮者夷其族。敌……严阵以待。诸酋各居一部。众请击韩将军。锜曰：'击韩虽退，兀术精兵尚不可当，法当先击兀术。兀术一动，余无能为矣。'时天大暑，敌远来疲敝，锜士气闲暇。敌昼夜不解甲，锜军皆番休更食羊马垣下。敌人马饥渴，食水草者辄病，往往困乏。方晨气清凉，锜按兵不动。逮未、申间，敌力疲气索，忽遣数百人出西门接战。俄以数千人出南门。戒令勿喊，但以锐斧犯之。……士殊死斗，入其阵，刀斧乱下。……自辰至申，敌败。递以拒马木障之，小休。……食已，撤拒马木，深入斫敌，又大破之。"

无何，有误传令者，令少却，官军遂稍引后。贼众并拥逼濠，而致（官军）溺水者二百余人。而选锋统制韩直身被一枪二箭，几至溺死，赖有一虞候挟以上马而归。虞候与马皆中箭，被血淋漓，余勇尚未衰也。其余中伤稍轻可者，犹欲再出接战。

《要录》卷一三六[2]："统制官赵樽、韩直皆被数矢，战不肯已，锜遣属扶归。士殊死斗，入敌阵中斫以刀斧，至有奋手捽之，与俱坠于濠者。敌大败，杀其众五千。"

是日西风怒号，城土吹落；尘霾涨天，咫尺不辨。贼毙尸倒马，纵横枕藉，掩入沟壑，间及堕井者，不知几何。旗号器甲，火麻苇竹山积。方其接战时，郦琼、孔彦舟、赵提刀等。

《汪书》作"孔彦舟、赵荣等"，[3]《要录》卷一三六同。

皆单骑列阵外。有河北签军告官军曰："我辈前是左护军，本无斗志。所可杀者，止是两拐子马。"

---

① 《宋史》卷三六六《刘锜传》，第11403页。
② 《要录》卷一三六，绍兴十年六月壬子，第2544页。
③ 《三朝北盟会编》卷二〇二引《汪若海札子》，第1455页。

按："两"字下脱去"翼"字，《要录》并同此误，遂不可通。今据《本传》校补。

故官军力为破之。皆四太子平日所倚仗者，十损七八。当其败衄时，城上见有官军归城，军马自塞而北，复渡河而去。贼初涉濠，耀兵张势，云吓城。既而官军归城，直欲夺取钓桥，望城放箭。箭落如雨，至有用响箭与窄柳箭者。城上悉以破胡弓及神臂弓临下射之。人马自退，从东而南，转而之西，连亘西北。薄城而营，长十五里，阔十余里。

《汪书》①："血战自辰至申，虏乃败走。……刘亦敛兵入城。兀术大怒，亲拥三千余骑直扣东门射城上人，（矢）着城上炮架皆满，又被城上军以劲弩射走。兀术既大败，乃移寨于城西……自西南至西北约十余里。"

至晚发雷（按：谓敌营中发声如雷），声振山谷。（《本传》作"每暮鼓声震山谷"，点窜之误。）父老皆言是生以来未之或闻。然贼营中嗥呼喧哗，自夜达旦。时有金人傍城属耳以听，城中肃然，鸡犬无闻。以是自见胜负之兆。四太子帐前以甲兵环卫，持烛照坐。贼徒皆分番假寐马上，深惧官军夜击之至。初十日，大雨倾注。贼于营外埋鹿角栅，栅外开小濠，深阔各五尺许。正尔督工，雨亦稍止。太尉出百余骑挠之，贼众悉皆挂甲挽弓以护。雨后大作，官军劫之，昼夜不得休息。

《要录》卷一三六：②"是夕大雨，平地水深尺余。锜遣兵劫之，上下皆不宁处。"

十一日早，贼营发雷，听如昨日。

此次与前次之发雷，盖皆以火药造成之轰炸声。是时金人已有火药，而尚无火炮。

太尉遍诣诸营，抚劳官军，及安慰中伤之人。盖家至户到，人人皆得其欢心，且虽被伤中，犹欲抵死报答太尉。俄报四太子作筏系桥甚急（原注：金人到此，日给炒麦数合，疲困已极，皆思北归），至晚不辍。抽摘

① 《三朝北盟会编》卷二〇二引《汪若海札子》，第1455页。
② 《要录》卷一三六，绍兴十年六月壬子，第2544页。

人马过河，然不复发雷声，只击锣数声而已。十二日早，尚立炮架，置推牌，斤斧不绝，虚立旗帜，以疑城上。盖缘颖河暴溺，冲激桥筏，人马数十随亦被溺，遂复系桥，连夜以济。两日之间，收集尸首，随处焚化。至有数十人作祭者，亦有烧半残者。或入颖河为水漂泛，或半为鸟鸢所食，杂以马尸、牛头弥望遍野。及晚，拔寨尽走。即具解围奏闻。贼营中炮架、推牌、云梯、拒马木、败甲、破车，积堆如山。弓、刀、枪、槊亦委之而去。然犹有潜匿山林间以向袭，至十三、十四日，悉出境上，复合于陈州。四太子反怒三路都统，韩、翟二将军，人以柳条挞之数十下。如千户毛可等皆挞之百十下。

《汪书》：[1]"虏自言入中原十五年，尝一败于吴玠，以失地利而败。今于刘某，以战而败。疑是外国借来人（天？）兵。兀术至泰和，因复气疾，黄肿下血。居县门楼，临两日。至淮宁府，龙虎者始敢献言，以为不当南来，亦犹南人深入我地。兀术怒诸酋之败，挞韩将军九十柳条，翟将军八十柳条，其余或一百或二百，哭声彻天。韩将军颇出怨言，曰：'我只为你于和尚原坏了。'"

寻以三路都统守南京，韩将军守颖昌，翟将军守陈州，四太子、龙虎大王各以所辖人马同之东京。初，龙虎与诸酋既败，遣银牌天使告急于四太子。天使才到，就龙德宫见之。得报，即索靴上马，出门报告，士卒顷刻而集。经由陈州一宿，措画战具粮食而行，自东京至顺昌往复千二百里，首尾不过七日，何其神速如此。而太尉在围城时，奏求援于朝，得报，差行营左护军统制王德躬率全军来顺昌策应。

《要录》卷一三六：[2]"上命淮西宣抚使张俊遣德以所部授刘锜。俊既不乐锜，而德复惧拨隶刘光世军，迁延未行。建康留守叶梦得谕德曰：'朝廷颁赏格，能立奇功者，使节度使，皆即军中书告，旧未闻也。且刘锜名素出君下，今且奋身报国。君能救锜，则可谓奇功矣。'德遂行。"

① 《三朝北盟会编》卷二〇二引《汪若海札子》，第1455页。
② 《要录》卷一三六，绍兴十年六月丙寅，第2548—2549页。

十四日。

《要录》卷一三六引郭乔年《顺昌破敌录》作"十二日"①。

金人既退之后，王德方且以移文来，问贼势动息。至二十三日卯时，以数千骑至城下，太尉邀入具饭。饭已，则卧憩于子城楼上，至申时即出门。乃遣人致意曰："不果奉别，今且复回。"又报，数日，传闻德申枢密院："某已解顺昌围矣。"方金贼在城下，得递到御笔：刘某择利班师。

《要录》卷一三六：②"兀术之未败也，秦桧奏俾锜，锜择利班师。"原注："此据郭乔年《顺昌破敌录》修入。乔年云递到御笔云云，其实宰相所拟也。"

太尉以方御敌，未敢轻为进止。既且贼退，十日后，又被旨："先发老小往镇江府驻扎。"遂津遣老小辎重，并被伤将士，船载而行。以左军统制杜杞、右军统制焦文通两军防护东下。俄闻王德申宣抚司云："某以全军裹送刘太尉老小出颍河矣。"其诞谩皆类此。敌国相去未远，万一事或蹉跌，为害不细。然太尉恬若无闻，未尝略介怀也。顺昌古城，且素无备，迨兹贼已来，陈守始令居民筑牛马墙。（《本传》作"羊马墙"，义同，谓墙高可遮牛马或羊马者也。）贼既退，方置炮座，比之军中（军上脱"敌"字）所放炮，争五十步先。军中令牌：每遇出战，除守御人外，非带号挂甲者，不得登城。虽顺昌官军土豪不许预分毫事。城中居民各阖户守家，内外肃静，无有犯者。

《汪书》：③"有王山者，兀术之（'之'字衍）旧用知顺昌府，至是携来，欲令再守顺昌。……刘某自金贼犯顺昌，见陈、蔡以西，皆望风投拜，又见……王山在城下，恐城中苟求性命，有卖我于外者，更不敢用顺昌府官吏军民充守御。既分兵于城上，又分其兵于城中，逐巷口摆列。每遇令牌一过，即百姓寂无一人敢出户者。"

---

① 《要录》卷一三六，绍兴十年六月丙寅，第2549页。
② 《要录》卷一三六，绍兴十年六月乙卯，第2544页。
③ 《三朝北盟会编》卷二〇二引《汪若海札子》，第1455页。

初破金贼，陈守送到煮酒十数石，门首犒劳，战士一杯而已。再战退贼后，市户以面六千余斤、猪百口来献，随即分付诸军，人不得面半斤、肉数两。至第三战，太尉不免谕陈守略与犒劳。官军但各人给粟米一石。及赴仓请之，有止得蛀麦五斗者。其间不愿请者甚多。

李心传曰："按（陈）规守顺昌，正当金人根括钱帛之余，朝廷蠲免租税之始，未及一岁，而战士二万不致乏粮，斯已难矣。若责其厚赏犒军，恐无此理。"①陈规则为南宋初期殊不可多得之贤吏与名将，《宋史》有传。而此录对之多诋谟，心传之解辩甚久。此录篇首言其主弃城，未必非当时因恐其赏薄而生之蔑词也。

事定，陈守先具奏，乞推本府官属守城恩赏。且言措置守御，贾（按：当作"鼓"）率将佐，犒赏战士，遂至成功。虽太尉依应保明奏闻，将士颇誓不平。

《要录》卷一三六，闰六月十六日②，"知顺昌府陈规充枢密院直学士，录守城之劳也。既而规言：'敌人败盟，臣仓皇措置，数日之间守具略备。而刘锜将士，每出每捷，致敌不敢逼近府城。此皆锜之功，臣何力之有！望追寝成命。'诏不许"。③规非争功之人明矣。

方围城时，太尉晓夜城上，寝食皆废。阅月之间，略不以家事经意。故能激励军心，皆为之用。遇临敌，则躬亲鼓旗，贾（按：当作"鼓"）作士气。先下令不得斫级夺马，及掠取一物一件。至有效命如游奕统领田守忠、中军正将李忠之徒，恃勇深入，率皆手杀数十人而后死。悉取前后阵亡将士，凿土埋瘗，作大冢，傍作屋数间，命僧主之，作水陆道场。以至资荐，仍复存恤其家种种。顺昌北门外初有居民瓦屋数十间。

《要录》卷一三五作"数千家"。

恐为贼窠，前期爇之。贼退，即访元主，酬以价值。自始及终，无毫

---

① 《要录》卷一三六，绍兴十年六月戊子，第2555页。

② 编者按：应该为戊子日。

③ 《要录》卷一三六，绍兴十年六月戊子，第2555页。

发扰民者。城门四启，每得奸细，即审问。情状详悉，而众所不容者，抵之。遣回使（此处有讹夺），未尝轻戮一人。虽金贼亦谓："自过南朝来，十五年间，无如此战，必是外国起鬼兵来，我辈莫敢当也。"

吕中《大事记》："洪皓燕山之奏，谓顺昌之役敌震惧丧魄，欲捐燕以南弃之。又谓敌已厌兵，朝廷若乘胜进击，再造犹反掌耳。"①（《要录》卷一三六注引）

后以生擒到女真阿赫杀并契丹等五十余人解赴阙下。前项有妨功者，移书权贵："顺昌城下无金贼，止是两河与诸路签军耳。"顾虽力诋，奈此公议何。太尉初领兵不满二万。当其围城时，城上备御，及防护老小营寨，遇敌则又把路龃巷，至于子城、仓库等处皆分兵守之，其实出战之士不过五千人，当十万余众。

《汪书》作"约十五万"，《要录》卷一三六作"凡十余万"，前引《朱子语类》作"十二万"，《本传》作"数十万"。

自非明于料敌，果于制胜，安能以应不虞之变？韩文公作《裴相平淮西碑》所谓"凡此蔡功，惟断乃成"者，某于太尉亦云。

自捷奏到，朝廷宠以鼎州观察使。

《要录》卷一三六，六月"戊申（初五日），龙神卫四厢都指挥使、济州防御使、东京副留守刘锜为鼎州观察使、枢密院副都承旨、沿淮制置使"。②

再被制命，建武泰节钺。

《要录》卷一三六，同月"庚午（二十七日）……刘锜为武泰军节度使，侍卫亲军马军都虞候。前一日，上谕大臣曰：'用兵之际，赏罚欲明。锜以孤军挫敌锋，尢术遁去。其功卓然。当便除节钺。'即日降制"。③

皆恳辞至于再三，不欲先战士而被赏。继而王人踵至，使者沓来，抚

---

① 《要录》卷一三六，绍兴十年六月己亥，第2559页。
② 《要录》卷一三六，绍兴十年六月戊申，第2541页。
③ 《要录》卷一三六，绍兴十年六月庚午，第2549—2550页。

问宠赉，优渥有加，

按：内侍陈腆劳军刘锜于顺昌，锜以例书送银五百两，例外又以六百五十两遗之，腆不以闻。后发觉，送大理寺治罪，事在七月丙辰。详《要录》卷一三七。

宸翰奖谕，且有"卿之伟绩，朕所不忘"之语。咸谓主上酬报非常之功，复出前此。仍降告身千百轴，俾就军前书填，随即缴纳，以谓不若自朝廷给之为荣。累得旨，索本军功状。校定两日，方得具奏。盖缘节次出战，更番守御，分别功过，不容或差。至闰六月二十七日，准安排全军功赏，逐队列单申姓名，一一覆实。

按：是日以刘锜兼权知顺昌府，陈规知庐州。详《要录》卷一三六。

统兵官立功者，以前降到金带及金碗赏之；其有过者，则面疏其失，劳绩亦减。将佐立功者，以金带及金碗赏之；其有过者，则杖责之，降而入队。至于战士，悉以前后所赐银二十万两、绢二十万匹，第功赏之。

《要录》卷一三六："遂以犒军银帛十四万匹两均给将士，军无私焉。"①

初，田守忠、李忠辈陷阵，本军将佐不即救援，亦皆免死而被责，其能致力策应者仍给赏。且出钱千缗揭榜，许军中论告，有侥冒战功者，按以军法。如阵殁之家，亦各优厚周恤。斯又见太尉信赏必罚，出人意表如此者。某随轩而来，偶遭虏寇。迨兹平宁，敢以围城前后所见，叙为纪实。笔墨荒涩，甚无文采。且将过江，贻诸亲旧。

按：据此，则本录乃撰于杨氏随军渡江南归之前。考《要录》卷一三七，锜以是年九月还至江南太平州。是本录至迟当选于九月之前也。

至于解严之后，以迄班师，述事赞功，当俟大手笔者。

《圣政》卷二七：②绍兴十一年正月，高宗谓大臣："朕于诸帅，听其言则知其用心，观其所为则知其才。人皆言刘锜善战，朕谓顺昌之胜，所

---

① 《要录》卷一三六，绍兴十年六月己亥，第2558页。
② 《皇宋中兴两朝圣政辑校》卷二六，绍兴十一年二月丁丑，第864页。

谓置之死地然后生，未为善战也。锜之所长，在于循分守节，危疑之中能自立不变，此为可取。"

附：顺昌战前之刘锜

刘锜，字信叔，秦州人（秦州在宋属陕西秦凤路）。父仲武，神宗熙宁中试射殿廷异等补官，累为边将。徽宗崇宁三年（1104），河湟羌结西夏入寇，陇右都护、知鄯州高永年发兵往御，时仲武知河州，永年用为统制。师出遇敌，仲武欲固垒，永年易敌，迎战，遂大败，被执。仲武引咎自劾，坐流岭南。命未下，仲武与夏人战伤足，朝廷悯而贷之，以为西宁都护。童贯招诱羌王子臧征仆哥，收碛石军，邀仲武计事。仲武曰："王师入，羌必降；但河桥非仓卒可成，若禀命待报，虑失事机。"贯乃守便宜。仆哥果约降，而索一人为质。仲武即遣其子锡往。河桥即成，仲武帅师渡河，絜与归。童贯掩其功，亦不自言。久之，徽宗召劳之，称其策高永年之事，与降仆哥之功，悉官其子九人。仲武累官泸川军节度使，以老奉祠再起，知熙州。卒年七十三，谥威肃。[1]（《宋史·刘锜传》《宋史·刘仲武传》及《宋史·西夏传》）（考异一：《宋史·刘仲武传》以为秦州人，《刘锜传》以为德顺军人，父子异籍，当有一误。今从秦州说。德顺军亦属陕西秦凤路。）

锜，仲武第九子也。美仪状，善射，声如洪钟。尝从仲武征讨，牙门水斛满，以箭射之，拔箭水漏，随以一箭窒之。人服其精。徽宗推恩授仲武诸子官，史不详锜得何职。宣和间，用高俅荐，特授阁门祗候。高宗即位，录仲武后，锜得召见。高宗奇之，特授阁门宣赞舍人，差知岷州，为陇右都护。与夏人战，累胜，夏人儿啼，辄怖之曰："刘都护来！"[2]（《宋史本传》）

张浚宣抚陕蜀，一见奇其才。建炎三年（1129）九月，擢为泾原经略

① 《宋史》卷三六六《刘锜传》、卷三五〇《刘仲武传》及卷四九一《西夏传》。
② 《宋史》卷三六六《刘锜传》，第11399页。

使，兼知渭州；同时任其兄锡为熙河经略使，兼知熙州。四年九月，张浚集诸军与金人战于富平，败绩。是役也，刘锡实为统帅，而锜以师会。战之日，敌三千骑径赴乡民小寨，乡民奔窜不止，践寨而入，诸军惊乱。遂薄泾原军，锜身先士卒御之。自辰至未，胜负未分。敌更薄环庆军，他路军无与援者。而环庆军帅赵哲擅离所部，将士望见尘起，惊遁，军遂大溃。张浚归罪赵哲而诛之。十月，哲部将慕容洧（考异二：《本传》作慕洧，误）叛，攻环州。浚命统制官李彦琪以泾原兵救环州。洧附于西夏，浚又遣锜追之。锜留统制官张中彦、干办公事承务郎赵彬守渭州。二人素轻锜，又闻浚已还秦州，恐金人至，乃相与谋逐锜而据泾原。锜至环州，方与洧相拒，金以轻兵破泾州，次潘原县。锜留彦琪捍洧，而亲率精锐还渭州，至瓦亭而敌已迫渭城。锜进不能追洧，退不能入渭，遂走德顺军。彦琪以孤军无援，亦惧，遁归古原州。张中彦、赵彬闻之，遂通款于金。（考异三：熊克《中兴小历》："锜留统制官张中孚、李彦琪捍洧，亲率精锐还，而渭城已陷，退屯瓦亭。中孚与弟中彦送款降敌。彦琪以余兵遁归古原州。中孚等又引金人劫之。锜至花石峡，赵彬又劫其军与金帛降敌。"又《要录》引杨氏《圣政编年》："浚遣李彦琪救环州。金自凤翔犯泾原。刘锜遁去，统制官张中孚、张中彦降。……刘锜至花石峡，赵彬劫其军与金帛降敌。"《要录》云："以赵甡之《中兴遗史》考之，当洧及中彦继叛时，金人犹未大入也。"甡之以为张中彦、赵彬同谋逐锜，此为得之，今依《要录》）其后，李彦琪亦降。彦琪及中孚本在羁管中，锜起以为将而叛。十一月，金人入德顺军，锜走归。锜坐环、渭事，贬秩知绵州，兼绵威茂州石泉军沿边安抚使。（按此事不详年月，亦不知是出朝命，抑张浚承制为之。）绍兴三年（1133），复官为宣抚使统制官。是年十一月，金人攻拔和尚原，乃以锜分守陕蜀之地。（以上据《本传》及《要录》）

绍兴四年（1134）八月，高宗以亲笔召刘锜赴行在，命川陕宣抚使津发，因使者自蜀归以锜名上闻也。宣抚使王似等数言锜守边不可遣，乃稍缓其行。五年二月，川陕宣抚副使卢法原选精锐五千，令锜统押出蜀赴行在。诏将兵不须起发，令锜疾速赴行在。七月，锜至岳州，时张浚宣抚荆湖，以锜暂摄岳州事，且上言朝廷若于锜未有差委，欲正差知岳州。诏趣赴行在。十二月，锜至行在（临安），诏为江南东路马步军副总管，带御器械，以其亲兵遥隶侍卫步军司。（考异四：《本传》云："召还，除带御器械，寻为江东副总管。"有误。）六年二月，诏锜以带御器械兼权提举宿卫亲兵。十月，擢浙西、淮东沿海制置副使。（《要录》）

绍兴七年（1137）正月，高宗驻跸平江，诏锜权主管侍卫马军司并殿前步军司公事（按：宋代禁军分侍卫、殿前两司，又各分马步司）。初，行营前护军都统制王彦镇金州，其使臣某亡去，至是在权主管马军公事解潜军中，彦遣将执之。两军之士，交斗于通衢。中外汹汹。会平江民居火，潜所部兵乘机劫掠，侍御史某论潜罪。先是，张浚屡荐锜文武两器，真大将才。（考异五：《要录》以为浚荐锜在解潜得罪后，今从《北盟会编》）乃以锜代解潜职。解潜既罢，王彦亦不自安，因乞持余服，高宗许之。二月，诏以彦所部前护副军（即有名之"八字军"）并隶刘锜。彦闻之，喜甚，曰："所付得人矣。"三月，高宗次建康，锜以所部扈从。四月，锜奏以前护副军及解潜所部马司兵，并已原有部队，通为前后左右及游奕凡六军，每军少壮正甲军千人，共为十二将。诏从之。前护副军原有万人，解潜所部原有二千六百人，锜自蜀带到军马亦有五千人，今六军十二将止共管少壮正甲军六千人者，则老弱数多故也。是年六月，锜奉命以所部戍庐州，兼淮南督府咨议军事。八月，以锜兼淮南西路制置副使，置司庐州。九月，以锜知庐州，主管淮南西路安抚司公事，仍兼制置副使。盖是时淮西之守全寄于刘锜一军矣。八年六月，锜移屯镇江府。九年二月，被召还朝，为龙神卫四（厢）都指挥使，主管侍卫马军司公事。时朝廷以与金和议成，弛江防也。（《要录》及《本传》）

山城防御：以南宋、高丽抗御蒙古的经验为例

黄宽重

一、前言

十三世纪，蒙古所发动的战争是一场世界性的战争。从成吉思汗统一蒙古之后，接着就像一阵阵凛冽的狂风，以空前的速度横扫欧亚大陆，铁骑所向，无不披靡。不过，蒙古对宋及高丽发动战争，却遭到极大的抗拒。宋朝国力虽弱，仍能与金对峙百余年后，抵抗蒙古四十五年，高丽也坚持了二十七年才臣服于蒙古，是当时两个抗御蒙古骑兵相当成功的国家。

凭借江河之险及利用山城为防御，是宋与高丽能持久抗蒙的要素。余玠在四川建立以钓鱼城为中心的山城防御体系，迫使蒙古改变战略，延长宋朝国祚达二十年。高丽则以徙都江华岛，及徙各地百姓入保山城岛屿的策略，避免直接受敌的危险，达成以空间换取时间的目的。这种以山城、水寨为防卫据点的战略，是火药大规模投入战场之前，农耕民族防御游牧民族进犯的有效方法，也是中韩历史上难得的共同经验。山城研究是近年来中韩学者共同关切的课题，学者分别由考古或历史的角度，探讨山城的形制与功能。不过，目前这项工作仍着重本国山城的调查与研究，强调山城的重要性，相对地忽略山城防御在两国的共同经验。

本文以十三世纪宋、高丽两国对抗蒙古侵犯时，利用山城防御的共同经验为例，检讨两国防御策略与山城功能，特别着眼于南宋的四川山城防御体系，及高丽移都江华岛抗蒙策略的讨论。讨论的方式，则融合自己的观点，及前人的研究成果，以叙述的手法，将中韩山城发展及宋、高丽以

山城抗蒙的策略，作鸟瞰式的观察，并略作比较。和战策略影响宋、高丽对蒙外交与国防，其利弊得失评价不一，为避免分歧，本文讨论和战时，对和战的对错不予评论。文中所指的山城防御，泛指以山城、水寨甚至岛屿作为防御的据点，由于语言文字的限制，本研究多利用中韩文献及中国学者的研究成果。

二、中韩山城防御史简述

中韩两国地理形势差异很大，城郭的形式也随之不同，《华城城役仪轨》一书曾指出中国的城多建于平地，以野城为主，韩国的城多建于险峻之地，故多山城①。从历史发展和实际情况看来，野城和山城之别，确是中韩城郭的差异处。

通都大邑的野城诚然是中国军事防御的主体，却不能因而忽视山城在军事防御上的功能及对中国历史发展的重要性。当中国内乱外患频繁之际，各地百姓多避居山城、水寨，以确保生命财产，甚至于形成自卫武力，据守险要以拒敌寇。官府则结合地方武力，进一步增强山城的防御设施，作为抗御外侮的据点，成为大城市的前锋或后卫。

（一）中国山城的发展

秦汉以前，中国是否有防御性的山城，目前尚无法从考古发掘与文献得到印证。有记载可稽的，首见于王莽天凤年间。当时各地盗贼纷起，豪族大姓相继构筑坞堡营壁以自保，成为社会解体之际一股安定的力量。此外，汉朝为防范西、北的边患，也曾在边塞上营建坞堡，作为防御及瞭望的据点。汉光武帝就多次派大将在凉州及沿边郡县建坞堡。后来，羌患从边境漫延到汉朝境内，内地也出现不少坞堡②。

东汉末年，黄巾之乱起，战乱不绝，中央政府的权威扫地，社会秩序

① 《华城城役仪轨》卷首《图说》，水原文化财保全会1965年影印，第15页。
② 金发根：《坞堡溯源及两汉的坞堡》，《"中央研究院"历史语言研究所集刊》第37本上册，1967年，第201—220页。

大坏。豪右大族为保护自身及亲族的生命财富，联合成自卫武力，据守堡案，形成各据险阻的割据势力。如田畴拥有五千余家的部众，保守徐无山，俨然是一个独立的小王国。五胡乱华期间，关东与关中地区的大家族，面对猖獗的盗贼，剽掠的胡骑，为了自存，遂在山峦起伏、河流环绕、形势险要的地方，建造堡寨。当东晋与石赵、符秦、慕容燕相持于长安时，山西出现三百余垒壁，冀州也有百余堡壁。这些坞堡发挥了遏阻敌患、据险自保的效果，迫使五胡君长不得不停止攻击，改采妥协政策，以稳定其统治局面①。唐安史之乱以后，中国内乱不断，生民涂炭，百姓为了自保，纷纷组织以"土国""山棚"为名的地方武力，入据山寨以抗贼。及黄巢乱起，唐廷命令乡村各置兵器备盗。不少土团和乡兵更在政府号召下，参与讨贼平乱的行动，建了不少战功。

宋代是地方武力与山水寨纳入国防战略体系的关键时期。北宋以来，外患接踵而至，正规军战力不足，宋廷乃积极组织训练民间武力，以增防卫力量，陕西弓箭社的成立和保甲法的实施，都是以民间武力填补国防防御空间的显例。及女真入侵，各地百姓相继躲进山水寨，建立抗金的据点。这些抗金武力，对初成立的金朝是一大挑战②。宋廷鉴于地方武力及山水寨颇能发挥战力，鼓励并组织沿边自卫武力，据险抗金，因之，义军和忠义巡社相继以山水寨为据点，袭击金兵，对巩固宋政权颇有成效。

宋代经济发达，城市的结构也强化其经济社会功能。不过，由于强敌压境，因此筑城时也注意加强城的防御性功能，如城墙由夯土、石头改用砖块，并增建瓮城、马面，以强固城的防御效果③。然而，随着游牧民族掠夺性的军事行动及战争规模的扩大、时间拉长，一般的城市，如果没有

① 金发根：《永嘉乱后的北方豪族》，中国学术著作奖助会 1964 年出版，第 32—33 页。赵克尧：《论魏晋南北朝的坞壁》，《历史研究》1980 年第 6 期，第 82 页。
② 黄宽重：《南宋时代抗金的义军》，联经出版公司 1988 年版，第 111—118 页。黄宽重：《从坞堡到山水寨——地方自卫武力》，《南宋史研究集》，新文丰出版公司 1985 年版，第 348 页。
③ 黄宽重：《南宋茶商武力的发展：内乱与御侮》，《国史释论》，食货出版社 1987 年版，第 147—166 页。

粮食供应或生产的条件相配合，而仅增强防御设施，仍难以持久作战。开禧年间，金兵入犯，襄阳、德安二城虽能有效地阻止金兵，但后来防守州城却告失败①，显示通都大邑的城市仍有防守上的缺失。为了增强防御力量，宋廷除了将自卫武力纳入国防体系外，也吸取地方武力据守山水寨持久御敌的经验。在营建大城的同时，也在边境地形险峻处广设山水寨，或增强原有山水寨的防御设施，并联结大城与山水寨成为一个防御网，战时迁移军民与行政机关于山城，使耕战合一、军民一体，据险而守，达成持久作战的目的。宋金、宋蒙对峙期间，宋廷曾在两淮、荆襄、四川等地，运用此一防御策略抵御敌人。其中成绩最辉煌的，就是余玠在四川所建立的山城防御体系。

（二）韩国山城防御简述

山城对韩国历史的发展具有重要意义，《李朝实录》中有一句话说："我国自三国以至高丽之季，外患相寻，干戈靡烂，而犹能支撑保守者，只是有山城之利"②最能说明山城在韩国史上的重要性。现存韩国史籍如《三国史记》《高丽史》中的许多记载，都能反映韩国在统一或分裂时期，山城在防范内乱外患上的贡献。以分裂时期的境内战争而言，三国时代，新罗、百济、高句丽之间经常爆发战争，在险要之地筑城，成为各国保疆卫土甚至扩展疆域的重要现象，山城防御的成效影响战争的成败③。韩国学者对古代山城的调查与研究报告非常丰硕④，本文限于篇幅，不一一详述。在此仅举一例说明。新罗于慈悲王十三年（470），在今报恩县东五里的险峻山岭上，兴建了一座山城，筑城费时三年，故名三年山城。此城高一八尺，周长三六九九尺，垒石而成，内有五井。炤知王八年（486），曾

① 黄宽重：《宋代城郭的防御设施及材料》，《南宋军政与文献探索》，新文丰出版公司1990年版，第183—224页。

② 《李朝实录》第27册《宣祖实录》，卷四六"二十六年十二月壬子"条引备边司奏文，学习院东洋文化研究所1953年。

③ 沈奉谨：《新罗城之筑城手法二例》，《百济研究》第19辑，忠南大学校1989年，第169—190页。

④ 此类著作很多，如李元根：《三国时代城郭研究》，檀国大学校大学院史学科1980年度博士论文，此外成周铎、金荣来都是韩国山城研究专家，论文分见于《百济研究》各期。

经改建。这座山城是新罗防范来自西边的敌患，以及推动北进政策的重要据点①。李朝名臣柳成龙综合韩国历史发展经验，认为山城是变乱时社会的安定力量，他说："臣尝观国史，凡有兵乱，必修葺山城，聚民入保，积粟其中，以为据守之计。故虽寇贼充斥，而一道中，尚多完全之邑"②，说明了山城在韩国历史上的重要性。

从韩国历代抗御来自中国侵犯的史实中，也能印证山城防御的功能。这类的记载极多，此处仅举二例。汉光武帝建武四年（28），汉辽东太守率兵进犯高句丽，高句丽太武神王召集朝臣商议战守大计，右辅松屋句建议凭险出奇，左辅乙豆智也认为汉兵猛锐不可挡，应闭城自守，等汉兵疲惫，再行出击。二人意见一致，国王从其议，率众守那岩城。汉军原以为城中无水，可以包围的策略，逼高句丽投降，不意久攻不下。不过，高句丽久守疲困，势难再支持，豆智乃建议国王取池中鲤鱼，包以水草，送给汉军，表示城中尚有粮饷，可以久守，王依计而行。汉军见鲤鱼，知道城中有水，只好悻然撤兵③。

隋唐两代多次征高句丽，都受阻于山水之险，无功而退。像今龙冈县的黄龙山城，高险无比，城墙为石筑，长一万二千余尺，内有泉水、军仓。此城曾阻遏唐太宗亲率的军队④。高句丽以坚壁清野配合山城防御，使唐军不得寸进。贞观二十一年（647），唐太宗谋再伐高句丽，朝臣认为"高丽依山为城，攻之不可猝拔"，建议改以偏师轮番骚扰，使其清野政策失效，可以不战而迫其屈服⑤。太宗从其议，改变战略，终于扭转了对高句丽战争的颓势。

---

① 成周铎：《新罗三年山城研究》，《百济研究》1976年第7辑，第131—160页。
② 柳成龙：《惩毖录》卷二七《辰巳录》，"壬辰九月十四日条"，大洋书局1973年版。
③ 金富轼：《三国史记》卷一四《高句丽本纪二》，乙酉文化社1977年版，第139页。
④ 李荇等：《新增东国舆地胜览》卷五二，朝鲜史学会1929年，第5页上。
⑤ 范祖禹：《唐鉴》（商务国学基本丛书）卷六，第51页。司马光：《资治通鉴》卷一九八《唐纪十四》，中华书局1956年版，第6245页。

三、宋蒙战争与四川山城防御体系

（一）孟珙守蜀

宋理宗端平元年（1234），宋朝恢复洛阳的军事行动，结束了宋蒙间短暂的和平关系。次年，蒙古太宗分兵三路攻宋。三年，皇子阔端再分兵攻蜀，宋军失利，各地沦陷，四川面临百年来所未有的巨祸。嘉熙三年（1239），宋廷调任孟珙负责四川防务。

四川一直是南宋重要的边防区域。南宋建都江南，四川雄踞长江上流，成为南宋的后门，而金、蒙经常窥伺，因此，自南宋建立以来，就注重四川的守备，赋予领导者极大的军政大权，并强化四川边防，在边防线上，选定武休关、仙人关和七方关三个重要关隘，驻扎重兵防扼金兵，另外设阶州、成州、西和州、凤州和天水军等五个州军，作为外围防线。宋朝在三关五州长期驻守十万大兵，相对的，对内郡的防备部署则相当脆弱。后来，受到宋金战略改变及吴曦叛变的影响，四川边防军力逐渐减弱，到端平二年（1235），只剩三万军队。此时，进犯的蒙古骑兵，很快攻陷三关五州，并冲破边防重地沔州[①]。南宋长期经营的三关五州边防线，至此崩溃。

孟珙在四川残破之后，推动边防及兴复大计。孟珙是晚宋抗御金、蒙的名将，受命守蜀后，鉴于宋蒙战争无法避免，乃重新调整边防策略，改变百余年来将四川作为单一防区的传统，把四川纳入整个边防体系里。他于嘉熙三年（1239）向理宗条陈的备御策略中，建议设立三层防御网，将整个长江上游变成强固的防卫体，并且从西、南两个方面补强长江防务，以扭转以往只重北面边防的缺失。他上任以后，积极推动此一边防架构；除了增强川东地区的防备力量外，更进行三项与尔后兴复四川及巩固边防密切相关的策略：一是确定重庆的边防地位。自蒙古兵入侵以来，成都毁破，孟珙乃命彭大雅复建重庆城，使之与东川的合州、泸州、嘉定等地，

---

① 陈世松：《蒙古入蜀初探》，收入《元史论丛》二辑，中华书局1983年版，第175—188页。

互为犄角，并将制置使移驻于此，使重庆成为晚宋四川抗蒙的中枢。二是屯田储粮。四川久战乏粮，除了宋廷支援外，孟珙也设法自力更生。他将绍定元年（1228）在湖北枣阳推行成效良好的屯田办法，行于川东，开垦了十万顷土地，遂以所获的十万石屯田米，资助继任者余玠，为余玠守蜀奠下初基①。三是兴建山城。孟珙早就体认山城防御的重要，认为不择险要立砦栅，则难责兵以卫民②。任职四川期间，除重建重庆和夔州城外，也筑了不少山城，如泸州合江的榕山城、江安三江碛城、合江安乐山城、梁山赤牛城及合州钓鱼城等，淳祐二年（1242）更移夔州治于白帝城③。以上三项措施，大大地增强四川的防备战力。淳祐二年，湖北襄樊情势紧张，宋廷调孟珙守京湖，改命余玠继任蜀帅，四川防御策略大变。

（二）余玠的山城防御

余玠莅任后，在孟珙既有规模上发扬光大，因此，成就非常可观。关于余玠传奇的一生及守蜀事迹，不少专论均有阐述，此处不赘述④。不过，他一生事业中最值得称颂的是奠定宋在四川长期抗蒙的重要基础——建立山城防御体系。

山城的防御体系，余玠是采纳少数民族冉琎、冉璞兄弟的意见而着手推动的。冉氏兄弟之前，蜀人吴昌裔和李鸣复都曾从历史的经验和战争现况，指出恃险筑城对四川守备的重要性，冉氏兄弟则就战略观点，提出更开创性、全面性的守蜀方案，认为应将合州的钓鱼城作为金蜀防御要点。合州上通三江（嘉陵江、涪江、渠江），下达长江，是重庆的天然屏障，当重庆成为全川指挥中心时，合州已然居于金蜀防御的枢纽地位。邻近合州的钓鱼山，位于三江交会围绕的半岛上，地势险要，适宜长期恃险据守。况且蜀人已有结寨自保、筑城及移州县治于山城的经验。余玠衡量宋

---

① 黄宽重：《孟珙与四川》，收入《南宋军政与文献探索》，第163—182页。
② 脱脱等：《宋史》卷四一二《孟珙传》，中华书局1977年版，第12378页。
③ 陈世松：《余玠传》，重庆出版社1982年版，第52—53页。
④ 姚从吾：《余玠评传》，收入《宋史研究集》第4辑（1979年），第95—158页；陈世松：《余玠传》。

蒙战力，认为山城防御为守蜀要计，遂结合旧有经验与时人智慧，规划全川防御体系，展开大规模兴筑山城的活动。余玠帅蜀期间，前后修建或扩建了二十座山城。这些山城在战略上具有下列特点：1.各城寨多位于险崖峭壁上，易守难攻，山顶有数百亩至数十万里的耕地，且富天然泉水，可容纳众多军民，长期驻守。2.山城多傍依江河，或居数江交会处，不仅可以隔限骑兵，更能借水路发挥舟楫之利，对外联络。3.山城多邻近通都大邑，战时可以迅速移治州郡，使军政指挥系统不致中断，并且让主城与山城构成互为犄角之势。这种战略布置，既能限制骑兵的聚集运动和攻势，减弱其迅速出击的战斗力，若将多数山城结成防御网，更能发挥整体战力，达成游击功效，使消极防御产生积极的效果①。

余玠在推动筑城时，为了增强山城防御效果，同时进行三项强化全川防务的措施：一是将防御的焦点集中于若干面对蒙军正面攻击的地方，把四万多现有兵力，驻防于青居、云顶、钓鱼和大获几个山城。二是兼顾耕战。山城本身有耕地，又距大城不远，为了持久作战，平时在山城上耕屯外，也让百姓到大城及临近地区从事生产，避免清野政策造成闭城自困的危险，更能凝聚民心。三是移治山城。战时将州郡的行政机构、人员移到山城，以便结合军政，持续战力。当时移治山城的州郡共有三十多处②。

山城的兴建，除险峻的地势外，更注意结构与防御设施的强化。山城既为四川防御焦点，因此，除考虑地理条件外，尤需增强防御工事。钓鱼城就是一个结合天然条件与人类智慧而成的山城。该城位于嘉陵江、渠江、涪江汇流的钓鱼山上，海拔高三九一公尺，形势险要，现有十六华里的城垣、八道城门及水军码头、地道等。城垣依山据险，用大条石块沿四周悬崖绝壁构成，其高度除人工垒石六至十公尺外，加上自然山岩，高度达数十至一百公尺以上，依地势形成内城、外城几道防线。城门特别强固。山的南、北两面，各有由山上延筑一道伸入嘉陵江的城墙，名为一字

① 《余玠传》，第49—78页。
② 《余玠传》，第72—74页。

城。山下南、北两面的嘉陵江边，建有水军码头。山城内的面积达二点五平方公里，有插旗山、校场、武道衙门、居民住宅、寺庙、仓库等建物及千亩良田，加上十多个天池、九十余口井，足供长年军需民食。钓鱼城经甘润、余玠、王坚、张珏四次修筑，不断增强防御设施，成了一座城坚、兵精、粮丰、水足的巍峨巨镇，具备长期坚守、独立作战能力[1]。

（三）山城防御的效果

当余玠兴筑山城时，蒙古骑兵再度侵蜀。淳祐三年（1243），蒙古将领按竺迩率兵入蜀，四川在余玠指挥下，除了若干无险可守的州县外，都获保全，余玠的战略获得初步成效。淳祐六年，贵由继任汗位，再令塔塔与帖赤分四路兵攻蜀，受阻于山城无功而退。此后三年，蒙古放弃直攻四川，改而开拓四川西境，但在余玠防御下，蒙古无法实现绕道云南夹攻四川的战略计划。贵由死后，蒙古内部争继汗位，无心经营汉地及实施侵宋的军事行动。这时，余玠拟将山城的消极性防御，转化为积极性的恢复行动，发动北伐，惜未成功。此后，蒙古兵只能以偏师抄掠，双方在四川并未发生决定的战争。余玠死后，后继的蜀帅继续推动山城防御计划，先后再建二十座山城，设防的范围也从长江以北的前线阵地，扩大到长江以南的大后方[2]。

山城的防御功能，在蒙哥汗大举征蜀的军事行动中，得到证明。宝祐六年（1258）八月，蒙哥汗亲率四万（号称十万）蒙军，由陕分三路入川。在蒙军的强势攻击下，成都、潼川及若干山城相继沦陷。次年二月，蒙军进逼合州城下，知合州王坚移治所于钓鱼城，利用地形与军民合作的优势，据险固守，蒙古军仰攻不易，进退两难。宋兵先以飞石击毙蒙古大将汪德臣，不久，蒙哥汗也死于城下，蒙军北撤[3]，缔造了中国史上以寡

---

① 参见刘道平：《钓鱼城在宋蒙战争中的战略地位与作用》，《钓鱼城与南宋后期历史》，重庆出版社1991年版，第44—56页。又张廷荣：《古代战争要塞防御的光辉典范》，《钓鱼城与南宋后期历史》，第80—82页。

② 《余玠传》，第158—161页。

③ 周良霄：《忽必烈》，吉林教育出版社1986版，第41—43页。

击众的成功典范。宋亡后三年，钓鱼城守将王立降元，宋兵守钓鱼城抗蒙共三十六年（1243—1279）。钓鱼城之外，位于泸州的神臂城，经历宋蒙五次争夺，到宋亡复一年才被蒙古攻陷，守城达三十四年。

余玠的山城防御，看似消极，但军事学者则反对此一论点，指出以当时宋蒙战争形态而言，余玠的战略部署具有多方面的作用：一是就整体战略着眼的多点防御网，可以弥补单一城池以战术为主的缺失，把敌军引入一种连续的局部性战斗，容易消耗敌军，增强防御的持久性，达成以空间换取时间的目的；二是以城寨为点，江河为线，点线结合，重点防御，形成有一定纵深的防御网络，利于后勤补给，达成多点牵制，游击的战斗目标①。这一观点可以从蒙哥征蜀时，元臣郝经向忽必烈所献的《东师议》一文中得到印证。他认为四川的地势对蒙军而言，是限以大山深谷，扼以重险荐阻，迂以危途缭经。同时，因险以制奇，利于清野，使蒙兵无法补给军需及暴露战略企图，遂形成以有限之力，冒无限之险②。而战争的结果，也不出郝经所料。四川原是蒙古攻宋的重要目标，双方冲突以来，受祸也最深。但在余玠规划、经营山城防御之后，有效地遏止蒙兵攻势，使蒙古无法实现由四川顺着长江东下灭宋的计划，只好改变战略，转而突破宋襄阳守备，从长江中游东攻杭州，再回攻四川，这也是四川在赵宋政权灭亡后才降元的原因。

四、高丽抗蒙的战略：以江华岛为中心的防御

（一）蒙古进犯

高丽熙宗七年（1211），蒙古成吉思汗举兵攻金。这时，久受苛待、压抑的契丹人，乘机在辽东掀起反金的旗帜，其领袖耶律留哥为避免重蹈以往独力抗金的危险，转而想借依附蒙古，实现复仇愿望。金廷对这股势

① 林彬：《浅论冷兵器时期我国筑城防御体系的三次飞跃》，《钓鱼城与南宋后期历史》，第17—29页。
② 郝经：《郝文忠公集》卷一八《东师议》，《乾坤正气集》卷一〇二至一二六，环球书局1966年影印，第3页上。

力剿抚都无效，金将蒲鲜万奴反而于高宗二年（1215）十月，在辽阳僭位称王，国号东真。金朝、契丹、东真三股势力，不仅使辽东的局势趋于复杂，也使临近辽东的高丽国面对难以预卜的未来。

契丹叛金之后，部分遗民逃入高丽边境，高宗五年（1218）十二月，蒙古兵在哈真、札剌的率领下，以讨契丹为名，进兵高丽。次年，蒙古与高丽订立兄弟之盟，但蒙古以胜国之势临高丽，引起高丽人的愤懑。于是高丽又遣使向金表明朝贡的意愿，金虽派使抚谕，因道路不通而罢。高宗十二年，蒙古使臣著古钦从高丽返国途中被杀，更严重地影响了两国的关系，只是此时蒙古国内多事，尚未对高丽采取军事行动①。

高宗十八年（1231）八月，蒙古窝阔台汗派撒礼塔率兵攻高丽，不到四个月，竟抵达京城外。高丽朝野在仓促间虽谋抵御蒙兵，但事出突然，毫无准备，弱难御强，只得被迫投降。次年，派使向蒙古上表称臣。不过，由于蒙古兵杀掠太重，高丽各州郡遭受蹂躏，受害甚深，因此，在遣使向蒙古求和的同时，也讨论御侮之策。

（二）徙都江华

当蒙古兵攻高丽京城时，高丽昇天府副使尹繗及录事朴文檥暗中迁家眷于江华岛避难，并游说权臣崔怡②。高宗十九年（1232），蒙古兵北撤，高丽王两次召集宰枢与朝臣会议抗蒙策略，多数朝臣主张京城抗敌，宰枢郑亩及大集成两人则建议徙都避乱。在崔怡主导下，遂议定迁都江华岛。从六月起，崔怡推动迁都的准备工作，包括：（1）令江华岛的劝农别盐申之甫，将原被放逐的前王熙宗，从江华岛移到紫燕岛。（2）要求高宗同意迁都江华岛。高宗是明宗的嫡孙，权臣崔忠献废明宗（1197），年仅六岁的高宗随其祖父、父亲（即康宗）被放逐于江华岛，直到熙宗七年（1211）十二月才随其父回京，在江华岛共居住十四年，因此对江华的地

① 王民信：《蒙古入侵高丽与蒙丽联军征日》，《中韩关系史论文集》，"中华民国"韩国研究学会1983年版，第169—204页；黄宽重：《高丽与金宋关系》，《南宋史研究集》，第287—289页。
② 金宗瑞：《高丽史节要》卷一六，亚细亚文化社1972年版，第9页下。

理形势必然熟稔。史籍称崔怡威高宗迁都，恐未符实情①。（3）发二领军到江华岛营建宫殿。（4）令有司发送五部人户，并榜示城中，凡迁延误期上路者，以军法论罪。

迁都表示高丽不愿向蒙古屈服，于是一面分遣使臣部置防御策略，令百姓徙居山城海岛，据险抗拒；一面派使臣奉表赴金，及致书东真国，期望联合两国，齐力抗蒙。不幸，蒲鲜万奴于高宗二十年（1233）被俘，金朝也于次年灭亡。高丽拟借助外力抗蒙的希望破灭，只得独力与蒙古周旋，乃逐步强化其防御力量。以江华岛而言，二十年十二月，筑外城，其后又征诸州县兵加筑沿江堤岸，二十四年增筑外城②。此外，也于二十三年六月任命各道山城防护别监③，增进各地防务。高丽迁都及一连串备战举措，引起蒙古不快，派唐古再度率兵入侵，很快地席卷了高丽大部分领土，但高宗据守江华岛，仍不屈服。不过，高丽为避免公开与蒙古决裂，招来更大兵祸，也于二十五年秋、二十六年派使奉表入贡。二十八年，更派皇子至蒙古为质，期缓和蒙古的压力。

从高丽高宗二十九年到三十八年（1242—1251），蒙古内部多故，只对高丽进行小规模的骚扰行动，高丽也于据守江华岛之余，遣使求和，得到喘息机会。其时，权臣崔怡死，其子崔沆继领大政，他为强化高丽的守备能力，于三十七年八月兴筑江华岛中城。城以土筑，周长二千九百余间，有十七个城门④。次年，再遣诸山城防护别监，进行山城防御布置。

高宗三十八年（1251），蒙哥汗继任大汗，结束蒙古纷乱政局。次年，蒙哥命也古征高丽，高丽积极备战，要求各地官吏领居民入保山城海岛，坚壁清野，并习水战技术。高丽一连串的防御措施，使蒙古的攻击行动不如以往顺利，如攻忠州，就遭到极大的抗拒，围攻七十多天仍未奏效，只

① 《高丽史节要》卷一六，第15页上—17页上。
② 《高丽史节要》卷一六，第15页上—16页上；金鲁镇：《江华府志》卷上《事实》（汉城大学藏），第30—31页上。
③ 《高丽史节要》卷一六，第24页上。
④ 郑麟趾：《高丽史》卷八二《兵二》"城堡"，亚细亚文化社1972年版，第25页上。

得解围而去①。四十一年，蒙哥再派车罗大（即札剌儿带）进犯，高宗为纾缓蒙军的压力，一度到升天府会见蒙使，却仍无降服之意。车罗大乃发动更大规模的战争，谋以战迫降，先后攻下义州、静州、高州等地，骑兵并二度逼近江华岛②。然而，经历久战的高丽军民，已能善用山城有利条件，发挥防御作用，忠州山城、尚州山城、笠岩山城、苏来山等地，都曾有效阻挡蒙军的攻势，或袭击蒙军。先是，蒙古曾习水战，以利攻宋。此时，配合对高丽发动陆战，也造海船谋攻诸岛。但蒙军不谙水性，初习水战，技术尚难与以水战见长的高丽军相抗衡，况且高丽有炮为恃，蒙兵难有斩获，只好放弃水战③。高丽人尹椿观察蒙、高丽战争后，曾说："为今之计，宜屯田岛内，且耕且守，清野以待之，策之上也"④，这句话肯定了迁都江华岛及山城防御的成效。有了这些防御成绩，崔沆更有自信，四十四年正月，遂以蒙古连年侵犯，高丽事之无益为名，停止春例进奉⑤。

（三）江华城毁及防御检讨

高宗四十四年（1257）四月，崔沆病逝，高丽朝廷谋和风气转盛，蒙军统帅又不断以兵威相胁，以骑兵屯驻甲串江外，对江华岛造成极大威胁。高丽迫于形势，接受蒙古所提高宗离开江华岛及太子为质的要求，把一切战争责任归于"权臣擅政，不乐内属"。蒙廷深知高丽的奉表称臣是出于力屈而非心服，因此，对抗蒙据点江华岛，如芒刺在背，难恐高丽尔后再有徙都抗拒之举，亟欲毁之而后快。四十六年六月，正式要求高丽摧毁江华内外城墙等防御设施，高丽只得遵从。江华岛上防御设施的毁坏，象征高丽此一阶段抗蒙行动结束。次年，蒙古和高丽都是新王当政，两国关系也迈入新的局面。

---

① 《高丽史节要》卷一七，第14页上。
② 《高丽史节要》卷一七，第27页上；《高丽史》卷二四，第37下—38页上。
③ 蒙古习水战一事，见萧启庆：《蒙元水军之兴起与蒙宋战争》，《钓鱼城与南宋后期历史》，第204—230页；蒙古以船攻高丽岛屿及高丽对抗情形，见《高丽史节要》卷一七，第20页上下。
④ 《高丽史节要》卷一七，第26页下。
⑤ 《高丽史》卷二四，第28页下。

高丽以孤弱之势，能独力抗蒙二十八年，原因虽然很多，譬如蒙古一直以向南争衡、向西征伐为主，东方的高丽并不是它所看重的国家，蒙哥汗曾说高丽"彼小国，负险自守，釜中之鱼，非久自死"①，因之，蒙古不以重兵临高丽。况且，高丽一直以低姿态对付蒙古，借不断的遣使，缓和了蒙古直接攻势等，都是不可忽视的因素。不过，相较之下，徙都和入保山城海岛的防御策略，更是高丽能持久抗蒙的要素。当时，高丽、蒙古国力悬殊，高丽在权臣专政下，并无积极作为，但徙都海岛及守势的部署，却避免京城沦陷、国王被俘的亡国命运，利用深沟高垒与江海的地势，实施清野政策，有效地阻止骑兵入犯，如此一来，蒙古兵既无法深入全境，又不能持久作战，高丽得到喘息的机会，自然延迟向蒙古臣服的时间，元臣赵良弼告诉忽必烈说，"高丽虽小国，依阻山海，国家用兵二十余年，尚未臣附"②，说明山城防御是高丽能持久抗蒙的重要因素。

五、结论

蒙古崛起漠北，凭借一支精锐勇悍的骑兵，攻无不克，英国著名军事学家李德-哈特（B. H. Liddell-Hart，1895—1970）指出，"使用单一军种——骑兵——是蒙古不断胜利的秘密"，"运动力为其战略及战术上的王牌"③。这支劲旅在西亚、东欧的征战中，有如秋风扫落叶地顺利，但它在向南向东发动战争时，却受阻于江河山谷而难以发挥战力，宋与高丽除凭着地理优势外，更加强防御工事，兴筑山城，形成一套以山城、岛屿为中心的防御体系。这套防御策略，本来就是基于守势战略而设计的，加上山城的险阻与分散，并不利于军队的运动及山城间的联系，因而只能发挥局部性的牵制与游击效果，难以形成整体的攻击力量。正由于这种战略布置是守势的、消极的，当然无法改变战局，扭转宋、高丽的国运。不过，

---

① 宋濂：《元史》卷一四九《王荣祖传》，鼎文书局1977年影印，第3536页。
②《高丽史节要》卷一八，第3页下。
③ B. H. Liddell-Hart, *The Great Captaine Unueie*（Besten，1927），pp.27—32.

险峻的山城是防御骑兵攻击的据点，在蒙古水军未能发挥作用之前，江河除了阻隔骑兵运动外，更能联系山城，使之形成防御网，可以达成守点控面、联点成线的效果，其所发挥的战力远非防守孤立的野城能比，因此，也能达成持久作战的战略目标；四川山城防御成功，改变了蒙古攻宋战略，延长了宋的国祚。徙都及山城、海岛的防御策略，让高丽减少受敌压力，增加对蒙古谈判的筹码；蒙古原欲在高丽设置达鲁花赤，直接统治，由于高丽防御策略与外交手段配合得宜，最后蒙古只要求高丽王返京城及太子为质就撤兵，相当程度地维护了高丽的国家尊严。此外，宋、高丽的山城防御奏效，使蒙古必须借助宋、高丽降人为其筹划或向导，才能让宋、高丽降服，蒙古大将阿木攻襄阳时曾说，"所领蒙古军，若遇山水、寨栅，非汉军不可"①，其实不只襄阳，蒙古攻宋与高丽各地，都曾借降人之力，才能顺利征服，如此一来，汉人与高丽人在蒙廷的政治地位有所提升，这也是山城防御成功的另一层影响。

宋、高丽山城抗蒙的经验相似，时间也相近，两国之间是否存在相互学习或影响的情形，是值得探讨的课题。高丽于1232年迁都江华岛，进行山城防御，孟珙于1239年在四川初筑山城，到余玠帅蜀才大规模筑山城，建立山城防御体系，时间相距不远。不过，现存中韩史料并无宋、高丽两国一开始就知道对方以山城抗蒙的记载，遑论彼此学习或影响。当时宋、高丽虽无正式外交关系，却仍透过商人传递讯息。所以会遗漏抗蒙的重要策略，可能有两个原因：一是四川僻处内地，对外联络不易，讯息不畅，且致力于利用地理条件建立防御系统，无法也无暇汲取国外的经验；一是宋廷虽然关心蒙古政局变化，但朝政腐败，对高丽的防御策略毫不关心。因此，两国都是基于现实需要，各自结合天然环境、历史经验和时人的智慧，独立发展成的，看不出互相学习或影响的因素。高丽文献中最早记载四川以山城抗蒙的事是在1259年。当时，高丽太子奉表使蒙，在途

①《元史》卷六《世祖本纪三》，第118页。

中听到蒙哥攻蜀及死于钓鱼城下的消息①，不过，高丽太子人在中国，高丽高宗死后，朝政不稳，而后，蒙、高丽关系又有新的发展，四川山城的防御经验，似乎未对高丽的山城防御产生影响。

观察宋、高丽两国山城防御布置与后果，可以看出宋朝较为主动。所以如此，战略目标与人为因素是重要关键。以地理形势而言，高丽的山岭起伏，险要处不下于四川，山城防御又有悠久的历史，况且蒙古仅以偏师入犯，外在条件较宋为优。然而，高丽深知蒙、高丽国力悬殊，在不能战，又不满蒙古的气焰，不甘屈服于骑兵武力下，加上权臣崔氏为维护个人利益等多重因素，而采取迁都及徙民入保山城、海岛的守势策略，目的是要缓和直接临敌的危险，以空间换取与争取对蒙古谈判的有利筹码。在这一策略下，高丽对蒙古推行和、守兼行的政策，意在拖延，况且不少高丽臣民不愿战争，以免生民涂炭。高宗十九年（1232），高丽朝廷讨论战守策略时，反对迁都的俞升旦说："以小事大，义也"②，就反映了事大主义的传统下，时人弭兵压战的态度。在蒙古不断抄掠下，山城成为官民的避难所，朝廷长期困守孤岛，税源不足，既要应付蒙古的需索，当然难有余力充实战备，因此，除了尽力巩固江华岛的防御设施外，对其余山城的防务部署与设备，更显得心有余而力不足了，防卫的成效自然要打折扣。

相对的，宋在四川的防御部署就显得主动、积极。南宋晚期，内外交迫，窘困之状不亚于高丽。自理宗即位以后，朝臣就因对蒙古和战意见不同，爆发严重政争，朝廷人事更迭频繁，对蒙和战政策屡变，政局扰然不安。不过，由于南宋立国以来，即遭受强邻侵凌，君臣都体认到国防的重要性，利用江河之险，强化边防战力③。及蒙古犯蜀，各地相继沦陷，宋

① 《高丽史节要》卷一八，第3页上、下；李齐贤：《益齐乱薨》卷九上《忠宪王世家》，成均馆大学校大东文化研究院：《高丽名贤集》第2册，1973年，第9页上；又李齐贤：《栎翁稗说》前集一，《高丽名贤集》第2册，第14页上。
② 《高丽史》卷一〇二《俞升旦传》，第6页下。
③ 黄宽重：《晚宋朝臣对国是的争议——理宗时代的和战、边防与流民》，台大文史丛刊之50，1978年，第77—124页。

廷震惊，为弥补长江上流守备空缺，调整边防策略，由名将孟珙、余玠入蜀主政，并赋予便宜行事大权。孟、余二人坚持抗敌，从整体战略着眼，积极布防，余玠更设计了一套完整的山城防御网。在二人的长期经营与继任者一再增建下，山城体系不断扩大，这套山城防御是当时宋朝抗拒蒙古策略中极重要的部分，它充分利用地形优势，并结合政府与民间的力量，形成军民合作、军政一体、耕战合一的战斗体系，加上强烈抗敌意识，终能缔造钓鱼城以寡击众的战果，并坚守山城三十余年而后降。可见战略目标和意志力与山城防御的成效成正比。

十三世纪，宋、高丽抗御蒙古侵犯是一段极有意义的历史经验。除了山城防御外，还有许多重要的历史现象，值得进一步去探讨，如蒙古何以选定地形险阻的四川为首要攻击目标？是宋在四川守备脆弱，四川战略地位最重要，或者蒙古要进一步联合少数民族？宋、高丽的地方自卫武力在抗蒙战争中所扮演的角色及与政府的关系如何？当时宋、高丽政治体制甚至两国的民族性对抗御蒙古的影响等。这些问题，相信对了解当时中韩关系及三个政权的特性，有所助益。盼望研究蒙元、宋及高丽史的学者，结合中韩史料与研究成果，彼此合作，共同讨论，一齐探讨有意义的历史课题。

（原载《中国史研究》1993年第1期）

第三编

宋代军事思想、战术与技术

  两宋军事思想与战术理论具有深刻的时代特征，同时，频繁战争冲突下的军事科技获得极大发展。本编选文前五篇，无论从战争观、兵学发展与军事思想角度，还是在一些具体战术方面，所探究问题皆在当时学界有所突破和贡献。其中，有学者宏观综论宋代国家主流意识支配下的武力战争观及其实践，有考究"文人论兵"现象与兵学的发展，或总结了岳飞在军事实践中形成的军事思想，并论及宋代军事思想的基本脉络；对于战术问题，则有专文探讨宋辽战争中的宋军阵图，及辨析宋金战争中的"拐子马"等问题。最后一篇选文着重军事技术方面阐述中国早期的火药火器史。

宋代主流意识支配下的武力战争观及其实践

陈　峰

　　先秦以来，重视武备和积极御边始终是传统政治中的主流意识，至宋代则发生明显转变。在"崇文抑武"统治方略的推动下，朝廷逐渐形成以和止战应对边患的导向，统治集团在精神上对边防战争产生了怀疑和抵触。造成这一现象的根源，既与宋代统治者推行的路线方针有关，也与当时复杂的社会背景有着深刻关联。宋代主流意识支配下的战争观及其实践影响深远，成为宋朝时代特征的重要方面。

　　在中国历史上，王朝政权总是面临如何维护自身统治和应对内外军事威胁的问题，战争常常被视为至高无上的万灵之神，一再被祭出来终决一切。而宋代却逐渐发生了引人注目的变化，即形成了以和止战的应对外部威胁的趋势。本文即以宋朝这一断面为考察对象，探究主流意识对待武力战争手段的态度与变化，及其对现实政治实践的影响。[①]

---

① 目前已出版的一些论著中，虽涉及宋廷对军队与边防的看法，如刘子健：《略论宋代武官群在统治阶级中的地位》（《两宋史研究汇编》，联经出版事业公司1987年版）、黄宽重：《中国历史上武人地位的转变：以宋代为例》（《南宋军政与文献探索》，新文丰出版公司1990年版）、陈峰：《北宋武将群体与相关问题研究》（中华书局2004年版）等，但偏重于从武将地位下降所产生的影响角度论述；方震华：《帝制中国的权力结构与文化特性：晚唐至宋初的文武权力》（美国布朗大学博士学位论文，2001年），追溯了唐后期至宋初政治权力中的重文轻武问题；陈峰：《试论宋朝"崇文抑武"治国思想与方略的形成》（张希清等主编：《10—13世纪中国文化的碰撞与融合》，上海人民出版社2006年版），从治国思想的走向方面初步考察了宋朝对武力因素的怀疑；王明荪：《宋初的反战论》（邓广铭、漆侠主编：《国际宋史研讨会论文选集》，河北大学出版社1992年版）则从特定阶段的反战言论方面，涉及宋初部分官员对用兵的态度；还有一些论述宋与辽、金关系的论著，探讨了和战主张的交锋。但在本文关注的主旨问题上，尚缺乏全面、深入的探究。

一、宋初对待武力战争态度的变化

如所周知，唐末、五代经历了长达百余年的藩镇割据、战乱动荡，这是武力因素超强干预甚至主导政治的必然结果。可以说，这是一个崇尚暴力的时代，"重武轻文"的价值观也日渐在社会中积淀下来。此时，不仅国家文治荒疏，社会经济遭到破坏，文官集团受到武将群体的压制，而且皇权也趋向式微。后晋时，军阀安重荣断言："天子，兵强马壮者当为之，宁有种耶！"①揭示了这个时代的政治特点。

宋初，面临着内外交困的严峻局面。从外部的地缘状况而言，由于后唐末年幽云十六州地区被辽占领，中原失去了传统上最重要的国防生命线——东段和中段长城，使御北边防陷于艰难境地。如宋人所说："自飞狐以东，重关复岭，塞垣巨险，皆为契丹所有。燕蓟以南，平壤千里，无名山大川之阻，蕃汉共之。"②辽突破长城阻隔后，不仅挥师南下更为便利，还因拥有长城以内农业区的各种经济资源，为骑兵行动提供充足的补给，从而极大地增强了军事优势。这种此消彼长的形势，使宋朝丧失了以往秦汉隋唐帝国有利的国防地理条件。与此同时，南方各地诸割据政权依然存在，五代以来战乱的局面亟待结束，混乱的统治秩序更有待改变。

宋太祖君臣一致认为，以往的长期动乱系君弱臣强、藩镇割据所致，③而又突出地表现为武力因素超强干预政治。所谓："五代之所以取天下者，皆以兵。兵权所在，则随以兴；兵权所去，则随以亡。"④于是，在使用武力战争手段剿灭割据政权的同时，对内采取收兵权举措，并解决以往长期存在的文武之间关系严重失衡的问题，消弭社会意识中"枪杆子里

---

① 《旧五代史》卷九八《安重荣》，中华书局1976年版，第1302页。
② 〔宋〕李焘：《续资治通鉴长编》（以下简称《长编》）卷三〇，端拱二年正月乙未，中华书局2004年版，第667页。
③ 《长编》卷二，建隆二年七月戊辰，第49页。
④ 〔宋〕范浚：《香溪集》卷八《五代论》，《景印文渊阁四库全书》第1140册，台湾商务印书馆1986年版，第71页。

出政权"的观念和广泛存在的"重武轻文"风气。从宋太祖朝开始，便一方面对骄兵悍将逞强的状况进行整顿；另一方面则提高文官及士大夫的社会地位，提倡儒家道德伦理，培植崇文的社会风气，以重振纲纪、加强皇权。宋太祖朝的一系列崇儒举动，包括亲自为孔子作赞文、拜谒孔庙，并率群臣幸临国子监、发展科举制度、要求武臣读书等，便旨在向天下传递重文的信息。宋人范祖禹对此评说道："儒学复振，是自此始，所以启佑后嗣，立太平之基也。"[①]"崇文抑武"的治国思想由此发端。[②]也就是说，虽然统一天下是宋王朝的急切任务，使用武力战争手段也是现实的选择，但从国家更高的政治追求来说，则在于儒家文化设定的统治秩序与国家气象，因此"文治"高于"武功"。值得一提的是，宋太祖不仅在收兵权的过程中，没有像以往汉高祖以及后世明太祖那样杀戮功臣，主要是采取怀柔的赎买手段解决，而且对所推翻的后周皇室优礼有加，对所灭诸国的亡国之君也一律赐以爵号，将其举家安置于京城，以礼相待。这种开明的做法，也体现了宋朝开国政治的某种趋向。

从统一的行动部署上看，宋太祖君臣确定了"先南后北"的用兵方略，先征服南方诸割据政权，然后再剿灭北汉、收复燕云，即实施先易后难的原则。宋太祖对于处理被辽朝控制的幽云问题，也考虑过优先采用经济手段赎买的办法，其次才是运用武力方式解决。[③]事实上，宋太祖后期已尝试缓和与辽的紧张关系。开宝七年（974），宋主动遣使"请和"，辽也派地方官"与宋议和"。[④]此后，宋辽双方使臣往来逐渐频繁，彼此还互

① 〔宋〕范祖禹：《帝学》卷三，《景印文渊阁四库全书》第696册，台湾商务印书馆1986年版，第742—743页。

② 陈峰：《试论宋朝"崇文抑武"治国思想与方略的形成》，第350—370页。

③ 宋太祖曾设立封桩库，储积金帛，并告诉近臣：此库金帛是专用于向辽朝赎买幽云地区，如果遭到拒绝，再以此项经费支持武力收复行动。有关记载见《长编》卷一九，太平兴国三年十月乙亥，第436页。

④ 〔元〕脱脱：《辽史》卷八《景宗上》，中华书局1976年版，第94页。

致国书、礼物，互贺正旦和对方皇帝生辰。①宋辽虽然缓和了关系，但在北汉问题上仍然存在矛盾，即宋试图统一河东，而辽不愿放弃牵制宋朝的北汉傀儡政权。开宝九年八月，宋军大将党进率军对太原发动进攻时，辽继续出兵增援北汉，挫败宋军的攻势。②

宋太宗即位后，继续执行"先南后北"的统一方略，并很快完成了南征和消灭北汉的任务。由于宋太宗是通过非常手段登上帝位，③因此意欲建立超越乃兄的武功，遂在对辽关系上采取了主动进攻的战略。但随后的两次收复幽云的伐辽行动却惨遭失败。文官执政群体对北伐战争先是少数人反对，之后则基本上持批评态度，并对宋太宗不断施加影响。④

早在太平兴国四年（979）讨伐北汉呼声兴起之际，宋太宗征求大将、枢密使曹彬的意见，得到肯定的答复，但宰相薛居正等人则委婉表示应当从缓。⑤第一次宋军北伐幽州失败后的次年，宋太宗一度又试图出兵幽州，文臣张齐贤便上疏反对继续对辽用兵，理由是："臣闻家六合者以天下为心，岂止争尺寸之事，角强弱之势而已乎？是故圣人先本而后末，安内以养外。人民，本也；疆土，末也。五帝三王，未有不先根本者也。"⑥在第二次北伐的筹备阶段，宋太宗"独与枢密院计议，一日至六召，中书不预闻"。⑦则说明中书大臣的反对意见给宋太宗一定的压力，才使其抛开中书仅与枢密院合谋。当第二次北伐失败后，以重臣赵普为首的执政群体便激烈批评北伐行动。赵普认为："远人不服，自古圣王置之度外，何足介意"，"岂必穷边极武，与契丹较胜负哉？"他指出小人（主要指武将）好

---

① 《长编》卷一六，开宝八年三月己亥、七月庚辰、八月壬戌，第337、343、344页；〔元〕脱脱等：《宋史》卷三《太祖》，第44—47页；《辽史》卷八《景宗上》，第94—96页。

② 《宋史》卷第三《太祖》，第48页；《辽史》卷八《景宗上》，第95—96页。

③ 邓广铭：《宋太祖太宗皇位授受问题辨析》，《邓广铭治史丛稿》，北京大学出版社1997年版，第475—502页。

④ 王明苏：《宋初的反战论》，第483—485页。

⑤ 《长编》卷二〇，太平兴国四年正月丁亥，第442页。

⑥ 《宋史》卷二六五《张齐贤》，第9151页；《长编》卷二一，太平兴国五年十二月辛卯，第484—485页。

⑦ 《长编》卷二七，雍熙三年六月戊戌，第618页。

战，"事成则获利于身，不成则贻忧于国"；又从维护皇帝个人利益出发，特别提出"兵久则变生"的告诫。①在内外形势的压力下，宋太宗不得不对负责军事的枢密院大臣"推诚悔过"。②端拱初，御辽前线形势紧张，宋太宗诏文武群臣"各进策备御"。宰相李昉"引汉、唐故事，深以屈己修好、弭兵息民为言，时论称之"。③不久，知制诰田锡又上奏反对北上用兵，认为："欲理外，先理内，内既理则外自安。"④淳化四年（993），宋太宗与宰臣吕蒙正讨论到战争议题，吕氏以隋、唐动武之害为例，认为隋唐两朝数十年间，四次讨伐辽东，人不堪命。隋炀帝全军覆灭，唐太宗亲自指挥作战，也无功而返，"且治国之要，在内修政事，则远人来归，自致安静"。宋太宗当即表示："炀帝昏聩，诚不足语。唐太宗犹如此，何失策之甚也。且治国在乎修德尔，四夷当置之度外。"又对以往的伐辽战争表达了追悔之意。⑤此时，边境相对平静，宋太宗君臣的讨论应当是理性而清醒的。文官大臣的以上见解，固然有息兵休民的意思，同时表明对武力战争手段的作用开始怀疑。他们的主张被"时论称之"，并影响了宋太宗的态度，则说明这种认识在宋太宗朝后期已渐成主流意识。

宋人李攸在《宋朝事实》称："太宗笃好儒学"，并举例加以说明，宋太宗阅览兵法《阴符经》后叹道："此诡诈奇巧，不足以训善，奸雄之志也。"而在读《道德经》后则表示："王者虽以武功克敌，终须以文德致治。朕每日退朝不废观书，意欲酌先王成败而行之，以尽损益也。"⑥在宋太宗眼中，王者非不得已不可用兵，"武功"手段也只能服从"文德"目的。由此可见，在维护现实统治需要的情况下，宋太宗虽然离不开军队，

---

① 赵普的议论，见于《宋史》卷二五六《赵普传》，第8934—8936页；《长编》卷二七，雍熙三年五月丙子，第614—617页。

② 《长编》卷二七，雍熙三年六月戊戌，第618页。

③ 《宋史》卷二六五《李昉传》，第9137页。

④ 《长编》卷三〇，端拱二年正月乙未，第678页。

⑤ 《宋史》卷二六五《吕蒙正传》，第9147页；《长编》卷三四，淳化四年十一月甲寅，第758—759页。

⑥ 〔宋〕李攸：《宋朝事实》卷三《圣学》，中华书局1985年版，第37页。

但在精神上已对武力战争手段产生质疑。宋太宗对动武及兵家学说的贬损态度，其实正是两次北伐失败后方针路线转变的结果。

北宋第二次北伐的失败，成为一个重要的转折点，从此宋统治集团放弃武力收复幽云的目标，也停止了开疆拓土的活动，其军事思想转为保守，积极防御的战略被消极防御的战略所取代。于是，北宋在对辽前线全面布置防御体系，所谓"今河朔郡县，列壁相望，朝廷不以城邑小大，咸浚隍筑垒，分师而守焉"，①还通过开挖河塘的方式弥补失去长城带来的地形缺陷。当政者从此眼光向内，采取"守内虚外"之策，②换言之，可称为"攘外必先安内"，追求内部统治稳定，"文治"功业成为施政的重心，边防则退为次要问题。宋太宗晚年对身边人所说"外忧不过边事，皆可预防。惟奸邪无状，若为内患，深可惧也。帝王用心，常须谨此"③的话，便透露出实施这一政策的心机所在。"崇文抑武"的治国方略遂得到确立，即侧重于以儒家思想文化治国，推崇文治而排斥武功，有意抑制武力因素在国家政治生活中的影响，朝廷主要不是依赖军队，而是凭意识形态化的儒家的纲常伦理来控制社会，维系世道人心，以求长治久安。为了防止军事将领干扰其主导方针，又对武将处处设防，实施"将从中御"之法。

总之，历史上高度重视和依赖军事武力的传统从宋太宗朝后期开始发生转变，强军强国的意识逐渐被追求文治和稳定的思想取代。正因为如此，宋太宗朝后期遂尝试通过议和的手段缓和与辽的紧张关系，但未能成功。如淳化五年（994），宋廷先后两次遣使入辽议和，不过都遭到辽朝的拒绝。④甚至面对西北一隅的党项势力也消极应对，当军事重镇灵州遭到长期围攻后，还曾一度打算放弃。⑤

---

① 《长编》卷三〇，端拱二年正月乙未，第667页。
② 漆侠：《宋太宗与守内虚外》，《宋史研究论丛》第3辑，河北大学出版社1999年版，第1—17页。
③ 《长编》卷三二，淳化二年八月丁亥，第719页。
④ 《辽史》卷一三《圣宗纪四》，第145页。
⑤ 《长编》卷三九，至道二年五月壬子，第838页。

二、宋代主流意识抵触武力战争态度的发展与延续

宋真宗即位初，完全继承了以往的治国方略和御辽战略部署。但面对辽军的不时南犯，一筹莫展，河北、河东前线形势持续紧张。咸平二年（999）年底和咸平六年四月，辽军先后两次南攻，爆发了瀛州之战、望都之战，宋军都惨遭失败。咸平五年三月，军事重镇灵州城被党项军攻陷，北宋对西北地区的统治受到很大威胁。可以说，宋廷陷于极大的边防困境，茫然不知出路何在。

景德元年（1004），辽太后与辽圣宗率军大举南下，大有问鼎中原之意。宋朝在走消极防御之路不通的情况下，只能被迫发动全面抗战，宋真宗也赴澶州亲征。当辽军在黄河北岸遭到宋军有力抗击，双方交战僵持不下时，虽然宰相寇准等人希望坚持抗战，用武力手段彻底解决对辽问题，但宋真宗和多数朝臣却无意恋战，主张抓住辽朝有意和谈的机会，通过议和达到休战的目的。于是，以付出经济代价换取辽军停战的澶渊之盟就此缔结。其实，这也是宋太宗朝以来国防战略转变后宋廷及主流意识的现实选择。

澶渊之盟的订立，使宋统治集团避免了与辽朝的一场殊死决战，更重要的是双方依照条约放弃武装敌对，维持现有边界，结为兄弟之邦，并互通边境官方贸易。随后，对冲突不断的西北前线，宋统治者也转为议和的方式解决。就在澶渊之盟订立的同年，党项首领李继迁死，其子李德明即位，宋廷又借机主动与之议和，承认其割据现状，缓和了双方的紧张敌对关系。

如果说此前宋朝因为连续两次的北伐失败，挫伤了自己的锐气，宋真宗登基初又不断遭到辽军的打击，形势迫使北宋像西汉初年对待匈奴、唐初对待西突厥那样，也暂时采取守势，以财货换取对方撤军，然后着手聚集力量，待国力强盛后再适时发动反击，则属于审时度势下的权宜之计。那么澶渊之盟订立后，宋朝延续这一对外消极防御的思路，则标志着走上了与以往王朝不同的发展路线。

宋朝与辽、夏议和后，调整了军事部署，裁减了前线驻军，减免了对地方的征调。其中在对辽前线，"放河北诸州强壮归农，令有司市耕牛给之"。"罢诸路行营，合镇、定两路都部署为一"，"罢北面部署、钤辖、都监、使臣二百九十余员"，"省河北戍兵十之五，缘边三之一"。①在西北前线，"缘边屯戍量留步兵，余悉分屯河中府、鄜州、永兴军，以就刍粟"。②为了表示和平的诚意，宋真宗还下诏将前线原敌对性的地名改为通好之意的名称，如威虏军（治所在今河北徐水西）改为广信军，破虏军（治所在今河北霸县东北）改为信安军，定羌军（治所在今陕西府谷南）改为保德军，等等。③

分析当时的各种记载，不难发现，宋统治者显然从议和中获得了一种启示，即通过金帛赎买的办法也能够消弭边患，并且代价比用兵更小。据以后宋人自己承认：本朝虽然向辽支付了岁币，但相较与辽交战的军费开支，不足百分之一、二。④因此，宋真宗君臣认为突破了长期无法解决的边防困境，为内部的统治和建设创造了稳定的外部环境，巩固了"崇文抑武"的治国方略。可以说，从宋真宗朝以后，主和反战的主张长期占据了庙堂的主导地位，成为朝廷的主流意识，并有意引导社会意识的趋向。虽然某些官员和许多在野的士人认为澶渊之盟是"城下之盟"，并不完全认同议和政策，但却不能左右主政者的走向。

景德二年（1005），宋真宗在幸临国子监时对文教繁盛的局面表示赞美，并说："国家虽尚儒术，然非四方无事，何以及此。"⑤而宋人曹彦约对此指出："臣前读《符瑞篇》固已略举用兵之害矣，上而为君不免宵衣旰食，下而为臣不免罢于奔命。此古之圣贤所以偃武而后修文，息马而后

---

① 《宋史》卷七《真宗纪二》，第127页。
② 《长编》卷六四，景德三年十月辛巳，第1429页。
③ 《长编》卷五八，景德元年十二月甲辰，第1301页。
④ 〔宋〕富弼：《上仁宗河北守御十三策》，〔宋〕赵汝愚编，北京大学中国古代史研究中心点校：《宋朝诸臣奏议》卷一三五，上海古籍出版社1999年版，第1501页。
⑤ 《长编》卷六〇，景德二年五月戊辰，第1333页。

论道也。真宗皇帝四方无事之语发于景德二年，是时澶渊之盟契丹才一年耳，而圣训已及此，则知兵革不用，乃圣人本心，自是绝口不谈兵矣。"①即说明宋真宗对澶渊之盟深表满意，对用兵动武则表示怀疑和抵触。宋真宗曾对身边的近臣说："自契丹约和以来，武臣屡言敌本疲困，惧于兵战，今国家岁赠遗之，是资敌也……武臣无事之际，喜谈策略，及其赴敌，罕能成功。好勇无谋，盖其常耳。"②大中祥符五年（1012），宋真宗亲自撰写了《崇儒术论》，向全社会表明尊崇儒学的坚定决心。宋真宗还对臣僚说明写作此文的动机，其意大致是：儒术渊深，当发扬光大，国家理应尊崇。以往历代凡崇儒者则国运盛，凡抑文者则王业衰。本朝太祖、太宗"崇尚斯文"，才改变五代流俗。朕继承先帝遗业，"谨遵圣训，礼乐交举，儒术化成"。在宰相王旦的建议下，御撰《崇儒术论》被刻碑立于国子监。③

在此形势下，主张加强边防的呼声和官员都受到压制，武将群体也进一步被边缘化。如力主压制党项的西北守将曹玮、孙全照等，先后被调回内地。④大中祥符三年（1010），当有将领反映西夏"颇不遵守誓约"时，宋真宗询问宰相王旦道："方今四海无虞，而言事者谓和戎之利，不若克定之武也。"王旦则说服道："止戈为武。佳兵者，不祥之器。祖宗平一宇内，每谓兴师动众，皆非获已。先帝时，颇已厌兵。今柔服异域，守在四夷，帝王之盛德也。"宋真宗深以为然。⑤大中祥符九年，河西节度使石普以天象变化为由上书，请求主动对党项用兵，结果被逮捕下狱，遭到罢官和监管的处分。⑥

宋真宗朝后期大规模的封禅活动，劳民伤财，遭到后世批评，但其实

---

① 〔宋〕曹彦约：《经幄管见》卷一，《景印文渊阁四库全书》第686册，台湾商务印书馆1986年版，第36页。
② 《长编》卷六八，大中祥符元年二月丁卯，第1528页。
③ 《长编》卷七九，大中祥符五年十月辛酉，第1798—1799页。
④ 《宋史》卷二五八《曹玮传》，第8985页；《宋史》卷二五三《孙全照传》，第8874页。
⑤ 《长编》卷七三，大中祥符三年五月癸卯，第1672页。
⑥ 《长编》卷八八，大中祥符九年十一月戊申，第2027页。

也是宋朝运用神道为自己正统地位与"主和"路线所做的一场全民宣传动员。因此，宋辽、宋夏议和后，当政者在沿袭以往"守内虚外"思想的同时，又极其现实地将议和作为处理边患的一种手段，这便进一步对宋朝以后的主流意识和边防战略产生很大的影响。

到宋仁宗朝，在推行"崇文抑武"方略的力度上更甚于以往。历经长期文治建设，以至于连当时的僧人也认为："文儒之昌盛，虽三代两汉无以过也。"[1]因此，虽由于元昊称帝触犯了宋廷的政治脸面，使得北宋不得不对西夏采取打压行动，但战场上被动挨打与劳民伤财的结果，却再度引发宋统治者的厌战情绪。如知谏院张方平所反映："今自陕西四路、河东麟府，远近输輓供给，天下为之劳弊，而解严息甲，未可以日月期也。"[2]以后宋人也指出："昔仁宗皇帝覆育天下，无意于兵。将士惰偷，兵革朽钝，元昊乘间窃发，西鄙延安、泾、原、麟、府之间，败者三四，所丧动以万计。"[3]庆历四年（1044），宋与西夏签订庆历和议的妥协做法，其实与澶渊之盟精神相通。至于对辽关系，则长期依赖议和条款为保障，在北部边防上未做出任何变动。庆历二年，辽朝利用宋夏战争僵持不下的机会，派使臣以索要关南之地为名向宋朝进行要挟，宋廷仍力求通过和谈解决。最终北宋同意每年再向辽纳白银十万两、绢十万匹。[4]在宋仁宗朝后期，因为边防压力舒缓，当政者得以维持内部相对安宁的形势，而这一时期还被宋人誉为"嘉祐之治"。[5]由此可见，宋朝对武力战争持抵触态度的主流意识，至此可谓已根深蒂固，并成为一种惯性思维。

北宋中后期，统治集团基本维持以往的内政外交路线，特别是消极防

---

① 〔宋〕释契嵩著，林仲湘、邱小毛校注：《镡津文集校注》卷九《万言书上仁宗皇帝》，巴蜀书社2014年版，第173页。

② 《长编》卷一三四，庆历元年十月壬寅，第3192页。

③ 〔宋〕苏轼撰，孔凡礼点校：《苏轼文集》卷三七《代张方平谏用兵书》，中华书局1986年版，第1050页。

④ 《长编》卷一三七，庆历二年九月癸亥、乙丑，第3291—3293页。《辽史》卷一九《兴宗纪二》则称宋每岁向辽增加银绢各十万，"贡"于辽，第227页。

⑤ 曹家齐：《"嘉祐之治"问题探论》，《学术月刊》2004年第9期，第60—66页。

御的思想，并视其为祖宗之法，①虽然在个别阶段有所调整，但其主体与精神却基本上未被放弃，对西夏采取的主动"开边"举措，不过是有限的军事行动。值得注意的是，宋神宗时代，试图通过实施变法措施，缓和社会矛盾，扭转已然下降的国势，并达到理财整军、改变对外屈辱状况的目的，但遭到人数众多的传统派官员反对。其中在边防问题上，传统的主流意识仍具有很大影响。如宋神宗征求元老大臣富弼、文彦博及张方平对经营边防的意见时，都遇到抵触。富弼更直接告诫道，希望天子二十年"口不言兵"。司马光、范纯仁、郑獬等一批官员也先后上奏批评对西夏用兵的企图。②甚至宋神宗与王安石也对此存在一定的分歧，血气方刚的宋神宗有意走汉唐之路，主张积极对西夏采取攻势，而王安石虽对强国抱有期望，但对用兵作战之事持慎重的态度。③因此，熙宁年间除了对河湟地区松散的吐蕃等诸族实施控制活动外，重大边防战争不到不得已通常不为之。如宋军对交趾的自卫反击战，便是战火燃遍广南地区后被迫采取的行动，且最终主动撤军。王安石对保持与辽盟约关系也持肯定态度，如熙宁五年（1072）讨论有关应对辽朝挑衅问题时，王安石明确要求宋神宗坚守双方盟约，"臣愿陛下于薄物细故，勿与之校，务厚加恩礼，谨守誓约而已"。④元丰时期，宋神宗亲自主导变法后，抛开朝臣的反对意见，一度对西夏发动攻势，主要支持与参与者则为武将和宦官，却都以失败告终。宋神宗信心大受打击，史称"深自悔咎，遂不复用兵，无意于西伐矣"。⑤宋神宗还因此忧愤成疾而死，主动用兵的主张遂宣告终止。

宋哲宗元祐年间（1086—1094），主政者在废除变法举措的同时，也将此前对夏"开边"活动视为弊政，全面加以清算，如将统军对夏作战的

① 宋朝祖宗之法历经发展，其说法和做法又不尽相同，但无疑对宋代政治具有极大的影响力。参见邓小南：《祖宗之法——北宋前期政治述略》，三联书店 2006 年版。
② 李华瑞：《宋夏关系史》，河北人民出版社 1998 年版，第82—84页。
③ 漆侠：《王安石变法》，河北人民出版社 2001 年版，第 222—223 页。
④《长编》卷二三六，熙宁五年闰七月己巳，第5752页。
⑤《宋史》卷三三四《徐禧传》，第10724页。

宦官李宪以"贪功生事"之罪，予以贬官监管，[1]实施"弃地"议和，将获得的缘边部分土地及城寨退回西夏，等等。[2]可以说，宋统治集团继续了排斥武功的趋向，立足于维持内部的稳定。这一时期被以后的宋人视为全盛时期之一，其内政外交路线正集中代表了宋朝的价值取向和时代特征。而如朱熹不满地指出："本朝全盛之时，如庆历、元祐间，只是相共扶持这个天下，不敢做事，不敢动。被夷狄侮，也只忍受，不敢与较，亦不敢施设一事，方得天下稍宁。"[3]宋哲宗亲政后的数年里，在西部前线有所举动，体现出某种与以往不尽相同的重武倾向。对此有研究者认为发生了军事战略转变，出现了"缓进攻略路线"。[4]但从总体上看，其影响却未超出局部攻势和"蚕食"的范围，即宋廷没有完全采取全面进攻的大战略，特别是对辽朝依旧维持议和局面。

宋徽宗时代，统治日趋腐朽混乱，在政坛投机风气的冲击下，传统的治国思想虽然根深蒂固，但相关举措以及许多制度却遭到破坏，武备更为涣散。在大宦官童贯的主导下，延续了宋哲宗后期的举动，与西夏发生时断时续的交战，这在当时和后世都遭到正统士大夫的抨击。正如宋人所说："士大夫多以讳不言兵为贤，盖矫前日好兴边事之弊。"[5]北宋末，统治集团还利用辽朝即将灭亡的机会，仓促导演了联金攻辽的投机举动，试图假手他人收复燕云，也遭到许多官员的批评。[6]至靖康时，宋统治集团终止了在西部的用兵活动。面对金军的两次围城，宋钦宗与主和派仍抱议和幻想，试图以和谈方式换取对方撤军。当幻想破灭后，宋廷有限的抗战

---

① 《宋史》卷四六七《宦者二·李宪传》，第13640页。

② 〔宋〕司马光：《上哲宗乞还西夏六寨》、〔宋〕范纯仁：《上哲宗答诏论西事》，《宋朝诸臣奏议》卷一三八，第1552—1556页。

③ 〔宋〕黎靖德：《朱子语类》卷一二七《钦宗朝》，中华书局1986年版，第3051页。

④ 曾瑞龙认为：宋哲宗亲政后，实施的弹性防御，也不排除攻势，同时将防御性据点向西夏境内推进。［《拓边西北：北宋中后期对夏战争研究》，（香港）中华书局2006年版，第125—154页。］

⑤ 〔宋〕叶梦得：《避暑录话》卷下，《全宋笔记》第二编第十册，大象出版社2017年版，第331页。

⑥ 《宋史》卷三三五《种师道传》，第10751页；〔宋〕徐梦莘：《三朝北盟会编》卷八，宣和四年六月三日庚寅，上海古籍出版社1987年版，第52—55页。

力量终于无法挽救覆灭的结果。

通览南宋历史，不难发现，虽然宋廷长期处于外患巨大压力下，民间要求抗金的呼声不断，许多文官武将也不甘屈辱现状，如辛弃疾与陆游的诗词、陈亮及真德秀的上疏，都集中体现了强烈抗战的愿望，但在长期惯性思维与制度的推动下，主和仍然是朝廷的主流意识，抗战主张受到压制，被动求和成为边防不力下的无奈之举。南宋主和派长期当政，他们在维护统治与抵抗女真、蒙古进攻时，不能不现实地选择战争手段反抗，然而在精神上却继续怀疑、抵触武力，不敢也无力主动用军事方式收复北方失地，只能满足于偏安江南。

宋高宗君臣甚至不惜借杀害岳飞之举，压制主战派力量，促成与金朝的"绍兴和议"。宋高宗赞扬秦桧的话"尽辟异议，决策和戎"，[①]反映了当时朝廷当政者主和避战的态度。秦桧死后，宋高宗还特别告诫执政大臣延续既定路线："两国和议，秦桧中间主之甚坚，卿等皆预有力，今日尤协心一意，休兵息民，确守无变，以为宗社无穷之庆。"[②]其后，唯有在宋孝宗、宁宗朝，抗战主张曾一度冲击了传统的主和意识，并有过两次主动北伐行动，反映了长期遭到排斥的民间力量强烈的抗战要求，不过北伐既短暂，又告失败。战场的失利再度引发失败主义弥漫庙堂，主和派很快又占据主政地位，遂先后出现"隆兴和议""嘉定和议"。揆诸其时其势，不满现状的宋孝宗虽心有不甘，也不免最终厌战。据记载，开禧北伐开始时宋宁宗便心存疑虑，事后他对大臣说道："恢复岂非美事？但不量力。"[③]以宋宁宗名义下达给将士的诏书云："岂不知机会可乘，仇耻未复，念甫伸于信誓，实重起于兵端。故宁咈廷绅进取之谋，不忍绝使传往来之好，

① 〔宋〕李心传撰，胡坤点校：《建炎以来系年要录》卷一六〇，绍兴十九年九月戊申，中华书局 2013 年版，第 3030 页。

② 《要录》卷一七〇，绍兴二十五年十二月乙未，第 3244—3245 页。

③ 〔宋〕佚名撰，汝企和点校：《续编两朝纲目备要》卷一六，嘉定十七年闰八月丁酉，中华书局 1995 年版，第 303 页。

每示固存之义，初无幸衅之心。"①说明之所以坚守议和盟约，关键在于不愿引发战祸。这其实表达的正是当时主政者及朝廷主流意识的主张。如南宋名臣真德秀批评："以忍耻和戎为福，以息兵忘战为常，积安边之金缯，饰行人之玉帛。金邦尚存，则用之于金邦，强敌更生，则施之于强敌，此苟安之计也。"②

南宋后期，内外交困，江河日下，统治者面对空前强大的蒙古军的猛烈进攻，更难以应对，只能一面抵抗，一面继续寻求议和的解决之道，于是又产生了贾似道与忽必烈达成的议和密约。南宋末，在元朝大军兵临城下的情况下，宋廷已经失去和谈的资本，依旧寄希望于议和，最终因遭到拒绝而亡国。

三、宋代主流意识抵触武力战争的社会根源及影响

从宋代历史的发展来看，朝廷主导下的主流意识也经历了由初步怀疑武力和战争的态度，到认识不断加深并最终加以抵触的变化过程。宋朝这一现象的产生，毫无疑问与宋初北伐战争失败后消极边防思想盛行有关，也与推行上述"崇文抑武"的方略及其内政外交路线密不可分。但之所以能够如此，还有更深层次的社会历史根源所在。

首先，宋朝统治集团的构成发生重要变化。唐宋之际社会发生重大变迁，宋初门阀世族已经消亡，而加强皇权和收兵权的结果，又抑制了军功贵族的崛起。事实上，宋朝建国不久，军功集团势力在政坛就迅速消解，以后始终也没有复兴，这也是与以前王朝不同的时代特点。宋朝代表地主阶级的整体利益，自然也要依靠他们的支持，而人数众多、分散各地的地主，不可能像以往少数贵族、世族那样都得到政治特权，国家只能通过不断选拔或流动的办法，由其代表人物组成国家的政治中坚力量。于是，相

---

① 《续编两朝纲目备要》卷一五，嘉定十年六月庚戌，第283页。
② 〔宋〕真德秀：《西山文集》卷三《直前奏事札子》，《景印文渊阁四库全书》第1174册，台湾商务印书馆1986年版，第49—50页。

对开放并具有相对公平性的科举制度迅速发展，成为选官制度的主体，从而造就了科举出身的官僚士大夫执政集团。如研究者指出，宋太祖"并非出于偏爱而将士大夫单独挑选出来，但是他创造了形势和先例，这些形势和先例能够部分解释为什么他的继任者太宗的确提高了士的利益"。①

大致而言，到宋太宗朝后期，科举官僚便居于统治集团的核心地位，随后则影响力日益扩大，至宋真宗朝以后，已完全成为统治集团的主体。通过《宋史·宰辅年表》，可以清楚地看到宋朝宰执大臣基本由科举出身构成的事实。如北宋宰相共有71人，其中64人出身进士。其余非科举出身的7人中，又有3人为开国功臣，而所有的宰相竟无一人出身武臣。②南宋时期的情况也大体如此，共有宰相62人，其中51人出身科举，其余非科举出身的11人中，6人出身太学生，唯有1人为武臣。③就宋代文官士大夫在政坛的位置而言，确已达到前所未有的地位。北宋中叶即有人指出："今世用人，大率以文词进。大臣文士也，近侍之臣文士也，钱谷之司文士也，边防大帅文士也，天下转运使文士也，知州郡文士也，虽有武臣，盖仅有也。"④宋朝以儒家思想文化为背景的科举文官集团长期执政，武将群体受到压制，制约了尚武的力量对政治生活的影响，使得以往历史上盛行的"出将入相"现象消失，从而导致统治集团内军功观念的弱化。这便影响到国家政治的走向，即摆脱了以往强军强国、盛世开疆的路线，转而推崇文治和内部建设。

第二，宋朝的统治思想发生变化。宋代之前，儒家虽然长期成为官方

① ［美］包弼德著，刘宁译：《斯文：唐宋思想的转型》，江苏人民出版社2001年版，第58页。
② 《宋史》卷二一〇至二一二《宰辅年表》，第5416—5531页。
③ 据《宋史》卷二一三至二一四《宰辅年表》（第5543—5655页）记载，可知57人的出身情况。其余沈该、曾怀、钱象祖、留梦炎和吴坚等5人的出身背景，分见〔宋〕陈骙：《南宋馆阁录》卷七《官联上》（中华书局1998年版，第77页）；《宋史》卷三四《孝宗纪二》，第653页；〔宋〕陈耆卿：《赤城志》卷三三《人物门·本朝》，《景印文渊阁四库全书》第486册，台湾商务印书馆1986年版，第883页；《宋史》卷四三《理宗纪三》，第830页；《南宋馆阁录·续录》卷八《官联二》，第308页。
④ 〔宋〕蔡襄：《端明集》卷二二《国论要目》，《景印文渊阁四库全书》第1090册，台湾商务印书馆1986年版，第512页。

的舆论工具，但并未取得完全的思想统治地位，多种思想文化和价值观都反映到统治集团内部。如汉初的黄老思想，三国的兵家影响，两晋的玄学流行，南北朝、隋唐佛教以及北方游牧文化渗透的特点，等等，儒、释、道三家之间的关系还出现紧张和对立，因此国家的政治倾向不免受到多元文化的影响。宋统治者建国后，在重文政策的推动下，不仅儒家文化的教化功用得到高度重视，而且其价值观也进一步获得提倡和宣扬，这都使儒家思想赢得了前所未有的传播。据记载，宋初功臣赵普居宰相位后，在宋太祖的要求下做出率先读儒经的姿态，但因缺乏学养，最终不出孔子的《论语》。①这便从侧面折射出当时重文、崇儒气氛的初步形成。北宋中叶人称，宋太宗"引缙绅诸儒，讲道兴学，炳然与三代同风矣"。②此话虽然歌颂的成分大于实情，却也道出了当时统治者引领的方向。现存《宋会要》中"崇儒"的大量篇幅和内容，便记述了宋王朝推崇儒学的大量事例。随着儒学重要载体的科举制的日益发展和影响，以及儒、释、道三家长期的渗透，遂出现了三教合流的趋势。儒家汲取了佛、道思想的精华，从而登堂入室，真正成为宋代国家的统治思想。朱熹指出："国初人便已崇礼义，尊经术，欲复二帝三代，已自胜如唐人，但说未透在。直至二程出，此理始说得透。"③大致到宋仁宗时代，儒学逐渐还引发思想变革，讲求"义理"的宋学（特别是其中的理学）兴起。儒家注重君臣关系的礼仪秩序认识，讲求仁政、反对暴政的政治理念，重义轻利的价值取向，强调以三纲五常为主的伦理道德观，这些核心价值观渗透到宋朝的统治思想之中，虽然不可能都获得实现，许多内容还常常成为虚伪的遮羞布，但却无疑推动了国家发展及价值评判的趋向。

就政治理想而言，宋儒追求的是三代"圣王"之道，而非秦汉以降的"霸道"。如北宋中叶的石介、欧阳修、尹洙和李觏等有影响的思想家，

---

① 《宋史》卷二五六《赵普传》，第8940页。

② 《长编》卷一一六，景祐二年五月庚子，第2733页。

③ 〔宋〕黎靖德：《朱子语类》卷一二九《自国初至熙宁人物》，第3085页。

"在政治思想方面，他们都同有超越汉、唐，复归'三代'的明显倾向"；①苏轼反映，当今士大夫，"仕者莫不谈王道，述礼乐，皆欲复三代，追尧舜"。②王安石劝告宋神宗不必效仿唐太宗，而应直追尧、舜；③二程批评周代以下已无圣王，"先王之世，以道治天下；后世只是以法把持天下"；④朱熹则认为自尧舜至周公是内圣与外王合一的理想时代，他还在与对立派关于王霸义利的争辩中，将汉唐与尧舜、三代剥离开来，反对把汉唐与先王时代"合而为一"。⑤欧阳修、司马光及范祖禹等史家则通过修史，批判汉唐黩武追求，如他们虽承认唐太宗的功业超越以往许多帝王，但对其征伐活动却予以谴责，"好大喜功，勤兵于远，此中材庸主之所常为"。⑥"太宗于天下，无事不知用之于礼仪，而惟以战胜为美也……兵威无所不加，四夷震慑，而玩武不已，亲击高丽，以天下之众困于小夷，无功而还，意折气沮，亲见炀帝。"⑦宋儒对秦汉至隋唐社会及其帝王将相的否定，固然隐含有改造现实的用意，但主流意识从理论上否定汉唐"盛世"，便意味着反对追求"霸道"和武功，同样具有为现实"崇文抑武"方略服务的意义。而宋朝儒学家的思想观念与倾向，也深入到国家的意识形态之中，必然会与使用武力战争的政治追求产生冲突，其结果便是武力战争的手段逐渐遭到质疑、抵触。事实上，宋初以来主流执政者对汉唐动武教训的批判，也与宋儒的价值取向始终发生着互相推动的影响。至于一些民间士大夫阐述《春秋》大义，提倡尊王攘夷，特别是如陈亮等南宋士人倡导效法"汉唐"，主张"义利双行，王霸并用"，⑧但这些激进的思想

① 余英时：《朱熹的历史世界》，生活·读书·新知三联书店2004年版，第191—194页。

② 〔宋〕苏轼：《苏轼文集》卷四八《应制举上两制书》，第1393页。

③ 《宋史》卷三二七《王安石传》，第10543页。

④ 〔宋〕程颢、程颐撰，王孝鱼点校：《二程集·二程遗书》卷一《端伯传师说》，中华书局2004年版，第4页。

⑤ 曾枣庄、刘琳主编：《全宋文》第二四五册，卷五四九七《答陈同甫》，上海辞书出版社2006年，第321页。

⑥ 〔宋〕欧阳修、宋祁：《新唐书》卷二《太宗纪》，中华书局1975年版，第48—49页。

⑦ 〔宋〕范祖禹：《唐鉴》卷三《太宗下》，上海古籍出版社1984年版，第77—78页。

⑧ 有关陈亮的激进思想，参见邓广铭：《陈龙川传》，生活·读书·新知三联书店2007年版。

处于非主流的地位，未能被朝廷所接受。

需要指出的是，宋代绝大多数皇帝还出现了显著的儒学化倾向。"太宗崇尚儒术，听政之暇，观书为乐。"①如果说宋太宗本人此举属故作姿态的话，那么从宋太宗开始，高度重视皇族的教育却是事实，从而使皇族受教育的程度远胜于前朝，其皇储自幼读写儒经的情况，较之以往则更为突出。所谓："太宗、真宗其在藩邸，已有好学之名，作其即位，弥文日增。自时厥后，子孙相承，上之为人君者，无不典学。"②因此，宋朝储君在成长过程中受到儒家更大的影响。宋哲宗即位初，范祖禹在经筵为年幼的帝王讲解治国之道时，献《帝学》一书。从《帝学》的各项内容，可以清楚地看出儒家学说及其价值观对宋朝帝王思想形成的巨大影响，也可以窥见"崇文抑武"在天子观念中延续、发展的基础。范祖禹认为："本朝累圣相承百三十有二年，四方无虞，中外底宁，动植之类蒙被涵养，德泽深厚，远过前世，皆由以道德仁义、文治天下，主无不好学故也。"③特别是宋仁宗，被士大夫认为是"以尧舜为师法，待儒臣以宾友"。④儒学熏陶下的宋朝皇帝，大多数在观念上对武力战争存在疑虑，在现实中更容易选择温和的解决之道，也更容易退缩到"化干戈为玉帛"的幻想中。

第三，宋朝募兵制度盛行，进一步影响了社会风尚的变化。宋朝在唐中后期、五代的基础上，大规模实行募兵制度，特别是实施"荒年募兵"的举措。⑤而在宋代租佃经济盛行的背景下，士兵主要来源于被土地排挤出来的破产农民以及充军的罪犯，因此其社会地位低于征兵制下的军人，这从士兵面部刺字这一与罪犯共有的标记可以说明。如宋人指出："往往天下奸悍无赖之人，苟其才行足以自托于乡里者，未有肯去亲戚而从召募

---

① 〔宋〕范祖禹：《帝学》卷三，第745页。

② 《宋史》卷四三九《文苑一》，第12997页。

③ 《帝学》卷八，第778页。

④ 《帝学》卷六，第765页。

⑤ 邓广铭：《北宋募兵制度及其与当时积弱积贫和农业生产的关系》，《中国史研究》1980年第4期，第66—71页。

者也。"①士兵被视作"贱隶"的结果，极大地降低了其社会地位和尊严。

宋初以来，在"崇文抑武"的政治环境之下，文官士大夫的政治影响力本已持续高涨，形成了文尊武卑的格局，包括在政坛产生"文不换武"的现象。②田况曾说："状元登第，虽将兵数十万恢复幽蓟，逐强敌于穷漠，凯歌劳还，献捷太庙，其荣亦不可及也。"③当军人遭到社会普遍歧视后，从文成为宋代士人追求的目标，如叶适所言："今也举天下之人，总角而学之，力足以勉强于三日课试之文，则嚣嚣乎青紫之望盈其前，父兄以此督责，朋友以此劝励。"④所谓"满朝朱紫贵，尽是读书人"。⑤投军则很难受到世人的赞许，如著名理学家张载年轻时，面对宋夏交战，慨然以功名自许，"以书谒范仲淹，一见知其远器，乃警之曰：'儒者自有名教可乐，何事于兵。'因劝读《中庸》"。⑥可见即使在国家用兵之际，这种观念仍然占主导地位。所以，王安石指出："先王之时，士之所学者，文武之道也……今之学者，以为文武异事，吾知治文事而已，至于边疆、宿卫之任，则推而属之于卒伍。"⑦与以往相比，宋代社会风尚发生重要变化，尚武精神沦落，军功的感召力和影响力大为削弱，从而间接地制约了朝廷和主流意识对武力战争手段的运用，反战的呼声更容易得到执政集团的关注。

第四，宋朝军事决策和统率体制发生变化。宋代之前，实施军事决策和统军作战主要由将帅承担，但到宋代，这一局面逐渐发生变化。宋朝开国后，为了防止军权旁落、武人干政，设置枢密院掌管最高军事决策和机

① 〔宋〕王安石：《王文公文集》卷一《上皇帝万言书》，上海人民出版社1974年版，第7页。
② 参见拙作：《从"文不换武"现象看北宋社会的崇文抑武风气》，《中国史研究》2001年第2期，第97—106页。
③ 〔宋〕田况：《儒林公议》卷上《太宗临轩放榜》，中华书局2017年版，第8页。
④ 〔宋〕叶适撰，刘公纯、王孝鱼、李哲夫点校：《叶适集·水心别集》卷一三《科举》，中华书局1961年版，第799页。
⑤ 〔宋〕张端义：《贵耳集》卷下，《景印文渊阁四库全书》第865册，台湾商务印书馆1986年版，第467页。
⑥ 《宋史》卷四二七《道学一·张载》，第12723页。
⑦ 《王文公文集》卷一《上皇帝万言书》，第7页。

要，正副长官由武官、文臣出身的亲信大臣担任。随着"崇文抑武"方略的不断推行，这一机构中科举出身的文官逐渐在人数上占据优势。澶渊之盟后，文官基本上控制了枢密院。到宋仁宗朝，武臣很快从枢密院退出，直到北宋灭亡，枢密院几乎是文臣掌管。①南宋时期，枢密院的地位逐渐下降，由宰相兼任枢密使往往成为定制。再从各地军事统率组织来看，大约在宋太宗后期、真宗朝，出现了文臣参与统率和指挥方面军的现象，到宋仁宗时代遂形成了文臣担任主帅、武将充当副将的制度。如宋哲宗时刘挚所说："臣窃闻祖宗之法，不以武人为大帅专制一道，必以文臣为经略以总制之。武人为总管，领兵马，号将官，受节制，出人战守，唯所指麾。"②

值得注意的是，前代由于文武官员之间没有鸿沟阻隔，许多文臣自愿"投笔从戎"，还出现"出将入相"现象。因此，无论是职业武将还是弃文从武的将帅，都能安心军职、投身沙场，从事专职性的军事决策和统军作战，以博取功业。与以往相比，宋代文武之间产生巨大的隔阂，文臣通常不愿从武。而以科举为背景的宋代官僚队伍虽有文化优势，精于文辞与儒经，熟悉典章制度，然而因为多不愿投笔从戎，缺乏军旅和战场锻炼，即使出任帅职，也依旧保持文官资格，因此普遍存在欠缺军事技能的缺陷，拙于用兵。与此同时，由于武职受到歧视，社会精英多不愿踏入军门，武将群体素质普遍下降，其政治影响力进一步下滑。纯粹的文官主掌军事决策、统军体制，在边防上只能是越来越保守，这都进一步加剧了执政集团对武力手段的怀疑和抵触，缺乏足够的能力和信心应对战争。如韩琦、范仲淹被当世称为御边良帅，清人王夫之则中肯地评说道："韩、范二公，忧国有情，谋国有志，而韬钤之说未娴，将士之情未浃，纵之而弛，操之而烦，慎则失时，勇敢则失算。"③

---

① 参见拙作：《从枢密院长贰出身变化看北宋以文驭武方针的影响》，《历史研究》2001 年第 2 期，第 3—38 页。

② 〔宋〕刘挚：《上哲宗论祖宗不任武人为大帅用意深远》，《宋朝诸臣奏议》卷六五，第 724—725 页。

③ 〔清〕王夫之：《宋论》卷四《仁宗》，中华书局 1964 年版，第 93 页。

　　第五，宋代商品经济的发展，对统治集团处理边防问题产生了前所未有的影响。宋代商品经济的发展及其影响不断扩大，并直接作用到宋朝政府的收入方面，其中突出地表现为货币在税收中的比重加大，商税和专卖的收入在财政中的比例逐渐超过农业收入。①而这种变化对宋朝统治者的决策，包括考虑边防问题，会产生潜移默化的影响，即计算成本的意识增强。如前所述，宋太祖在收复幽云的问题上已有经济赎买的考虑。宋仁宗朝，素有名望的富弼指出："真宗皇帝嗣位之始，专用文德，于时旧兵宿将，往往沦没，敌骑深入，直抵澶渊，河朔大骚，乘舆北幸。于是讲金帛啖之之术，以结欢好。自此河湟百姓，几四十年不识干戈。岁遗差优，然不足以当用兵之费百一二焉。则知澶渊之盟，未为失策。"②他认为因澶渊之盟向辽支付的岁币较交战的军费开支，不过百分之一二，因此不算失策。还有许多执政大臣也持类似的看法，如王安石有"欢盟从此至今日，丞相莱公功第一"的诗句③；两宋之际的抗战领袖李纲也对此抱有肯定态度，如其《喜迁莺·真宗幸澶渊》一词云："虏情詟，誓书来，从此年年修好。"④这说明宋代许多执政者在计算得失的思考下，满足于以经济手段而非武力方式应对边患的结果。南宋时期，长期遭到女真、蒙古军队的战争压迫，军费开支极为浩大，百姓的生产和生活因此受到无穷的影响，统治集团既不敢也无心抗战，计算经济得失往往又成为其主和的一项重要理由。

　　事实上，不战而胜的思想在中国古代早已存在，即使是兵家鼻祖的孙子也指出："是故百战百胜，非善之善者也；不战而屈人之兵，善之善者也。"⑤宋朝固然并非是主动从大战略的角度考虑，妥善处理和与战的关系，但被动地以和罢战的做法，却为自己寻找到"不战而屈人之兵"的理

① 汪圣铎：《两宋财政史》，中华书局1995年版，第688—694页。
② 〔宋〕赵汝愚编：《宋朝诸臣奏议》卷一三五《上仁宗河北守御十三策》，第1501页。
③ 〔宋〕王安石：《王文公文集》卷四七《澶州》，第532页。
④ 唐圭璋编：《全宋词》第2册，中华书局1998年版，第901页。
⑤ 〔春秋〕孙武撰，〔三国〕曹操等注，杨丙安校理：《十一家注孙子校理》卷上，中华书局1999年版，第45页。

论依据，并以现实主义的经济换算对战争方式加以否定。西方学者因此认为，宋王朝"是以高度的现实主义政治为特征的"，"依靠军事手段不能打败契丹人的国家"，便与辽议和，"宋辽缔结的澶渊之盟成了处理日后冲突的一个样板"。①

综上所述，中国古代传统重视边防和武备的强国意识到宋代发生了重要变化。宋朝从太宗后期开始，即不再以积极防御、开疆拓土为能事，军队转而以维护域内统治为首要任务，其讨伐的对象主要限于篡逆反叛者和造反百姓，而不是以强大的游牧政权势力为主，因此军队与边防的意义和价值也就随之降低。宋朝统治集团为了维护自身的存在和安全，虽然在现实中依赖军队的支持，也不得不选择用兵的方式抵抗边患，但是，"崇文抑武"治国思想与方略推行的结果，主流意识逐渐对武力战争手段产生怀疑和抵触的态度。澶渊之盟的缔结，似乎也证明了在战争与和平之间，有选择和平的可能性和现实性。这个两难选择的成功，使宋朝统治者自认为一劳永逸地寻找到了"化干戈为玉帛"之路，从此更倾向于以和的方式解决边患威胁。其外交政治既然以和为主轴，则战争手段便不能更多地为这种政治服务。总体而言，宋朝主流意识中的以和缓战、以和止战的理念，又大致包含了三种表现：其一，攘外必先安内，暂时放弃主动对外用兵，而集中力量稳定内部；其二，审时度势，在对外形势不利的情况下，高扬反战旗帜；其三，政治投机，以君主和既得利益集团厌战的意志为转移，满足于苟且偷安。就宋朝发展的历史来看，也大体经历了这样的过程。

现代英国著名军事家利德尔·哈特认为："战争的目的是要获得一个较好的和平，这当然是从你自己一方的愿望来说的……一个国家，如果它把自己的力量消耗殆尽，那它也就不会有能力继续推行自己的政治，因而必然使其前途不堪设想。"②如果说这一深刻的认识，是在日益理性和多边

---

① ［德］傅海波、［英］崔瑞德编，史卫民译：《剑桥中国辽西夏金元史》，中国社会科学出版社1999年版，第21—22页。

② ［英］利德尔·哈特著，钮先钟译：《战略论》，战士出版社1981年版，第49页。

制约的现代国际关系下，告诫人类要正确处理战争与和平之间的关系，包含着丰富的历史经验和强烈的现实关怀。毋宁认为，宋代主流意识支配下的和平与战争观，便过于早熟。在历史的复杂演进过程中，宋朝过早而被动地走上了这条脱离扩军、强权的道路。因为那还是一个武力战争不受任何约束的时代，多少先进的文明都在惨烈的战火中毁灭，种族灭绝的悲剧也不会引发野蛮征服者心灵的战栗。宋朝片面总结了历史的经验教训，矫枉过正，不能保持自身必要的军事强势，对外长期采取守势，其军队和边防也就不足以维持长久的和平局面，一旦内外平衡被破坏，就只能陷于被动挨打的境地。

由此，两宋虽然经济、文化、科技独领风骚，如陈寅恪先生所称："华夏民族之文化，历数千载之演进，造极于赵宋之世。"[1]并在全球首先发明了火药武器。但先进的生产和雄厚的经济力量没有转化为强大的国防实力，火器这种巨大革命性技术的投入，也未能引发军事变革和应有的效用，因此长期被动挨打，亡于边患，终以"积弱"而为世所诟病。南宋学者吕祖谦沉痛地说，本朝"文治可观而武绩未振，名胜相望而干略未优"；[2]宋人又总结道："汉唐多内难而无外患，本朝无内患而有外忧"；[3]元人修宋史时则评价道："宋恃文教，而略武卫"，[4]即明确地意识到宋朝国运与以往时代不同的史实。也可以说，唐宋社会转型包含了这一重要方面。然而，和比战难。今天自应站在更高的平台看待过往发生的一切，过犹不及。穿越宋代演进中的迷雾，探究其行程的路径与覆辙，都可为今天提供难得的历史经验和教训。

（原载《历史研究》2009年第2期）

---

① 陈寅恪：《邓广铭宋史职官志考证序》，《金明馆丛稿二编》，生活·读书·新知三联书店2009年版，第277—278页。
② 《宋史》卷四三四《儒林四·吕祖谦》，第12874页。
③ 〔宋〕吕中：《类编皇朝大事记讲义》卷一《国势论》，上海人民出版社2014年版，第42页。
④ 《宋史》卷四九三《蛮夷一》序，第14171页。

"文人论兵"与宋代兵学的发展

刘　庆

一

　　尽管中国历史上不乏文人论兵之事，但总的说来，兵学论坛还是被统兵将帅们长期占领着。其间一个重要原因是文人士大夫们大多自觉缺少军旅阅历，于朴刀杆棒、军阵沙场之事不甚了了，不如讲经赋诗来得容易。而像孙武、吴起、曹操这些名将，因为久历戎行，其作品也就容易受到世人的肯定。有些文人即使涉足兵学著述，也总是感到人微言轻，靠托名他人以抬高身价。如兵书《六韬》，署名姜太公；《火龙经》，署名诸葛亮。其他假借黄帝、风后、玄女之名的兵书更多。另一方面，兵儒不同道，儒家对兵家"使力行诈"所持的基本态度，长期影响着文人士大夫的思想观念，使得他们对"卑俚通俗"的兵学著述大都抱着不屑一顾的态度。特别是宋太祖赵匡胤"陈桥兵变"，他建立政权以后，总结了唐后期藩镇割据的教训，采取了一系列巩固中央集权的措施，以文制武，修文偃武，将兵书列为禁书。宋景德三年（1006），真宗赵恒下诏说："天文兵法，私习有刑，著在律文，用妨奸伪。"[①]加上宋辽合议，签订"澶渊之盟"，一派歌舞升平的虚假景象麻痹了人们的意志，致使"士大夫耻言兵"的现象日益严重。

　　确有一些有识之士看到了宋代兵学论坛寥落的危害性，身体力行撰述兵书。比如宋代早期较为著名的兵书《虎钤经》，就是由进士出身的许洞

---

① 〔宋〕佚名撰，司义祖整理：《宋大诏令集》卷一九九《政事五二》，中华书局1962年版，第734页。

于咸平四年（1001）至景德元年（1004）撰成的。许洞（约976—1017），字洞天（一作渊夫），苏州吴县（今属江苏）人。历任雄武军推官、均州参军、乌江县主簿等官。他博览兵书，感到"孙子之法奥而精，使学者难于晓用"，"李荃所著《太白阴经》，论心术则秘而不宣，谈阴阳又散而不备"，于是"上采孙子、李荃之要，明演其术；下撮天时人事之变，备举其占"，①著成《虎钤经》20卷，于景德二年进献朝廷。可惜许洞的良苦用心并没有被宋真宗所理解和重视。当时宋朝君臣一味粉饰太平盛世，热衷于封泰山、祀汾阴和搞奉迎天书的仪式，对边疆游牧民族侵扰的威胁，国内兵冗将弱、武备不修的状况浑不在意。"今兵革虽众，不及太祖之时人人练习，谋臣猛将则又悬殊，是以比年西北屡遭侵扰，养育则月费甚广，征战则军捷未闻。"②而宋真宗竟于许洞上书的第二年下诏禁止私习兵书，这对于满腔热情，希望改变朝野"重文轻武"风气，振兴宋代兵学的许洞，无异于当头一棒。

二

宋仁宗继位以后，辽与西夏对宋朝的严重威胁逐渐引起人们的重视。特别是康定元年（1040）正月，在西北地区建立政权的党项族首领元昊向宋朝发动大举进攻，先以兵攻破延州（今陕西延安）西北的金明寨，接着又在三川口设伏歼灭宋军步骑万余人。宋朝多年来"上下安于无事，武备废而不修，庙堂无谋臣，边鄙无勇将，将愚不识干戈，兵骄不知战阵"的后果至此充分暴露出来。③庆历三年（1043），惊惧之余的宋仁宗鉴于"群

---

① 许洞：《虎钤经·序》，中华书局1985年版，第1页。
② 〔宋〕李焘：《续资治通鉴长编》卷四三，咸平元年十二月戊辰，中华书局2004年版，第924页。（原文脚注：《续资治通鉴长编》卷四三。）编者按：原文作"兵革虽众，不及太祖之时人人练习，谋臣猛将则又悬殊，是比年西北屡遭侵扰，养育则月费甚广，征战则军捷未闻。"文字、断句有异，现据《续资治通鉴长编》作如是改动。
③ 《续资治通鉴长编》卷二〇四，治平二年正月癸酉，第4936页。（原脚注为：《续资治通鉴长编》卷二〇四。）编者按：原文作"上下安于无事，武备废而不修；庙堂无谋臣，边鄙无勇将；将愚不识干戈，兵骄不知战阵。"断句有异，现据《续资治通鉴长编》作如是改动。

帅昧于古今之学"的事实,下诏编修大型军事类书《武经总要》,同时又建立武学。社会上研究兵书的人也逐渐增多起来。《郡斋读书志》说:"元昊即叛,边将数败,朝廷颇访知兵者,士大夫人人言兵矣。"①可见原先朝廷"讳言兵"、文人士大夫"耻言兵"的风气至此一变,对兵学感兴趣的人越来越多了。

宋神宗继位以后,颇想有一番作为。在他的支持下所进行的熙宁变法,其中一个重要内容就是要改变"冗兵"之弊,培养素质较高的武官。为此,宋神宗于熙宁五年(1072)再兴武学,选文武官知兵者为教授,教习诸家兵法,纂次历代用兵得失成败。他还与王安石等人讨论李靖的阵法、队法及兵法思想渊源。元丰三年(1080),更下诏命朱服等人校定《孙子》《吴子》《六韬》《司马法》《三略》《尉缭子》《唐李问对》7部兵书供武学教育使用,统称《武经七书》。《武经七书》的颁行,从表面上看,标志着古代兵书由单行本向丛书的方向发展;从更深层的文化意义上看,则标志着中国传统兵学走向定型。先秦时代齐国兵学、南方兵学、秦晋兵学的差异,汉代权谋、形势、阴阳、技巧诸类的界限,以及儒家兵论、黄老道家兵论间的区别,在这时都显得不重要了。7部书中,既有儒家色彩浓重的《司马法》《吴子》,也有黄老道家兵学著作《黄石公三略》,法家特征突出的《尉缭子》,说明编选者抱着兼收并蓄的学术态度,并不以哪一派思想为归依。《武经七书》的颁行,还客观上奠定了兵学同儒学一样的正统官学地位。以往儒家学者曾以儒家的伦理道德为标准,千方百计否定兵家的"诡道"和"见利而动"等观点,贬黜孙子其人其书,现在却已无法对兵学持不屑一顾的轻视态度。越来越多的文人士大夫以研究兵学而名重一时,不再被视为不登大雅之堂的雕虫小技。

这一时期涉足兵学著述的文人士大夫大体有三类:

一是研究古代兵书典籍的专门家。其代表人物有王皙、何延锡等民间兵书注家,也包括宋朝武学教授朱服、何去非,官员曾公亮、丁度等人。

---

① 〔宋〕晁公武撰,孙猛校正:《郡斋读书志校正》卷四,上海古籍出版社1990年版,第634页。

朱服，字行中，湖州乌程（今浙江吴兴）人，熙宁进士。他任国子司业时，受诏校定《孙子》《吴子》《司马法》《唐李问对》《三略》《六韬》诸兵书，并为武学负责人。何去非，字正通，浦城（今属福建）人。元丰五年（1082），因对策"词理优瞻，长于论兵"入仕，①历任武学教授、武学博士。撰有军事人物和事件评论集《何博士备论》，并参与校勘《武经七书》，对《唐李问对》《六韬》的真伪问题进行过考辨。曾公亮，字明仲，泉州晋江（今福建泉州）人，天圣进士。官至吏部侍郎同中书门下平章事。丁度，字公雅，祥符（今河南开封②）人，历任翰林学士、参知政事。庆历间，宋仁宗命他二人编修《武经总要》，"凡军旅之政，讨伐之事，经籍所载，史册所记，祖尚仁义，次以钤略，至若本朝戡乱，边防御侮，计谋方略，咸用概举"。③他们研究整理兵书典册的初衷，确实是改变北宋自"澶渊之盟"以后，武备日见废弛、将帅不学无术的局面，但过于注重字词训诂和版本校勘，或求体系完备、资料丰赡，对直接影响宋军战斗力和国防的许多尖锐问题反而语焉不详，更缺少有针对性的军事建策。

二是热心于兵学研究的著名文人。北宋时期许多诗人、散文家、哲学家从忧国忧民、感时议政的目的出发，也很热心于兵学研究。如被人誉为宋朝诗"开山祖师"的梅尧臣撰成《梅圣俞注孙子》，既注重探求《孙子》本义，又能正误补遗，颇受后人器重。散文家苏洵著有《嘉祐集》，推崇《孙子》，弘扬兵学，并对战争问题详细阐述了自己的看法。其子苏轼，与朱服、何去非关系密切，对兵学亦颇为关心，在所著《孙武论》中称："古之言兵者，无出于孙子矣。利害之相权，奇正之相生，战守攻围之法，

---

① 〔宋〕苏轼撰，孔凡礼点校：《苏轼文集》卷二九《奏议·举何去非换文资状》，中华书局1986年版，第836页。（原文脚注：《举何去非换文资状》。）

② 编者按：原文作"今湖南开封"，当系排印之误。

③ 〔宋〕曾公亮撰，陈建中、黄明珍点校：《武经总要前集·仁宗皇帝御制序》，商务印书馆2017年版，第1页。（原文脚注：《仁宗皇帝御制序》。）编者按：原文作"凡军旅之政，讨伐之事，经籍所载，史册所记，祖尚仁谊，次以钤略，至若本朝戡乱，边防御侮，计谋方略，咸用概举。"系文字有误，现据《武经总要》作如是改动。

盖以百数，虽欲加之而不知所以加之矣。"①思想家李觏针对儒家倡仁义、斥诡诈，因而贬低兵学的现象，指出军事斗争与一般的社会生活不能同日而语，诡诈是战争指导必须遵循的基本原则，其最终目的是实行"仁"，"仁者"要立于不败之地，必须在军事斗争中使用诡诈。他们研究的许多问题虽然并不针对当时的军事斗争实际，但客观上抨击了儒家对战争的迂腐之论，对摆正兵学的位置，吸引广大文人士大夫重视军事问题具有积极意义。

三是直接接触国防问题的朝中枢臣或边疆大吏。这类人以范仲淹、王安石、沈括为代表。他们身膺疆守重任或执掌枢机，直接面对党项的侵扰和军事改革的实际问题，故其兵论主旨不在于先朝兵书字词的锻炼和古人思想的阐发，而侧重于就事论事的现实对策。其中范仲淹在康定、庆历间曾任陕西都转运使、陕西经略安抚使兼知延州，与名将韩琦同负防御西夏重任。在此期间，他提出精择边帅、恢复武举、兵农合一等整修武备措施，对宋朝和西夏的冲突采取稳重持久的战略防御对策，以攻守为实务、盟好为权宜，对稳定边疆局势起到了积极作用。王安石在协助宋神宗进行变法时，提出裁汰老弱兵卒，改善军器之政和马政，恢复"兵农结合"的传统，组织"保甲制"乡兵等一系列建议，有些已付诸实施。沈括在任河北西路察访使、鄜延路经略使②、知延州等职务时，针对党项骑兵的特点，提出种种防御战法。他还十分注意科学技术在军事上的运用，所著《梦溪笔谈》一书记载了许多兵器制造、城防设施及地图沙盘方面的知识。

三

宋代兵学的真正发展是在南宋时期，而"士大夫言兵"这一社会现

---

① 《苏轼文集》卷三《孙武论》，第91页。（原文脚注：《三苏策论・孙武论》。）编者按：原文作"古之言兵者，无出于孙子矣。盖利害之相权，奇正之相生，战守攻围之法，盖以百数，虽欲加之而不知所以加之矣。"系文字有误，现据《苏轼文集》作如是改动。

② 编者按：原文作"径略使"，当系排印之误。

象也恰于此时达到高潮。北宋末年，金军攻陷汴京，掳走徽、钦二帝。在这一连串亡国绝世的民族悲剧面前，更多的有爱国心的文人士大夫不满足于纸上谈兵、注释兵书典籍，而投身于铁马金戈的战场厮杀之中。尤其是北宋末、南宋初被人们称为"将儒"的李纲、宗泽、陈规、辛弃疾等人，毅然冲破昔日笼罩朝野的"万般皆下品，唯有读书高"的社会氛围，渴望着挽救危局，建立军功。盛行于唐代的"宁为百夫长，胜作一书生"的豪迈英武之气，一度重返绮丽靡奢、纸醉金迷的宋朝士大夫的生活之中。辛弃疾的"夜阑卧听风吹雨，铁马冰河入梦来"，活画出在国耻家恨双重刺激下，一些有志气的忧国忧民之士崭新的精神风貌。

出于宋金军事斗争的迫切需要，这一时期士大夫论兵的重点转向有针对性的现实对策。例如，陈规、汤璹等人撰写的《守城录》一书，就是鉴于宋人守城抗金屡屡败北的教训，集中阐述在火器已用于作战，攻城手段有新发展的历史条件下，如何守城和进行城防体制改革的著作。陈规，字元则，密州安丘（今属山东）人。北宋末，他在任德安（今湖北安陆）知府时，孤军守城多年，后又在顺昌（今安徽阜阳）储粮备战，配合抗金名将刘锜取得顺昌大捷。他根据自己的守城实践，先后撰成《守城机要》《〈靖康朝野佥言〉后序》，与任德安府学教授的汤璹撰写的《建炎德安守御录》合在一起，刊行于世，受到人们的广泛重视。辛弃疾撰写《美芹十论》的情形也与之大体相仿。他年轻时在北方聚众抗金，曾任义军耿京部掌书记。耿京被害后，辛弃疾率众南渡，任南宋地方官多年。他著《美芹十论》，目的就是反对当时朝廷内外的惧战言论，从双方的政治、经济、军事、地理诸方面进行综合考察，指出宋军变弱为强的可能性，以增强军民的必胜信心。他所提出的抗金之策虽未被采纳，但一片拳拳爱国之心，赢得了人们的赞誉。

尤其值得一提的，是以陈傅良、叶适为代表的南宋永嘉学派对兵学的重视。中国自先秦诸子论兵、百家争鸣以来，汉唐迄宋千余年间，一个学术派别将兵学放在如此重要的位置上，投入如此众多的人力和精力研究兵学，撰写兵书和论兵篇章，恐怕还是第一次。永嘉学派著名学者薛季宣的父亲和伯父辈皆是积极主张抗金的爱国官员，他本人也在武昌（今湖北鄂城）县令任内，动员当地民众抗击完颜亮（海陵）金军南侵。他喜爱兵法，曾考订《司马法》《八阵图》诸兵学典籍，著有《汉兵制》一书。但他对兵学的最重要贡献却是培养了陈傅良这样名重一时的学者，确立了裁减冗兵、依靠民军防卫的基本态度。在薛季宣的影响下，官至起居舍人兼权中书舍人的陈傅良，痛感南宋朝廷偏安江左、主弱兵骄的现实，为总结历代军制得失经验，撰成《历代兵制》（初名《周汉以来兵制》），以喻当朝军制弊端。另一位影响很大的著名学者叶适，曾任知建康府兼行官留守，在抗金保卫南京及长江下游一带的斗争中立有功勋。其所著《水心别集》《习学纪言序目》等，广泛讨论了古代兵法、宋朝战和及军制等问题。同属这一学派的还有通晓行阵之法的徐谊，著有《补汉兵制》的钱文子，著有《孙子新略》的王自中，著有《将鉴论断》的戴溪，著有《开禧德安守城录》的王致远等。南宋进步思想家陈亮虽不属于这个学派，但他与薛季宣、陈傅良、叶适等人往来密切，受永嘉学派的影响较大，其主张富国强兵、抗敌入侵的观点是相当一致的。

四

宋代文人士大夫潜心于兵学著述，大大促进了兵学的发展，其具体标志有三：

首先是宋代兵书的数量，远远超过以往任何一个朝代。根据史书的记载，《汉书·艺文志》著录的兵书只有53家790卷，图43卷；《隋书·经籍志》著录的兵书有133部512卷；而《宋史·艺文志》著录的兵书竟多达347部1956卷。兵书数量的激增，显然是文人大量涉足兵学论坛，改变了昔日精通文义的统兵将帅"敏于行而拙于笔"困境的结果。他们或汇辑前人兵学研究成果，或整理校勘古兵书典籍，或分门别类摘录历代兵论和战例，所撰《武经总要》《武经七书》《十一家注孙子》等书，系统保存了古代兵学的珍贵资料。他们还十分注意从新的角度，在新的领域里探讨兵学原理，如专门论述谋略战法的《百战奇法》，专门论述兵制的《历代兵制》《补汉兵制》《西汉兵制》，专门论述军事历史人物和事件的《何博士备论》《百将传》《宋朝南渡十将传》，专门记述行军制度的《行军须知》等，皆言前人所未言，进一步填补了理论空白，完善了兵学体系。即使是对自身军事经验的总结和战略设想的概括，文人出身的将帅也往往占据优势，思路更清晰，用语更贴切。我们从范仲淹、王安石、沈括、辛弃疾等人的论兵篇章中都可以深刻感受到这一点。

其次是军事技术的内容大为增多。先秦时代的兵书，除《墨子·备城门》以下诸篇外，大都对军事技术问题语焉不详。这与中国古代"重道轻器"的历史传统是相吻合的。宋朝文人士大夫的介入，一定程度上改变了这一倾向。比如《武经总要》前集的第10—13卷中，就以较大篇幅介绍了当时的武器战具、筑城技术和城守器械，记载了中国最早配制成功的火药配方，最早用于战争的火器及其制造和使用方法。沈括的《梦溪笔谈》一书，记述了含有运筹思想萌芽的军粮运输之法，解释了古代地听可以监听远处军事行动的原理以及制作立体地图（类似于今天的沙盘）的方法等。《守城录》不仅对城防体制改革和城防设施的变化多所建策，还记载了世界上最早的管形火器——长竹竿火枪的制造和使用方法。宋代战术之所以出现较大变化，一个根本原因就是军事技术通过兵书和其他奏疏、文集得以广泛传播和普遍应用。

最后是兵学内容更加通俗易懂，传播范围更广。宋代文人士大夫在整理校订古兵书时，注意将其中冷僻不顺的字句改得更加准确易懂，文意更加顺畅。我们将反映汉代面貌的竹简本《孙子》与十一家注本《孙子》、武经注本《孙子》进行比较，便不难发现这个特点。而且宋人十分重视汇集历代兵书注释的成果，自己亦花了很大力气纠谬补遗，串讲发明，颇便于后学理解。随着武学、武举在宋朝兴盛起来，以标题讲章的形式普及兵学知识普遍被人们所接受。一些人因编写普及型的兵学教科书而获得一定的学术地位，如著有《施氏七书讲义》的施子美，"为儒家流，谈兵家事，为孙吴之学者多宗师之"。①即使是新著兵书，也首先考虑到粗通文义的将帅军校易读易记。如《百战奇法》一书，将古代治军用兵原则高度浓缩起来，归纳成"计战""谋战"等100条，每条以史证理，以理释史，提纲挈领，以简驭繁，颇为明清兵家所仿效。上述现象从根本上改变了以往兵学神秘而不为常人知晓的面貌，容易被人们所接受和理解，也就容易被人们所承认。

（原载《社会科学家》1994年第5期）

---

① 王震撰：《司马法集释·施氏七书讲义序》，中华书局2018年版，第226页。（原文脚注：《施氏七书讲义序》）

岳飞军事思想试探

——兼论宋代军事思想的发展

张其凡

一、宋代军事思想的发展

为充分认识与理解岳飞的军事思想，给予其恰当的历史的评价，清晰地弄清宋代军事思想的发展状况，是十分必要的。因此，本文由此入题。

综观宋代军事思想的发展，大略而言，经历了四个阶段：宋初太祖、太宗、真宗三朝，北宋仁宗、英宗、神宗、哲宗、徽宗、钦宗六朝，南宋高宗、孝宗、光宗、宁宗四朝，南宋理宗、度宗、恭宗三朝，包括帝昰、帝昺时期。[①]

第一阶段62年，是宋朝的建立和巩固时期，各种制度在此期间确立定型。宋初，承五代之后，统治者特别注意防止五代闹剧的再度上演，"事为之防，曲为之制"，采取了一系列措施，重建并加强了中央集权，并使之制度化、法律化。新的兵制在这一阶段建立、完善，对军队的控制加强了，各种严明的纪律条文制订出来了，对将帅严加防范[②]。于是，"将从中御"，"右文抑武"，将帅与士兵不再能胶固在一起，必须机械地执行成命，兵书之类成为禁书，军事学术呈现萧条局面。这一阶段出现的兵书，寥若晨星。迄今可以考知的，前期主要有符彦卿《人事军律》3卷，后期

---

① 编者按：原文作"包括帝、帝时期"，当系排印之误。

② 详见拙文：《宋初兵制改革初探》，《暨南学报》1989年第4期；《宋朝军事指挥体制述论》，《中学历史教学》1991年第3期。

主要有许洞《虎钤经》20卷，此外还有刘质《兵要论》，陈贯《形势》《选将》《练兵论》3篇，胡旦《将帅要略》20卷，景泰《边臣要略》20卷等①。

符彦卿的《人事军律》，从书名看，也是强调军纪的。晁公武《郡斋读书志》（袁本）卷三下载："其序称：言兵者多杂以阴阳，殊不知往亡……此但述人事。"②此书今已不存。胡旦、景泰之作，今已不传，内容不详，从书名看，是讲边防将帅须知的。

第一阶段军事思想的发展，主要体现在现仍传世的《虎钤经》一书。该书撰者许洞，是宋代最伟大的科学家沈括的舅舅，其军事思想直接影响了沈括③。《虎钤经》对《孙子》和《太白阴经》等军事著作的军事思想有所发展，主张"用兵之术，知变为大"。

第二阶段105年，是宋代军事思想的重要发展时期。这一时期军事学术的发展，主要依赖于官府的提倡与鼓励。

仁宗与英宗两朝，宋军与西夏多次交战，屡战屡败，西北困弊。朝野内外有感于严重的西患，开始重视军事，研究军事。庆历三年（1043）七月，诏殿前都指挥使李用和马军副都指挥使曹琮，选诸军班都虞候以上善弓马、晓文字、堪将领者以名闻④。十月，仁宗命曾公亮等人组织了一批学者，采集古代兵法、本朝军规、前人用兵史实及宋朝开国以来防守边境的计谋方略和阵法器具等，著文绘图，历时五个年头，于庆历七年四至六月间编成《武经总要》40卷⑤。此外，宋仁宗撰有《神武秘略》10卷，

① 〔元〕脱脱等：《宋史》卷七《真宗二》，中华书局1985年版，第128页；卷二○七《艺文六》，第5283页。〔宋〕李焘：《续资治通鉴长编》（以下称《长编》）卷五十，咸平四年十一月己卯，中华书局2004年版，第1086页。

② 〔宋〕晁公武撰，孙猛校证：《郡斋读书志校证》卷一四《人事军律三卷》，上海古籍出版社1990年版，第641页。〔原文脚注：晁公武：《郡斋读书志》（袁本）〕

③ 胡道静：《沈括军事思想探源——论沈括与其舅父许洞的师承关系》，《社会科学》1980年第6期。

④《长编》卷一四二，庆历三年七月丁卯，第3395页。

⑤ 参见拙文：《〈武经总要〉编纂时间考》，《军事史林》1990年第6期。

"纂古今兵书战策及旧史成败之迹，类权谋、形势、阴阳、技巧凡四门三十篇"；王洙撰《三朝经武圣略》15卷，"奉诏编祖宗任将、用兵、防边事迹，分二十门"；①张预撰《十七史百将传》10卷，"每传必以孙子兵法断之"②。还有《兵法精义》《庆历军录》等书③。这一时期的军事著作以总结前人的军事经验为主，希望由此探索防御西北的正确的战略战术，扭转对夏作战的颓势。

为倡导学习武事，庆历三年（1043）五月，在国子监设立武学，以培养军事人才。八月，武学被罢，愿习兵书者，可在国子监听读④。天圣七年（1029）闰二月，诏置武举。九年五月，仁宗亲自在崇政殿试武举人。康定元年（1040）三月，举行大规模的武艺校试活动，中选者181人⑤。此后到庆历三年建立武学，共有过7次武举，每次所取从不及10人到50余人不等⑥。

宋神宗熙宁、元丰年间，王安石及其同党主持变法期间，军事学术呈现繁荣局面，成为庆历以后的又一高峰时期。熙宁五年（1072）六月，在武成王庙重新设置武学，"生员以百人为额，选文武官知兵者为教授。使臣未参班与门荫、草泽人召京官保任，人材弓马应格，听入学。习诸家兵法，教授纂次历代用兵成败、前世忠义之节足以训者，讲释之。愿试阵队者，量给兵伍。具艺业考试等第推恩，未及格者，逾年再试"。对毕业后的职任，也作了具体规定。同时，颁布《武举试法》，规定武举的兵法、策论在秘阁，武艺在殿前司考试；殿试时，又试骑射及策于庭。八年，

---

① 《郡斋读书志校证》卷一四，第642—643页。
② 〔宋〕陈振孙撰，徐小蛮、顾美华点校：《直斋书录解题》卷一二《兵书类》，上海古籍出版社2015年版，第361页。〔原文脚注：《郡斋读书志》（衢本）卷十四。〕
③ 〔宋〕尤袤：《遂初堂书目·兵书类》，商务印书馆1935年版，第20页。（原文脚注：尤袤《遂初堂书目》）
④ 《长编》卷一四二，庆历三年八月戊午，第3423页。（原文脚注：《长编》卷一四一）
⑤ 〔清〕徐松辑：《宋会要辑稿·选举》一七之五，上海古籍出版社2014年版，第5586页；一七之六，第6686页；一七之八，第5588页。（原文脚注：《宋会要辑稿》选举一七之五、六、八）
⑥ 吴九龙、王茜：《宋代武学武举制度考》，《文史》第36辑。

诏：武举与文举进士，同时锁试于贡院。元丰元年（1078），立《大小使臣试弓马艺业出官法》，对各种考核成绩应授予的官职做了具体规定①。这些武学的管理办法与武举的考试规定表明，武学、武举正式定制。这些制度多为后世所引用。元丰年间，神宗又命人校定《孙子》《吴子》等兵法七书，作为武学的统一教材，武举考试则尚以《孙子》《吴子》为重。

神宗时期的军事著作，主要有下列几种：校刊武学七书的武学博士何去非，撰有《何博士备论》一书，不分卷。张商英托名黄石公，撰《素书》1卷。熙丰变法的主将之一吕惠卿，撰有《三略素书解》1卷。结合西北战争的实践，王韶撰有《熙宁收复熙河阵法》3卷，沈括、吕和卿等于熙宁八年（1075）上《修城法式条约》2卷。

徽宗崇宁三年（1104），令诸州置武学，立《考选升贡法》。钦宗靖康元年（1126），诏：诸路有习武艺、知兵书者，州长贰以礼遣送诣阙，毋限数，将亲策而用之。通直郎秦元著有兵书、阵图、师律三策、大八阵图一、小图二，"皆酌古之法，参今之宜，博而知要，实为可用"。诏令赐对。"当时君臣虽无雄谋远略，然犹切切焉以经武为心。"②

秦元的著作，并未传世。哲宗、徽宗、钦宗时期的军事著作，今所存且较为重要者，乃《百战奇法》一书，明代李贽称其"极用兵之妙，在兵家视之，若无余法"③。

在第二阶段中，有代表性、能够反映军事思想发展的著作，乃《武经总要》《何博士备论》《百战奇法》三书。很凑巧，此三书正好分别成书于

---

① 《宋史》卷一五七《选举三》，第3679—3681页；《长编》卷二三四，熙宁五年六月乙亥，第5689—5690页。

② 《宋史》卷一五七《选举三》，第3682页；卷一九五《兵九》，第4868页。（原文脚注：《宋史》卷一五七《选举三》、卷一九五《兵九》）编者按：原文作"通直郎秦元著有兵书、阵图、师律三策、大八阵图一、小图二，'皆酌古之法，参今之宜，博而知要，实为可用。'诏令赐对。'当时君臣，虽无雄谋远略，然犹切切焉以经武为心'"，断句有异，现据《宋史》作如是改动。

③ 〔明〕章潢：《图书编》卷一二〇《百战奇法总叙》，上海古籍出版社1992年版，第630页。（原文脚注：《百战奇法·序》）编者按：原文作"极用兵之妙，在兵家视之，若无余策"，系文字有误，现据《图书编》作如是改动。

此阶段的前、中、后三个时期。

《武经总要》是一部研究军事理论和军事技术的综合性兵书，是迄今所存宋代分量最重的兵书，也是宋代最重要的官修兵书。此书对将帅问题和军事训练有专门论述，强调要重视将帅的选任与军队的严格训练；在作战的指导思想方面，指出"善制敌者，必先审于己"，在此基础上，"察彼之形势"，方能"以理击乱"；认识到军队内部的团结对取胜十分重要，强调要"千人同心"；注重以奇取胜，指出"奇非正，则无所恃，正非奇，则不能胜"。①

《何博士备论》提出了"兵以义举"的战争观，重视以严格的纪律治军；指出在用兵作战时，"势""勇""智"三者中，"智"最为重要，要"以智用兵"，善于根据具体情况的变化而调整作战部署，方能掌握主动；指出对待兵法的正确态度，应是"不以法为守，而以法为用"。②

《百战奇法》提出了重"教战"和"为将之道"的治军思想，指出"凡欲兴师，必先教战"，"为将之道"，一要信任部下，二要有威严，三要对士卒有仁爱之心，四要有"割弃性命而战"的勇敢精神；提出了"以计为首""要在应变"的作战指导思想，主张"用兵之道，以计为首"，"兵家之法，要在应变"；还对攻守、主客、先后、进退、奇正、虚实、分合等问题有所论述，多有精辟见解。③

第三阶段，包括南宋高宗、孝宗、光宗、宁宗四朝98年，是宋代军事思想发展的高峰时期。这一时期客观环境对军事学术的发展起了重要的促进作用，战争的实践成为其雄厚之基础，官方则听之任之，未像第二阶段那样提倡与推动。

从北宋末年金军攻宋开始，宋金间的战争绵延持续了约80年。尤其是前十年，战争尤为激烈频繁，金军铁骑纵横大江南北，南宋政权为生存

---

① 〔宋〕曾公亮撰，陈建中、黄明珍点校：《武经总要前集》卷三，商务印书馆2017年版，第44页。
② 〔宋〕何去非：《何博士备论·霍去病论》，中华书局1985年版，第13页。
③ 《图书编》卷一二〇《百战奇法》，第630、659页。（原文脚注：《百奇战法》）

而苦苦搏战。北宋亡国的惨痛，南宋立国的危机，现实生存的需要，使南宋朝野不能不分外关注军事，探讨军事理论，总结防御经验，论述江东必胜。于是，各类军事著作纷纷涌现，如王彦《武经龟鉴》20卷，"其书以《孙子》十三篇为主，而用历代事证之"；杨肃《制胜方略》30卷，述《左传》至隋唐用兵事迹①。还有辛弃疾《美芹十论》，陈亮《酌古论》，陈傅良《历代兵制》，陈规、汤璹《守城录》②，李舜臣《江东十鉴》，李道传《江东十考》，许学士《南北十论》，陈克、吴若《东南防守便利》，唐仲友《鲁军制九问》，钱文子《补汉兵志》，华岳《翠微北征录》等书。

在80年的宋金战争中，宋军经历了赵宋皇朝开国以来所未曾经历过的激烈而多样化的战斗。宋军主要采取防御的态势，有过黄天荡阻击战，陕州、和尚原、饶风关、仙人关、顺昌等地的守城战，也有过襄阳、郢城、颖昌等进攻战，还有采石的防江作战。其作战规模之大、次数之多、战斗之激烈程度，都大大超越了宋军此前所经历的战斗。在实战中，一批将帅成长起来，活用兵法，指挥有方，有效地遏止了金军的攻势，并曾多次击败金军。这批将帅包括岳飞、韩世忠、吴玠、刘琦等人③，岳飞是其中的佼佼者，他还留下了一批著作。

第三阶段的军事著作，较为重要的是《守城录》《历代兵制》《美芹十论》《酌古论》《翠微北征录》及岳飞的论著，这些著作反映了这一时期军事思想的发展。岳飞的论著与军事思想，留待下文探讨，此不赘述。

《守城录》是我国第一部系统论述城市防御的专门著作，是成功的城市防御战的总结。它总结了在火炮应用于攻城作战以后，如何进行城市防御的理论和实践；主张变革旧的"城池之制"，增强城市防御炮击的能力，城市防御设施必须有利于对敌人进行反击；强调要充分发挥火炮在守城中的作用，以炮击抑制炮攻；主张善守，反对死守，应当守中有攻，攻防结合。

---

① 《直斋书录解题》卷一二《兵书类》，第362—363页。
② 编者按：原文作"陈规、汤《守城录》"，当系排印之误。
③ 编者按：原文作"包括岳飞、韩世忠、吴、刘琦等人"，当系排印之误。

《历代兵制》是我国第一部兵制通史，系统总结了宋以前历代兵制的得失，"于宋代言之尤详"。然今人邓广铭先生1990年撰文考定，此书第八卷讲述宋代兵制的部分，实系抄自王明清《挥麈馀话》卷一，非陈傅良所作①。如此，则此书只是对五代以前的兵制做了总结，而未及宋代。

辛弃疾是曾经驰骋疆场的著名词人，他的《美芹十论》不仅仅是书生谈兵，而是以实战经验为基础的。在治军思想上，他强调"致勇""久任""合志并力"，主张激发将士的勇气和士气，即可提高战斗力，应当久任将帅，不轻易更换，要加强军队内部的团结，"合志并力，协济事功，则天下幸甚"。在作战的指导思想方面，他提出了"审其势""察其情""审宜先后"的原则，主张集中兵力，反对处处设防，认为应积极防御，以攻为守。②

陈亮是南宋时的著名哲学家、文学家，史称其"喜谈兵，议论风生"。《酌古论》是陈亮青年时所著兵书，通过对19位历史人物的用兵作战经验教训的分析，提出了一些很有价值的军事思想。他提出了"正义战争必胜"的思想。他认为，在作战指导中有两种"术"，实际上提出了现代所说的"战术"与"战略"的概念，主张从战略上把握全局。他提出："善用兵者，因其势而利导之。"他还对攻守、奇正等问题有所论述。

第四阶段，包括理宗、度宗、恭宗与帝昰、帝昺时期③，共55年。

理宗时期，权臣史弥远、史嵩之、丁大全、贾似道等人先后专权，朝政日坏，国运日衰。在蒙古铁骑的凌厉攻击之下，苦苦撑持了40余年后，南宋政权终于灭亡。孟珙、赵范、赵葵、余玠、王坚、张珏等将帅在战场上英勇善战，④屡创蒙古军，建立了赫赫战绩，但他们并未能留下什么传

① 《陈傅良的〈历代兵制〉卷八与王铚〈枢廷备检〉》，《纪念陈垣校长诞辰110周年学术论文集》，北京师范大学出版社1990年版，第407—414页。
② 曾枣庄、刘琳主编：《全宋文》卷六二一六《辛弃疾三·九议》，上海辞书出版社2006年版，第42页。
③ 编者按：原文作"包括理宗、度宗、恭宗与帝 、第 时期"，当系排印之误。
④ 编者按：原文作"孟珙、赵范、赵葵、余 、王坚、张珏等将帅在战场上英勇善战"，当系排印之误。

世的军事著作。

这一时期引人注目的事件，是武学七书地位上升，在武学与武举中均将七书视为一体，其地位与权威性大大提高，遂有《武经七书》之称。陈振孙《直斋书录解题》卷一二《李卫公问对》条即曰："今武举以七书试士，谓之武经。"①自此以后，《武经七书》在武学典籍中具有了最崇高的地位，成为武将必读的经典著作。

二、岳飞军事思想试探

研究岳飞的军事思想，无疑应当着重利用岳珂所编《金佗稡编》与《金佗续编》，1989年，中华书局出版了二书的校注本，凡95万字，乃王曾瑜先生校注。其次是明人所编的《岳忠武王文集》8卷。然而，这两种著作中，都没有一篇如《美芹十论》或《酌古论》般的军事学专论。因此，我们探讨岳飞的军事思想，只能从记载他生平事迹的《鄂王行实编年》《鄂王传》与《鄂王家集》《高宗宸翰》等著述中去钩稽、分析、排比、综合。

宋人的著作中，多次提到岳飞自幼即读《左传》与《孙子兵法》，似乎岳飞在军事学上造诣很深。《金佗稡编》卷四《鄂王行实编年卷一》载："书传无所不读，尤好《左氏春秋》及《孙吴兵法》，或达旦不寐。"②卷十《家集序》中，岳珂又写道："先臣飞刻意于学，涉猎经史，尤喜《春秋左氏传》与孙、吴之书。"③章颖《鄂王传》与刘光祖的襄阳石刻，沿袭了岳珂之说。《宋史》卷三六五《岳飞传》所载亦同。此外，《金佗续编》卷十六《赐谥告词》说："智略根乎《诗》、《书》。"④《附录》引程必语，称岳飞"赋河朔之雄姿，熟《左氏》之兵法"。⑤

---

① 《直斋书录解题》卷一二《李卫公问对》，第360页。
② 〔宋〕岳珂：《鄂国金佗稡编续编校注·稡编》卷四《鄂王行实编年卷一·崇宁二年癸未岁》，中华书局1989年版，第57页。
③ 《鄂国金佗稡编续编校注·稡编》卷一〇《经进鄂王家集卷之一·家集序》，第829页。
④ 《鄂国金佗稡编续编校注·稡编》卷一三《天定别录卷之一·天定别录序》，第1312页。
⑤ 《鄂国金佗稡编续编校注·续编》卷一六《天定别录卷之四（后录）·附录》，第1373页。

依据上述记载，可以得出岳飞军事思想源自《左传》与《孙子》《吴子》的推论。然而，上述记载的真实性是大有可疑的。出身贫苦佃户家庭的岳飞，究竟读过多少书，是可以想见的，他绝不可能像书香门第的子弟那样，熟读《左传》与《孙吴兵法》，旁及《诗》《书》，甚至经史，"无所不读"。正如邓广铭先生早已指出的那样，这是岳珂"专凭其想象能力"虚构的不合情理的事①。我们万不可信以为实，并由此出发去探讨岳飞的军事思想。

大略而言，岳飞的军事思想大致可归纳为如下五点：训士以德，为将谋先，严以治军，临机制胜，各用其长。

1.训士以德

岳飞本人，胸怀大志，"誓清中原"。《武穆谥议》称他："自结发从戎，前无坚敌，枕戈励志，誓清中原，谓恢复之义为必伸，谓忠愤之气为难遏②。"建炎四年（1130）六月，他在宜兴张大年家厅事之屏题词中写道："当深入虏庭，缚贼主喋血马前，尽屠夷种，迎二圣复还京师，取故地再上版籍。他时过此，勒功金石，岂不快哉！"③绍兴九年（1139）正月，他在《谢讲和赦表》中说："臣愿定谋于全胜，期收地于两河，垂手燕云，终欲复仇而报国；誓心天地，当令稽颡以称藩！"④正因岳飞有如此抱负，所以能够始终以"恢复"为念，在抗金战场上勇于进取，一往无前。

绍兴七年（1137），朝廷命兵部侍郎张宗元为湖北、京西宣抚判官，监岳飞一军。归朝后，张宗元对高宗说："将帅辑和，军旅精锐。上则禀

① 《鄂国金佗稡编续编校注·续编》卷一七《百氏昭忠录卷之一·章尚书颍经进鄂王传之一》，第1383、1384页。《鄂国金佗稡编续编校注·续编》卷二二《百氏昭忠录卷之六·阁学刘光祖襄阳石刻事迹之一》，第1523页。（原文脚注：《金佗续编》卷一七、卷二二）

② 邓广铭：《岳飞传》，人民出版社1983年版，第441页。

③ 《鄂国金佗稡编续编校注·稡编》卷一九《经进鄂王家集卷之十·五岳祠盟记》，第983页。（原文脚注：《金佗续编》卷一四、卷一六）

④ 《鄂国金佗稡编续编校注·稡编》卷一〇《经进鄂王家集卷之一·谢讲和赦表》，第832页。（原文脚注：赵彦卫《云麓漫钞》卷一）编者按：原文作"臣愿定谋于全胜，期收地于两河，垂手燕云，终欲复仇而报国，誓心天地，当令稽颡以称藩"，断句有异，现据《鄂国金佗稡编续编校注》作如是改动。

承朝廷命令，人怀忠孝；下则训习武伎，众和而勇，此皆宣抚岳飞训养之所致。"①《赐谥指挥》也称颂岳飞："事上以忠，御众有法。"②

岳飞信服司马光之言："德胜才谓之君子，才胜德谓之小人。"他认为："论人者能审于才德之分，则无失人矣。"③因此，他训齐军士，亦以德为先，教导军士为恢复故土而战。这与《何博士备论》"兵以义举"的战争观相合，都是从激发军士的精神力量入手的。史载，岳飞"每调兵食，必蹙额，谓将士曰：'东南民力耗矣！国家恃民以立，而尔曹徒耗之，大功未成，何以报国？'临戎誓众，言及国家之祸，涕流气塞，士卒皆歔觑听命。与将校语，必勉之以忠孝，教之以节义"④。最为生动而具体的例子是建炎三年（1129）十一月的事，岳飞洒血厉众曰："我辈荷国厚恩，当以忠义报国，立功名，书竹帛，死且不朽。"⑤词色慷慨，士皆感泣。有密说飞以俱叛而北者，飞阳许亡，有顷，其首领各以行伍之籍来，飞按籍呼之曰："以尔等之众且强，为朝廷立奇功，取中原，身受上赏，乃还故

① 《鄂国金佗稡编续编校注》卷七《经进鄂王行实编年卷之四·绍兴七年丁巳岁》，第433页。（原文脚注为：《金佗稡编》卷十）编者按：原文作"将帅辑和，军旅精锐，上则裹承朝廷命令，人怀忠孝，下则训习武伎，众和而勇，此皆宣抚岳飞训养之所致"，断句有异，现据《鄂国金佗稡编续编校注》作如是改动。

② 《鄂国金佗稡编续编校注·续编》卷一四《天定别录卷之二（前录）·赐谥指挥》，第1334页。（原文脚注：《金佗续编》卷七）

③ 《鄂国金佗稡编续编校注·稡编》卷十《经进鄂王家集卷之一·御书屯田三事跋》，第833页。《鄂国金佗稡编续编校注》续编卷一《高宗皇帝宸翰撷遗卷之一·书屯田三事诏》，第1149页。（原文脚注：《金佗稡编》卷十《御书屯田三事跋》，《金佗续编》卷一《高宗宸翰，绍兴九年》）

④ 《鄂国金佗稡编续编校注·续编》卷二一《百氏昭忠录卷之五·章尚书颖经进鄂王传之五》，第1507—1509页。（原文脚注：《金佗续编》卷二一，参见《金佗稡编》卷九《遗事》，《宋史本传》）编者按：原文作"东南民力耗矣！国家恃民以立，而尔曹徒耗之。大功未成，何以报国？"断句有异，现据《鄂国金佗稡编续编校注》作如是改动。

⑤ 《鄂国金佗稡编续编校注·稡编》卷四《经进鄂王行实编年卷之一·建炎三年己酉岁》，第103页。

乡，岂非荣耶！"众皆欢呼曰："惟统制命！"①

在这样的教导下，岳家军胸怀报国壮志，故而能够猝遇敌而不动，使金人哀叹："撼山易，撼岳家军难！"

2.为将谋先

《何博士备论》中，有"以智用兵"的思想；《百战奇法》有曰："用兵之道，以计为首。"岳飞亦将有谋作为为将的首要条件。

岳飞曾对张所说："勇不足恃也，用兵在先定谋。谋者，胜负之机也，故为将之道，不患其无勇，而患其无谋。"他又尝自言："为将无谋，不足以搏匹夫。"故主于用谋②。在《乞复襄阳札子》中，他说："善观敌者，当逆知其所始；善制敌者，当先去其所恃。"③

宋高宗曾对岳飞说："卿为一时智谋之将，非他人比。"④绍兴四年（1134）的制书，称赞岳飞"机权果达，谋成而动则有功"。⑤绍兴五年的制书说："岳飞策虑靖深，器资沉毅。有冠三军之勇，而计然后战。"⑥绍兴七年《起复太尉加食邑制》说："岳飞沉毅而有谋，疏通而善断"，"有

---

① 《鄂国金佗稡编续编校注·续编》卷一七《百氏昭忠录卷之一·章尚书颖经进鄂王传之一》，第1397页；《鄂国金佗稡编续编校注·稡编》卷四《经进鄂王行实编年卷之一·靖康三年己酉岁》，第104页。（原文脚注：《金佗续编》卷一七，《金佗稡编》卷四）编者按：原文作"以尔等之众且强，为朝廷立奇功，取中原，身受上赏，乃还故乡，岂非荣哉！"断句有异，现据《鄂国金佗稡编续编校注》作如是改动。

② 《鄂国金佗稡编续编校注·稡编》卷四《经进鄂王行实编年卷之一·靖康二年丁未岁》，第75页。《鄂国金佗稡编续编校注·续编》卷一七《百氏昭忠录卷之一·章尚书颖经进鄂王传之一》，第1390页。《鄂国金佗稡编续编校注·续编》卷二三《百氏昭忠录卷之七·阁学刘光祖襄阳石刻事迹之二》，第1535页。（原文脚注：《金佗稡编》卷四，《金佗续编》卷一七，卷二三）

③ 《鄂国金佗稡编续编校注·稡编》卷一〇《经进鄂王家集卷之一·乞復襄阳札子》，第841页。（原文脚注：《金佗稡编》卷十）

④ 《鄂国金佗稡编续编校注·稡编》卷八《经进鄂王行实编年卷之五·绍兴十一年辛酉岁》，第639页。《鄂国金佗稡编续编校注·续编》卷二〇《百氏昭忠录卷之四·章尚书颖经进鄂王传之四》，第1489页。

⑤ 《鄂国金佗稡编续编校注·稡编》卷六《经进鄂王行实编年卷之三·绍兴四年甲寅岁》，第268页。《鄂国金佗稡编续编校注·稡编》卷九《经进鄂王行实编年卷之六·遗事》，第785页。

⑥ 《鄂国金佗稡编续编校注·续编》卷二《丝纶传信录卷之一·四年明堂加食邑五百户食实封贰伯户封如故制》，第1161页。

虑而后会之机"①。《金佗续编》卷二三《阁学刘光祖襄阳石刻事迹之二》，有"智谋"一节，集岳飞平生所历战事16件，以见其智谋过人。

岳飞不仅自己善用计谋，而且懂得向部属征求意见，集众人之谋，定必胜之计。杨简《慈湖遗书》卷一六《论兵》载："岳飞用兵，有胜而无败。闻其欲有所举也，必尽召诸统制官，环坐饮食之，而与之谋。先谋夫敌之所以败我者，至于六、七，备谋，详虑，竭智，共攻而终于无败也，乃行。故飞每战无败。"②

3.严以治军

《百战奇法》中，有重教战的思想，这是自宋初以来严格治军传统的延续。岳飞继承并发展了这种传统，将"严"字解释为"有功者重赏，无功者峻罚"，又将其与不扰民、勤训练、敢战斗结合起来，故所部岳家军纪律修明，精勇悍战。岳珂将他的御军之术总结为六端：重搜选，谨训习，公赏罚，明号令，严纪律，同甘苦③。其核心则是一个"严"字。

史籍记载，多有岳飞严以治军的事迹。徐梦莘《三朝北盟会编》卷一四二，建炎四年九月载："飞治军严整，将士畏之，禁止军中不得骚扰百姓，尤得民情。"④卷一四三，称岳飞"持法严肃，尤不可犯"。李心传《建炎以来系年要录》卷三八载："岳飞在泰州，持法严，众不敢犯。"⑤卷六三载，绍兴三年（1133）二月庚子，江南东、西路宣谕刘大中言："昨

---

① 《鄂国金佗稡编续编校注·续编》卷二《丝纶传信录卷之一·起复太尉加食邑制》，第1165页。（原文脚注：均见《金佗续编》卷二）

② 《鄂国金佗稡编续编校注·稡编》卷九《经进鄂王家集卷之六·遗事》，第788页。

③ 《鄂国金佗稡编续编校注·稡编》卷九《经进鄂王家集卷之六·遗事》，第788页；《鄂国金佗稡编续编校注·续编》卷二一《百氏昭忠录卷之五·章尚书颖经进鄂王传之五》，第1509页。（原文脚注：《金佗稡编》卷九，《金佗续编》卷二〇，卷二一）编者按：原文作"岳飞用兵，有胜而无败。闻其欲有所举也，必尽召诸统制官，环坐饮食之，而与之谋。先谋夫敌之所以败我者，至于六、七，备谋。详虑，竭智，共攻而终于无败也，乃行。故飞每战无败。"断句有异，现据《鄂国金佗稡编续编校注》作如是改动。

④ 〔宋〕徐梦莘：《三朝北盟会编》卷一四二，上海古籍出版社2019年版，第1032页。

⑤ 〔宋〕李心传撰，胡坤点校：《建炎以来系年要录》卷三八，建炎四年十月己亥，中华书局2013年版，第860页。

岳飞提兵洪州，颇有纪律，人情恃以为安业。"①建炎四年的邵辑荐书，称岳飞"身与下卒同食，而持军严甚，民间无秋毫之扰"②。

高宗与朝廷也屡屡称颂岳飞治军之严，绍兴二年（1132）的《中卫大夫武安军承宣使告》中曰："岳飞为时良将，统我锐师，许国惟以忠诚，驭众亦能训整，同士卒之甘苦，致纪律以严明。"③绍兴三年的高宗宸翰曰："纪律严明，秋毫不犯，卿（指岳飞）之所能也。"④绍兴五年的《四年明堂加食邑五百户食实封贰百户封如故制》曰："治纪律以甚严，嘉师徒之逾整。"⑤《忠愍谥议》曰："持军至严，所过秋毫无敢犯。"⑥《武穆谥议》曰："练军实，选骑士，明纪律以驭之。""治军甚严，抚下有恩，定乱安民，秋毫无犯。"⑦《武穆覆议》曰："平生用兵，纪律甚严。"⑧

《阁学刘光祖襄阳石刻事迹之二》，专门有"纪律"一节，录十四事，以见岳家军纪律之严。故岳家军自己说："冻煞不拆屋，饿煞不打虏，是我军中人也。"⑨吕午《和岳王庙壁上韵》曰："当年惟说岳家军，纪律森严敌与邻。师过家家皆按堵，功成处处可镌珉。"⑩

---

① 《建炎以来系年要录》卷六三，绍兴三年二月庚子，第1241页。编者按：原文作"昨岳飞提兵洪州，颇有纪律，人情以为安业"，系文字有误，现据《建炎以来系年要录》作如是改动。

② 《鄂国金佗稡编续编校注·稡编》卷九《经进鄂王家集卷之六·遗事》，第764页。（原文脚注：《金佗续编》卷一、卷一四）

③ 《鄂国金佗稡编续编校注·稡编》卷九《经进鄂王家集卷之六·遗事》，第784页。

④ 《鄂国金佗稡编续编校注·稡编》卷九《经进鄂王家集卷之六·遗事》，第784页。

⑤ 《鄂国金佗稡编续编校注·续编》卷二《丝纶传信录卷之一·四年明堂加食邑五百户食实封伯户封如故制》，第1161页。编者按：原文作"治纪律以甚严，加师徒之逾整"，系文字有误，现据《鄂国金佗稡编续编校注》作如是改动。

⑥ 《鄂国金佗稡编续编校注·续编》卷一四《天定别录卷之二（前录）·忠愍谥议》，第1338页。

⑦ 《鄂国金佗稡编续编校注·续编》卷一四《天定别录卷之二（前录）·武穆谥议》，第1341—1342页。

⑧ 《鄂国金佗稡编续编校注·续编》卷一四《天定别录卷之二（前录）·武穆覆议》，第1343页。（原文脚注：《金佗续编》卷一、卷一四）

⑨ 《鄂国金佗稡编续编校注·稡编》卷九《经进鄂王家集卷之六·遗事》，第759页。（原文脚注：《金佗稡编》卷九）

⑩ 《鄂国金佗稡编续编校注·稡编》卷九《经进鄂王家集卷之六·遗事》，第783页。（原文脚注：《金佗续编》卷二一）

岳家军虽则纪律严明，但岳飞严以治军，在很大程度上也是有赖于酷刑的。李纲《梁溪先生全集》卷七二《奏知段恩招诱本司军兵逃走奏状》载，岳飞因"使臣、效用、军兵见此暑月，披带衣甲，艰辛劳苦，怯战，辄敢弃甲，或将带衣甲、鞍马逃走，改易姓名，另投他军。伏望朝廷重立赏格，遍行下神武诸军并诸路帅臣，及逐头项统兵官根缉收捉，差人押赴飞军前，对众依军法号令。所贵带甲忠勇将士不敢仿效逃窜"。①

4.临机制胜

五代初期，后梁王朝的主要谋臣敬翔曾对朱温说："兵者，应变出奇以胜，《春秋》古法，不可用于今。"②《武经总要》有"以奇取胜"之语，《百战奇法》有"兵家之法，要在应变"的思想。与岳飞"临机制胜"的军事思想，是一脉相承的。

《金佗粹编》卷四、《金佗续编》卷一七、卷二三记载，宗泽认为岳飞"好野战，非古法"，因此授予阵图，让他学习，岳飞看后即扔到一边去了。宗泽问起，岳飞回答说："留守所赐阵图，飞熟观之，乃定局耳。古今异宜，夷险异地，岂可按一定之图？兵家之要，在于出奇，不可测识，始能取胜。"又说："阵而后战，兵之常法，然势有不可拘者，且运用之妙，存于一心。"③绍兴七年（1137），他在《乞出师札子》中说："臣愚欲望陛下假臣日月，勿复拘臣淹速，使敌莫测臣举措。万一得便入，则提兵直趋京、洛……"④他向朝廷要临机处置之权，是为了突破赵宋皇朝传统的"将从中御"的指挥架构，可以临机制胜，击破强敌。这种思想符合

---

① 〔宋〕李纲：《梁溪先生全集》卷七二《奏知段恩招诱本司军兵逃走奏状》，《宋集珍本丛刊》，第37册，线装书局2004年版，第789页。

② 〔宋〕欧阳修：《新五代史》卷二一《梁辰传第九·敬翔》，中华书局1974年版，第208页。（原文脚注：欧阳修《新五代史》卷二一《敬翔传》）

③ 《鄂国金佗粹编续编校注·粹编》卷四《经进鄂王家集卷之一·靖康二年丁未岁》，第72—73页；《鄂国金佗粹编续编校注·续编》卷一七《百氏昭忠录卷之一·章尚书颖经进鄂王传之一》，第1489页。

④ 《鄂国金佗粹编续编校注·粹编》卷七《经进鄂王家集卷之四·绍兴七年丁巳岁》，第420页。（原文脚注：《金佗粹编》卷一一，《金佗续编》卷一）

《孙子·虚实篇》所言："能因敌变化而取胜者，谓之神①。"因此，岳飞"用兵无奇正，临机制胜"②，岳家军成为南宋初年最为善战能胜的一支部队，令金人闻风丧胆。

5.各用其长

岳飞治军，不仅能同甘共苦，以恩信结人，而且善于用人，使尽其长。《金佗稡编》卷九载："用人有方，举刻各得其当。如以马羽守蔡，苏坚守西京，赵秉渊守淮宁，皆有干城牧众之功。"③

岳飞对各兵种的优劣也甚为了解，所以作战时能够用其所长。《金佗续编》卷二三载，与李成交战时，岳飞说："步卒之利在阻险，骑兵之利在平旷。"④而李成之部署不合此原则，故必败无疑。

综观岳飞的军事思想，可以看到，有四大特点：

一曰实践的色彩鲜明。南宋初年的大多数军事著作，都是实际战事的总结而已，实践的色彩很明显。在这方面，岳飞表现得尤为出色。《金佗稡编》与《金佗续编》《岳忠武王文集》，洋洋数十万言，但专门论述军事思想的甚少，且多为一星半爪，零星而不系统。岳飞的军事思想，主要表现在他平生的战斗中，并在其中丰富发展。《金佗续编》卷二二《襄阳石刻事迹之一》载岳飞战功："王自从戎至专征，平剧贼，破强虏，大小凡一百二十余战，类皆以少击众，未尝一败。其躬履行阵而胜者六十有八，其分遣诸将而胜者五十有八。"⑤正是大小一百余战，才造就了岳飞的军事思想。他主张活用兵法，临机制胜，"运用之妙，存于一心"，即充分显现

---

① 〔春秋〕孙武撰，李零译注：《孙子译注·虚实》，中华书局2009年版，第141页。

② 《鄂国金佗稡编续编校注·稡编》卷九《经进鄂王家集卷之六·遗事》，第787页。（原文脚注：《金佗稡编》卷八）

③ 《鄂国金佗稡编续编校注·稡编》卷九《经进鄂王家集卷之六·遗事》，第789页。

④ 《鄂国金佗稡编续编校注·续编》卷二三《百氏昭忠录卷之七·阁学刘光祖襄阳石刻事迹之二》，第1537页。编者按：原文作"步卒之利在险艰，骑兵之利在平旷"，系文字有误，现据《鄂国金佗稡编续编校注》作如是改动。

⑤ 《鄂国金佗稡编续编校注·续编》卷二二《百氏昭忠录卷之六·阁学刘光祖襄阳石刻事迹之一》，第1523页。

其实践色彩。岳飞主要不是在理论探讨与研究中，而是在实践中，在你死我活的浴血战斗中，形成了他独特的军事思想，在宋代军事思想史上留下了光辉的篇章。

二曰下层意识浓厚。岳飞出身于贫苦农家，从投军为卒，到迅速升迁为统率方面军的大将，经历过基层和战阵的磨炼。虽则他治军严明，但较为尊重士兵，与其同甘共苦，结之以恩，以获其用。他重视军民关系，能够约束军队，保护民众利益，至号为"冻煞不拆屋，饿煞不打虏"，因此获得民众的欢迎与支持。

三曰重知己知彼，故能百战不殆。讨平杨幺之战，重用杨幺部将黄佐、杨钦等人，"以贼攻贼"；第三次北伐时，派梁兴渡河联络北方义军，打探金人动息，扰乱金人后方，是其最为典型的两个事例。

四曰具进取精神。岳飞成为方面军统帅后，有战略远图，采用战略进攻手段，取得了辉煌战绩。当时的宋金交界地区，南宋朝廷主要划分为四大战区：淮东，主帅韩世忠；淮西，主帅先后为刘光世、张俊；荆襄，主帅岳飞；川陕，主帅吴。在四大战区中，宋军多取守势，只有荆襄战区的岳飞，组织了三次北伐，收复了大片失土，把战线向金占区大大推进。正如王曾瑜先生在《岳飞新传》中正确指出的，南宋初年的诸大帅中，只有岳飞是进攻型将帅，当时具备"直捣黄龙"、光复故土的决心和能力的统帅，唯有岳飞[①]。

三、岳飞军事思想的地位

岳飞所处的时代，正是两宋军事思想发展的高峰时期。岳飞虽无军事专著为这一时期的军事思想宝库增添宝藏，但他以出色的军事指挥艺术、以光辉的战争实践、以成功的治军业绩，形成了自己的军事思想，从而为这一时期的军事思想增添了宝贵的内容。岳飞幼年贫苦，没有读书，但他成为大将后，却以勤奋地学习与丰富的战争阅历，继承与发展了北宋军事

[①] 王曾瑜：《岳飞新传》，上海人民出版社1983年版，第325页。

思想的精华，在一定程度上突破了赵宋皇朝所恪守的"军事家法"，为这一时期军事学术的发展做出了自己的突出贡献。

岳飞对宋代军事思想的最大贡献，无疑是发展与丰富了大兵团进攻作战的战略战术思想。岳飞独当一面后，其部众发展到十万之多。他指挥这十万大军，对金军展开过三次大规模的进攻，在两宋战争史上留下了光辉的一页。从军事实践与战绩讲，岳飞可说是宋代最伟大的军事将领。

宋朝建国之初，对南北各割据政权攻击作战获得全胜，很重要的原因是对手不强，不堪一击。稍为强大一点儿的南唐，尚能在宋军的全力攻击下支撑一年之久。国狭地贫的北汉，仅因有辽国的支持，就使宋军两次倾巢出动，无功而退。而与强敌辽国交兵，宋军则先败于高梁河，继败于莫州，又败于岐沟关、陈家谷、君子馆，使五代后周以来选练的精锐部队损失殆尽。与西夏交兵，防御尚不足，进攻更是惨败，前者如永乐城失陷，后者如三川口、好水川、定川寨之战。神宗、徽宗时期，在西北和南方的进攻作战获胜，但对象是分散弱小的少数民族。因此，可以说，指挥大兵团，发动进攻战，战强敌而胜之，威震敌胆，环顾两宋三百年间，唯岳飞一人而已。他的战略战术、他的军事思想，是两宋军事思想宝库中不可多得的一笔珍贵宝藏。

由于时间仓促，本文匆匆草成，仅对岳飞军事思想作一初窥而已。抛砖引玉，期望因此而引起人们对岳飞军事思想的重视与探讨，则予愿足矣。

（原载《暨南学报（哲学社会科学版）》1997年第4期）

阵图和宋辽战争

吴　晗

　　在古代，打仗要排阵，要讲究、演习阵法。所谓阵法，就是野战的战斗队形和宿营的防御部署；把队形、部署用符号标识，制成作战方案，叫作阵图。

　　根据阵图，在前线指挥作战或防御的带兵官，叫作排阵使。

　　从历史文献看，如郑庄公用鱼丽阵和周王作战，到清代的太平军的百鸟阵，无论对外对内，无论是野战，或防御，都要有阵法。没有一定的组织形式，几千人几万人一哄而上，是打不了仗的，要打也非败不可。其中最为人所熟知的是诸葛亮的八阵图，"功盖三分国，名成八阵图"的诗句，一直为后人所传诵。正因为如此，小说戏剧把阵图神秘化了，如宋辽战争中辽方的天门阵，杨六郎父子虽然勇敢，但还得穆柯寨的降龙木才能破得了。

　　穆柯寨这出戏虽然是虚构的，但是就打仗要排阵说，也反映了一点历史的真实性。从公元976年到1085年左右，这110年中，北宋历朝的统治者特别重视阵图（无论是在这时期以前或以后，关于阵图的讨论、研究、演习、运用，对前线指挥官的控制，和阵图在战争中的作用，都比不上这个时期）。从这一时期的史料分析，北宋的统治者是用阵图直接指挥前线部队作战的，用主观决定的战斗队形和防御部署，指挥远在几百里以至千里外的前线部队。敌人的兵力部署、遭遇的地点、战场的地形、气候等等，都凭主观的假设决定作战方案，即使作战方案不符合实际情况，前线指挥官也无权改变。照阵图排阵打了败仗，主帅责任不大；反之，不按阵图排阵而打了败仗，那责任就完全在主帅了，败军辱国，罪名极大。甚至在个别场合，机智一点而又有担当的将领，看出客观情况不利，不按阵图排阵，临机改变队形，打了胜仗，还得向皇帝请罪。

宋辽战争的形势，两方的优势和劣势，989年熟悉北方情况的宋琪曾作具体分析，并提出建议。他说："每蕃部南侵，其众不啻十万。契丹入界之时，步骑车帐，不从阡陌，东西一概而行。大帐前及东西面差大首领三人各率万骑，支散游奕，百十里外，亦交相侦逻，谓之栏子马。……未逢大敌，不乘战马，俟近我师，即竞乘之，所以新羁战蹄，有余力也。且用军之术，成列而不战，俟退而乘之。多伏兵断粮道，冒夜举火，土风曳柴，馈饷自赍。退败无耻，散而复聚，寒而益坚，此其所长也。中原所长，秋夏霖霪，天时也。山林河津，地利也。枪突剑弩，兵胜也。财丰士众，力强也。"契丹以骑兵冲锋为主，宋方则只能凭气候地利取守势。以此，他建议"秋冬时河朔州军，缘边砦栅，但专守境"。到戎马肥时，也"守陴坐甲，以逸待劳……坚壁固守，勿令出战"。到春天新草未生，陈草已朽时，"蕃马无力，疲寇思归，逼而逐之，必自奔北"。最后，还提出前军行阵之法，特别指出，要"临事分布，所贵有权"①。宋太宗采纳了他一部分意见，沿边取守势，做好防御守备，但要集中优势兵力，大举进攻。至于授权诸将，临事分布，则坚决拒绝了。

由于宋辽的军事形势不同，采取防御战术阻遏骑兵冲击的阵法，便成为宋代统治者所特别关心的问题了。在平时，和大臣研究、讨论阵图，如987年并州都部署潘美、定州都部署田重进入朝，宋太宗出御制平戎万全阵图，召美、重进及崔翰等，亲授以进退攻击之略②。997年又告诉马步军都虞候傅潜说："布阵乃兵家大法，小人有轻议者，甚非所宜。我自作阵图给王超，叫他不要给别人看。王超回来时，你可以看看。"③1000年，

① 〔元〕脱脱等：《宋史》卷二六四《宋琪》，中华书局1985年版，第9127页。
② 〔宋〕李焘：《续资治通鉴长编》卷二八，雍熙四年五月庚辰，中华书局2004年版，第638页。
③《续资治通鉴长编》卷四〇，至道二年九月己卯，第852页。

宋真宗拿出阵图32部给宰相研究，第二年又和宰相讨论，并说："北戎寇边，常遣精悍为前锋，若捍御不及，即有侵轶之患。今盛选骁将，别为一队，遏其奔冲。又好遣骑兵，出阵后断粮道，可别选将领数万骑殿后以备之。"①由此可见，这些阵图也是以防御敌骑奔冲和保卫后方给养线为中心思想的。1003年契丹入侵，又和宰相研究阵图，指出："今敌势未辑，尤须防遏，屯兵虽多，必择精锐先据要害以制之。凡镇、定、高阳三路兵悉会定州，夹唐河为大阵。量寇远近，出军树栅，寇来坚守勿逐，俟信宿寇疲，则鸣鼓挑战，勿离队伍，令先锋策先锋，诱逼大阵，则以骑卒居中，步卒环之，短兵接战，亦勿离队，伍贵持重，而敌骑无以驰突也。"②连远在河北前线部队和敌人会战的地点以及步外骑内的战斗部署都给早日规定了。1004年八月出阵图示辅臣，十一月又出阵图，一行一止，付殿前都指挥使高琼等③。1045年宋仁宗读《三朝经武圣略》，出阵图数本以示讲读官④。又赐辅臣及管军臣僚临机抵胜图⑤。1054年赐近臣御制攻守图⑥。1072年宋神宗赐王韶御制攻守图、行军环株、战守约束各一部，仍令秦凤路经略司钞录⑦。1074年又和大臣讨论结队法，并令五路安抚使各具可用阵队法，及访求知阵队法者，陈所见以闻⑧，出攻守图25部赐河北⑨。1075年讨论营阵法，郭固、沈括都提出意见，宋神宗批评当时臣僚所献阵

① 《续资治通鉴长编》卷四九，咸平四年六月戊辰，第1065页。
② 《续资治通鉴长编》卷五四，咸平六年六月乙卯，第1195页。编者按：原文作"今敌势未辑，尤须防遏，屯兵虽多，必择精锐先据要害以制之。凡镇、定、高阳三路兵，悉会定州，夹唐河为大阵。量寇远近，出军树栅，寇来坚守勿逐，俟信宿寇疲，则鸣鼓挑战，勿离队伍，令先锋、策先锋诱逼大阵，则以骑卒居中，步卒环之，短兵接战，亦勿令离队伍，贵持重而敌骑无以驰突也。"断句有异，现据《续资治通鉴长编》作如是改动。
③ 《续资治通鉴长编》卷五七，咸平六年六月乙卯，第1251页；卷五八，景德元年十一月乙亥，第1287页。
④ 《续资治通鉴长编》卷一五四，庆历五年二月庚戌，第3748页。
⑤ 《续资治通鉴长编》卷一五六，庆历五年七月戊申，第3792页。
⑥ 《续资治通鉴长编》卷一七六，至和元年三月壬申，第4255页。
⑦ 《续资治通鉴长编》卷二四一，熙宁五年十二月乙亥，第5874页。
⑧ 《续资治通鉴长编》卷二五四，熙宁七年六月甲午，第6217页。
⑨ 《续资治通鉴长编》卷二五六，熙宁七年九月丙午，第6251页。

图，以为皆妄相惑，无一可取；并说："果如此辈之说，则两敌相遇，须遣使预约战日，择一宽平之地，仍夷阜塞壑，诛草伐木，如射圈教场，方可尽其法耳。以理推之，知其不可用也决矣。"否定当时人所信从的唐李筌《太白阴经》中所载阵图，以为李筌的阵图止是营法，是防御部署，不是阵法。而采用唐李靖的六花阵法，营阵结合，止则为营，行则为阵，以奇正言之，则营为正，阵为奇，定下新的营阵法。沈括以为"若依古法，人占地二步，马四步，军中容军，队中容队，则十万人之队，占地方十余里。天下岂有方十里之地无丘阜沟涧林木之碍者？兼九军共以一驻队为篱落，则兵不可复分，如九人共一皮，分之则死，此正孙武所谓糜军也"①。可见宋神宗的论断，是采取了沈括的意见的。宋代统治者并以阵法令诸军演习，如宋仁宗即位后，便留心武备，令捧日、天武、神卫、虎翼四军肄习战阵法②。1044年韩琦、范仲淹请于鄜延、环庆、泾原路各选三军，训以新定阵法；于陕西四路抽取曾押战队使臣十数人，更授以新议八阵之法，遣往河北阅习诸军。这个建议被采纳了，1045年遣内侍押班任守信往河北路教习阵法③。到命将出征，就以阵图约束诸将，如979年契丹入侵，命李继隆、崔翰、赵延进等将兵8万防御，宋太宗亲授阵图，分为八阵，要不是诸将临时改变阵法，几乎打大败仗④。1070年李复圭守庆州，以阵图授诸将，遇敌战败，复圭急收回阵图，推卸责任，诸将以战败被诛⑤。

---

① 〔宋〕沈括：《梦溪笔谈·补笔谈》，《全宋笔记》第二编第三册，大象出版社2013年版，第246页。（原文脚注：沈括《梦溪笔谈》）编者按：原文作"若依古法，人占地二步，马四步，军中容军，队中容队，则十万人之队，占地方十余里，天下岂有方十里之地，无丘阜沟涧林木之碍者！兼九军共以一驻队为篱落，则兵不可复分，如九人共一皮，分之则死，此正孙武所谓糜军也。"断句有异，现据《续资治通鉴长编》作如是改动。（《续资治通鉴长编》卷二六〇，熙宁八年二月戊寅，第6341页）

② 《宋史》卷二八七《兵一》，第4573页。

③ 《续资治通鉴长编》卷一四九，庆历四年五月壬戌，第3602页；卷一五五，庆历四年六月辛卯，第3624页。

④ 〔宋〕曾公亮撰，陈建中、黄明珍点校：《武经总要·后集》卷三，商务印书馆2017年版，第402页；《续资治通鉴长编》卷二〇，太平兴国四年十月丙午，第462页。（原文脚注：曾公亮《武经总要》后集三）

⑤ 《续资治通鉴长编》卷二一四，熙宁三年八月己卯，第5218页。

在宋代统治者讲求阵法的鼓励下，诸将纷纷创制阵图，如1001年王超援灵州，上二图，其一遇敌即变而为防阵，其一置资粮在军营之外，分列游兵持劲弩，敌至则易聚而并力[1]。1036年洛苑使赵振献阵图。1041年知并州杨偕献龙虎八阵图。青州人赵宇献大衍阵图。1045年右领军卫大将军高志宁上阵图。1051年泾原经略使夏安期上弓箭手阵图。1055年并代钤辖苏安静上八阵图。1074年定州路副都总管、马步军都虞候杨文广献阵图及取幽燕之策。这个杨文广就是宋代名将杨六郎的儿子，也就是为人所熟知的穆柯寨里被俘的青年将领杨宗保[2]。

在作战时，选拔骁将作排阵使。如976年攻幽州，命田钦祚与郭守文为排阵使，钦祚正生病，得到命令，喜极而死。1002年周莹领高阳关都部署，为三路排阵使。1004年澶渊之役，石保吉、李继隆分为驾前东西都排阵使，等等[3]。

由于皇帝事先所制阵图不可能符合客观实际情况，统军将帅又不敢违背节制，只好机械执行，结果是非打败仗不可。1075年宋神宗和朝廷大臣研究对辽的和战问题，张方平问宋神宗，宋和契丹打了多少次仗，其中打了多少次胜仗、多少次败仗，宋神宗和其他大臣都答不出来。神宗反问张方平，张说："宋与契丹大小八十一战，惟张齐贤太原之战，才一胜耳。"[4]八十一仗败了八十次，虽然失于夸大，但是，大体上败多胜少是没有疑问的。打败仗的原因很多，其中之一是主观主义的皇帝所制阵图的

① 《续资治通鉴长编》卷五〇，咸平四年十二月甲午，第1103页。

② 《续资治通鉴长编》卷一一八，景祐三年五月癸巳，第2786页；卷一三二，庆历元年六月丙午，第3165页；卷一三三，庆历元年九月戊午，第3175页；卷一五七，庆历五年十一月甲辰，第3809页；卷一七〇，皇祐三年二月丙午，第4081页；卷一七九，至和二年四月甲寅，第4331页；卷二五八，熙宁七年十一月丁酉，第6288页。（原文脚注：《续资治通鉴长编》卷一一八、一三二、一三三、一五七、一七〇、一七九、二五四、二五七）编者按：原文"一〇七四年定州路副都总管、马步军都虞候杨文广献阵图及取幽燕之策"，出自《续资治通鉴长编》卷二五四、二五七，文献出处有异，现据《续资治通鉴长编》作如是改动。

③ 《宋史》卷二六八《周莹传》，第9227页；卷二五〇《石保吉传》，第8813页；卷二五七《李继隆传》，第8968页。

④ 《续资治通鉴长编》卷二五九注引陈师道《谈丛》，熙宁八年正月乙卯，第6322页。

罪过。

相反，不凭阵图，违背皇帝命令的倒可以不打败仗。道理是临机应变，适应客观实际情况。著例如979年满城之战，李继隆、赵延进、崔翰等奉命按阵图分为八阵。军行到满城，和辽军骑兵遭遇，赵延进登高瞭望，敌骑东西两路挺进，连成一片，不见边际。情况已经危急了，崔翰等还在按图布阵，每阵相去百步，把兵力分散了，士卒疑惧，略无斗志。赵延进、李继隆便主张改变阵势，把原来"星布"的兵力，集中为两阵，前后呼应。崔翰还怕违背节制，万一打败仗，责任更大。赵延进、李继隆拍胸膛保证，如打败仗，由他两人负责。才改变阵势，兵力集中了，士卒欣喜，三战大破敌军。这里应该特别指出，赵延进的老婆是宋太宗尹皇后的妹子，李继隆则是宋太宗李皇后的兄弟，两人都是皇帝亲戚，所以敢于改变阵图，转败为胜[①]。另一例子是1001年威虏军之战。镇、定、高阳关三路都部署王显奉诏于近边布阵和应援北平控扼之路。但辽军并没有根据宋真宗的"作战部署"行事，这年十月入侵，前锋挺进，突过威虏军，王显只好就地迎击。刚好连日大雨，辽军的弓以皮为弦，雨久潮湿，不堪使用，王显乘之大破敌军。虽然打了胜仗，还是忧悸不堪，以违背诏命，自请处分。宋真宗亲自回信慰问，事情才算结束[②]。

前方将帅只有机械地执行皇帝所发阵图的责任，在不符合实际客观情况下，也无权临机应变，以致造成屡战屡败、丧师辱国的局面，当时的文臣武将是很深切了解这一点的，多次提出反对意见，要求不要再发阵图，给前方统帅以机动作战的权力。例如989年知制诰田锡上疏说："今之御戎，无先于选将帅，既得将帅，请委任责成，不必降以阵图，不须授之方略，自然因机设变，观衅制宜，无不成功，无不破敌矣。……况今委任将帅，而每事欲从中降诏，授以方略，或赐以阵图，依从则有未合宜，专断

---

① 《宋史》卷二七一《赵延进传》，第9300页；卷二五七《李继隆传》，第8965页；《续资治通鉴长编》卷二〇，太平兴国四年九月丙午，第463页；《武经总要后集》卷三，第402页。
② 《宋史》卷二六八《王显传》，第9232页。

则是违上旨，以此制胜，未见其长。"①999年，京西转运副使朱台符上疏说："夫将帅者王之爪牙，登坛授钺，出门推毂，阃外之事，将军裁之，所以克敌而制胜也。近代动相牵制，不许便宜。兵以奇胜，而节制以阵图，事惟变适，而指踪以宣命，勇敢无所奋，知谋无所施，是以动而奔北也。"②1040年三司使晏殊力请罢内臣监军，不以阵图授诸将，使得应敌为攻守③。同时王德用守定州，也向宋仁宗指出真宗时的失策："咸平、景德，边兵二十余万皆屯定武，不能分扼要害，故敌得轶境，径犯澶渊。且当时以阵图赐诸将，人皆谨守，不敢自为方略，缓急不相援，多至于败。今愿无赐阵图，第择诸将，使应变出奇，自立异功，则无不济。"④话都说得很透彻，但是，都被置之不理，像耳边风一样。其道理也很简单，一句话就是统治者对爪牙的不信任。最好的证据是以下一个例子。992年盐铁使李惟清建议慎擢将帅，以有威名者俾安边塞，庶节费用。宋太宗对他说私话："选用将帅，亦须深体今之几宜……今纵得人，未可便如古委之。此乃机事，卿所未知也。"⑤由此看来，即使将帅得人，也不能像古代那样授权给他们，而必须由皇帝亲自节制，阵图是节制诸将的主要手段，是非要不可的。

王安石和宋神宗曾经几次讨论宋太宗以来的阵图问题，并且比较了宋太祖、太宗兄弟两人的御将之道，说得十分清楚。一次是在1072年八月：

> 神宗论太宗时用兵，多作大小卷（阵图）付将帅，御其进退，不

① 《续资治通鉴长编》卷三〇，端拱二年正月癸巳，第675页。
② 《续资治通鉴长编》卷四四，咸平二年三月庚寅，第937页。
③ 〔宋〕欧阳修撰，李逸安点校：《欧阳修全集》卷二二《观文殿大学士行兵部尚书西京留守赠司空兼侍中晏公神道碑铭》，中华书局2001年版，第353页；《续资治通鉴长编》卷一二六，康定元年三月戊寅，第2988页。（原文脚注：《欧阳修文集》三，《晏公神道碑铭》）
④ 〔宋〕叶梦得：《石林燕语》卷九，中华书局1984年版，第132页。编者按：原文作"咸平景德（时）边兵二十余万，皆屯定武，不能分扼要害，故敌得轶境，径犯澶渊。且当时以阵图赐诸将，人皆谨守，不敢自为方略，缓急不相援，多至于败。今愿无赐阵图，第择诸将，使应变出奇，自立异功，则无不济。"断句有异，现据《石林燕语》作如是改动。
⑤ 《宋史》卷二六七《李惟清传》，第9217页。

如太祖。

王安石曰：太祖知将帅情状，故能得其心力。如言郭进反，乃以其人送郭进，此知郭进非反也，故如此。所以如进者皆得自竭也。其后郭进乃为奸人所摧，至自杀。杨业亦为奸人所陷，不得其死。将帅尽力者乃如此，则谁肯为朝廷尽力？此王师所以不复振，非特中御之失而已。

神宗曰：祖宗时从中御将，盖以五代时士卒或外附，故惩其事而从中御。

王安石曰：太祖能使人不敢侮，故人为用，人为用，故虽不中御而将帅奉令承教无违者，此所以征则强、守则固也。①

指出从中御将，颁赐阵图是惩五代之事，是怕士卒叛变，怕将帅割据，指出宋太祖虽不中御，而将帅奉令惟谨。反面的话也就是宋太宗和他以下的统治者，不能使人不敢侮，因之也就越发不放心，只好从中御将，自负胜败之责了。

另一次讨论在第二年十一月：

宋神宗问先朝何以有澶渊之事。

安石曰：太宗为傅潜奏防秋在近，亦未知兵将所在，诏付两卷文字云，兵数尽在其中，候贼如此，即开某卷，如彼，即开某卷。若御将如此，即惟傅潜王超乃肯为将。稍有才略，必不肯于此时为将，坐待败衄也。但任将一事如此，便无以胜敌。②

连兵将所在、兵数多少也不知道的前方统帅，只凭皇帝所发阵图作战。这样的统帅，这样的御将之道，要打胜仗是绝对不可能的。这是宋辽

① 《续资治通鉴长编》卷二三七，熙宁五年八月庚子，第5776页。编者按：原文作"太祖能使人不敢侮，故人为用，人为用，故虽不中御，而将帅奉令承教无违者，此所以征则强，守则固也"，断句有异，现据《续资治通鉴长编》作如是改动。

② 《续资治通鉴长编》卷二四八，熙宁六年十一月戊午，第6046页。

战争中宋所以屡战屡败，不能收复幽燕的原因之一。这也是宋代著名将帅如广大人民所熟知的杨业，所以遭忌战死，狄青做了枢密使以后，被人散布谣言去职忧死的原因。因为这些人都不像傅潜、王超那样，而是有才略、有决断、有经验、有担当的。同时，这一事实也反映了宋代统治阶级内部的深刻矛盾。

（原载《新建设》1959年第4期。选自《吴晗史学论著选集》，

人民出版社1988年版，第87—95页）

有关"拐子马"的诸问题的考释

邓广铭

南宋高宗赵构绍兴十年（1140），岳飞由鄂州率军北上，抗击由金朝女真军事贵族兀术统帅的南侵兵马，在郾城战役中，大破金方的精锐部队——拐子马。这一历史事件，直到今天还在普遍流传。但是，究竟拐子马是一种什么样的部队，具有何等样的装备？对此，南宋以来的史书上，有不同的记载和不同的理解。岳珂所编写的《鄂王行实编年》中，对拐子马又详细地加以解释说："兀术有劲军，皆重铠，贯以韦索（按即皮绳）。凡三人为联，号拐子马，又号铁浮图，堵墙而进，官军不能当，所至屡胜。"①此说既出，章颖在《南渡四将传》的《岳鄂王传》中加以沿用，元朝官修的《宋史·岳飞传》中也加以沿用。从此，对于拐子马的解释算是定于一尊了，然而诸多的附会错讹，却也从此铸定，踵讹袭谬，牢不可破。计其时间，已将近800年了。我认为，再不应让这一误解继续流传下去了。因特写成此文，目的是要把拐子马的正确解释探索出来，而把历来（特别是从岳珂以来）对拐子马的种种附会和误解，一律加以澄清。

---

① 〔宋〕岳珂：《鄂国金佗稡编续编校注·稡编》卷八《经进鄂王行实编年卷之五·绍兴十年庚申岁》，中华书局1989年版，第530页。

一、在有关宋、金战争史料中出现较早的"铁浮图""拐子马""挞叉千户""河北签军"和"左护军"诸词

（一）

"拐子马"这个名词，在北宋人所撰述的有关武备和军事的史料中就已经出现，并不是在宋、金战争发生后才出现的。在记载宋、金战争的史料中，"拐子马"这一名词的出现，是在1140年五月的顺昌战役中，也不是在记载这年七月郾城战役时才出现的。

当金朝的军事统帅兀术于1140年率军南侵，于六月间抵达顺昌（今安徽阜阳）境内时，原先奉命去驻守开封的南宋将官刘锜，这时恰正带兵行进到顺昌，便在顺昌城内进行防御部署。有一个名叫杨汝翼的文人，这时也跟随刘锜在顺昌。他亲眼看到这次战役的全部过程，事后便写了一篇《顺昌战胜破贼录》[①]，详记这次战役经过，其中有一段文字说：

> （六月）初九日平明，四太子遂合龙虎大王及三路都统，韩将军、翟将军人马，还至城下。甲兵铁骑十有余万，阵列行布，屹若山壁。旗帜错杂，大小有差。……
>
> 四太子披白袍，甲马，往来指呼，以渠自将牙（按同衙）兵三千策应，皆重铠全装。虏号铁浮图，又号挞叉千户。其精锐特甚。自用兵以来，所向无前，至是，亦为官军杀伤。先以枪揭去其兜牟，即用刀斧斫臂，至有以手掉扯者。极力斗敌。自辰至戌，贼兵大败。遽以拒马木障之。少休，……去拒马木，深入斫贼，又大破之。……
>
> 方其接战时，郦琼、孔彦舟、赵提刀等皆单骑列于阵外。有河北

[①] 此书全文俱收入〔宋〕徐梦莘：《三朝北盟会编》卷二〇一，绍兴十年六月九日，上海古籍出版社2019年版，第1449—1450页；〔宋〕李心传撰，胡坤点校：《建炎以来系年要录》卷一三五，绍兴十年四月庚寅，中华书局2013年版，第2525页。附注中亦引录此文，但谓系郭乔年撰。不知何以互歧如此。

签军告官军曰:"我辈元是左护军,本无斗志。所可杀者,止是两拐子马。"故官军力攻破之。皆四太子平日所倚仗者,十损七八。

这是南宋一代的历史记载当中,最先提及拐子马的,而拐子马究竟是怎样的物事,在这篇文章中却找不到解释。我们也把这一问题留到下文去解决,在此先把见于这段引文中的另外两个名词,即"抆叉千户"和"河北签军"解释一下。

什么叫作"抆叉千户"? 这在《金史·兵志》的"禁军"条中可以得到回答。《兵志》说:

禁军之制,本于"合扎谋克"。"合扎"者,言亲军也。以近亲所领,故以名焉。……

贞元迁都,更以太祖、辽王宗干、秦王宗翰之军为"合扎猛安",谓之"侍卫亲军",故立"侍卫亲军司"以统之"。[1]

这里的"猛安",是按女真语音转写为汉字的,意译就是"千户"。"抆叉"与"合扎"自是同一女真语音的汉字异写。因此,"抆叉千户"与"合扎猛安"这两个词儿,不论就其语音或语义来说,是全然等同的,即同是汉语中的"侍卫亲军"之意。所以,在《顺昌战胜破贼录》中,也说金的四太子兀术以"自将牙兵三千策应,皆重铠全装,虏号'铁浮图',又号'抆叉千户',其精锐特甚。"兀术自将的牙兵,当然也就是他的侍卫亲军了。

《金史·兵志》说"合扎猛安"的编制,是在贞元迁都之后才组成的。按所谓贞元迁都者,是指1153年金主完颜亮由金的上京会宁府迁都于燕京一事而言,然在1140年的顺昌战役中既已出现了"抆叉千户"的名称,则其组成必然在1140年之前,而绝对不会在1153年之后。可见《金史·

---

[1] 〔元〕脱脱等:《金史》卷四四《兵·禁军》,中华书局1975年版,第1001页。编者按:原文为作"贞元迁都,以太祖、辽王宗干、秦王宗翰军为'合扎猛安',谓之'侍卫亲军',故立'侍卫亲军司'统之。"现据《金史》作如是改动。

兵志》的这一条记事，必有年代上的错误。但尽管如此，其中对于"合扎"（亦即"挞叉"）这一语词的解释却是完全正确的。

《顺昌战胜破贼录》说兀术的"自将牙兵""皆重铠全装，虏号'铁浮图'，又号'挞叉千户'"。这里也颇有语病。因为，所谓"又号'挞叉千户'"一句，只应是承接上文的"自将牙兵"而言；而所谓"虏号'铁浮图'"，则又应是仅仅承接"皆重铠全装"一句，只是说，因为这支部队的装备都是"重铠全装"，望之若铁塔一般，所以又得了"铁浮图"的称号（按实说来，铁浮图也只能是汉人给予的称呼，绝非女真语）。"自将牙兵"与"挞叉千户"或"侍卫亲军"，都是指部队中的一种特定编制；而"铁浮图"则绝不寓有任何编制的涵义在内，而是对所有装备精良的部队，对所有望之如铁塔般的部队，都可以给予这样的称呼。所以，在汪若海记述顺昌战役的《札子》①当中，把兀术"所将攻城士卒"，一律称为"铁浮屠，又曰铁塔兵"，并述写其装备说："被两重铁兜牟，周匝皆缀长簷，其下乃有毡枕。"据知《顺昌战胜破贼录》中既把"铁浮图"作为女真语，又把"铁浮图"与"挞叉千户"和"自将牙兵"等同起来，显而易见，都是错误的。

我再重说一遍：兀术的侍卫军固可因其"重铠全装"而被称为铁浮图；兀术的侍卫军以外的所有"重铠全装"的金军，也是同样可以被称为铁浮图的。

（二）

据《顺昌战胜破贼录》所说，拐子马的名称是出之于"河北签军"之口的，是金国部队中的"河北签军"向南宋军队讲话时使用的一个名词。因此，"河北签军"在这里的关系至关重要。我们应当尽先弄清楚什么叫作"河北签军"。

辑本《宋会要》的《兵》门《归正》类，在绍兴三年（1133）载有一

---

① 《三朝北盟会编》卷二〇二，绍兴十年六月十一日甲寅，第1454页。

道诏令说：

> 九月二十五日诏：金人自来多系驱掳河北等路军民，号为签军，所当先冲冒矢石，枉遭杀戮。念皆吾民，深可怜悯。兼自来招收投降汉儿签军等，并皆优补官资，支破请受。可令岳飞：如遇外敌侵犯，措置说谕，有率众来归，为首之人，仍优与推恩。[①]（兵一五之四）

汪藻《浮溪集》卷二《论侨寓州郡札子》中，也有论及签军的一段，说道：

> 比金人入寇，多驱两河人民，列之行阵，号为签军。彼以数百年祖宗涵养之恩，一旦与我为敌者，岂其本心哉？特妻子、父兄为其劫质，以死胁之，出于不得已而然耳，固未尝一日忘宋也。今年建康、镇江为韩世忠、岳飞所招，遁（而来）归者无虑万人，其情可见。[②]
> ［《建炎以来系年要录》系此《札子》于建炎四年（1130）五月］

金人刘祁的《归潜志》卷七，也有一条谈及此事，后来且为《金史·兵志》所引用。其文云：

> 金朝兵制最弊。每有征伐或边衅，动下令签军，州县骚然。其民家有数丁男，好身手，或即尽拣取无遗。号泣怨嗟，阖家以为苦。驱此辈战，欲其克胜，难哉！[③]

从上面的几段引文，可以十分清楚地看出，所谓"河北签军"者，就

---

① 〔清〕徐松辑：《宋会要辑稿·兵》一五之四，上海古籍出版社2014年版，第8907页。

② 〔宋〕汪藻：《浮溪集》卷二《论侨寓州郡札子》，《景印文渊阁四库全书》第1128册，台湾商务印书馆1986年版，第19页；《建炎以来系年要录》卷三三，建炎四年五月乙巳，第756页。编者按：原文作"比金人入寇，多驱两河人民，列之行阵，号为签军。彼以数百年祖宗涵养之恩，一旦与我为敌者，岂其本心哉，特妻子父兄为其劫质，以死胁之，出于不得已而然耳，固未尝一日忘宋也。今年建康、镇江为韩世忠、岳飞所招，遁（而来）归者无虑万人，其情可见。"现据《浮溪集》作如是改动。

③ 〔金〕刘祁撰，崔文印点校：《归潜志》卷七，中华书局1983年版，第77—78页。

是指河北地区民户中被金国统治者强迫征调参军的那些人。这些被驱掳从军的人，在每次战争中，还都被迫最先上火线去"冲冒矢石"。

从上面的引文还可看出，全部的河北签军，其人既全是汉族的人，他们所讲的话自然也全都是汉族的语言。既然如此，则从他们口中说出的"拐子马"，也只能是汉族语言，而断然不会是女真语言。

（三）

河北签军告诉南宋军队的话，第一句就是"我辈原是左护军，本无斗志"。这里的"左护军"究作如何解释呢？

据李心传《建炎以来系年要录》卷九十六绍兴元年（1131）十二月庚子条所载，南宋王朝在这一天把它所统辖的军队，由原来的神武军改名为行营护军，张俊所部人马称行营中护军，韩世忠的称前护军，岳飞的称后护军，而刘光世所部人马则称左护军。到绍兴七年八月，刘光世的一员部将郦琼率领全部刘家军叛降了伪齐。一年以后，伪齐被废，这支军队的下场，可能有一些人被改编，另有一些人便可能被遣散了。金人在每次征签兵丁时，总是尽先征签那些曾经做过正规军的人。在绍兴十年金军大举南侵之前，为郦琼所劫持而投降伪齐的刘光世的旧部，不论是被改编或被遣散的，必又都被征发到前线上去。这些在阵地上主动向南宋军队搭话的"河北签军"，因其本来就是刘光世的旧部，所以首先就表明身份，说"我辈原是左护军，本无斗志"了。（但是，李心传在《建炎以来朝野杂记》甲集卷十八的《御前诸军》条内，所述行营护军的前、后、左、右各军及其将领，均与《建炎以来系年要录》不同。例如，说张俊部队改称前护军，韩世忠部队改称后护军，岳飞部队改称左护军，刘光世部队改称右护军。不知两书何以互歧如此。今与南宋其他史籍相参证，知《朝野杂记》此条所记多误，故不取。）

二、对"铁浮图"和"拐子马"最早的错误解释

在1140年，南宋王朝派在顺昌府做地方长官的是陈规，做通判的是

汪若海。金国的南侵兵马进入顺昌境内之后，陈规与刘锜共同负责措置守御事项，汪若海则因须往杭州去乞援于南宋王朝，于五月中旬即挈带眷属离开了顺昌。

从宋钦宗赵桓即位以后，在关于是否割三镇的问题上，在委任赵构为天下兵马大元帅，以及赵构由相州到归德去践皇帝之位的问题上，汪若海都曾参加过谋议，因而在当时是被称为"深沉有度"的人。可是这次之挈眷南行，在《顺昌战胜破贼录》中是被描述为临阵脱逃的。事实上，汪若海这次到杭州也并没有请到救兵，而他的重回顺昌去做通判，却也是在顺昌战役已经结束，顺昌的安全已经可以确保之后。

汪若海为要表明自己也是这场顺昌战役的直接参与者，便于回任之后，"躬往战地，或访亲身临阵之人，或质被掳得脱之士"，"聊述顺昌之战胜"，[1]写成一篇《札子》送呈南宋王朝，"以备朝廷之采择"。其中有专谈"铁浮屠（图）"和"拐子马"的一段：

> 兀术所将，号常胜军。……其所将攻城士卒号铁浮屠，又曰铁塔兵，被两重铁兜牟，周匝皆缀长檐，其下乃有毡枕。三人为伍，以皮索相连。后用拒马子，人进一步，移马子一步，示不反顾。
>
> 以铁骑为左右翼，号拐子马，皆是女真充之。自用兵以来，所不能攻之城，即勾集此军。
>
> （六月九日）刘某出军五千人接战，……始与虏骑往来驰逐，后直冲入虏军中，手相扯捽，刀斧相斫，至有提去虏兜牟而刺之者。军士有中刀洞心而犹刺虏不已者，有偶失地利与虏相抱于城壕而死者。
>
> 血战自辰时至申，虏乃败走，横尸遍野，不知其数。刘亦敛兵入城。兀术大怒，亲拥三千余骑，直扣东门，射城上人，着城上炮架皆满。又被城上军以劲弩射走。
>
> 兀术既大败，乃移寨于城西门，开掘壕堑，……欲为不战之计

---

[1]《三朝北盟汇编》卷二〇二，绍兴十年六月十一日甲寅，第1456页。

而坐困顺昌。……①（《三朝北盟会编》卷二○二）

汪若海的这几段记述，有一部分是从《顺昌战胜破贼录》中抄袭来的，但也有一部分为该《录》所不载，则应是从一些"亲自临阵之人"或"被掳得脱之士"询访而得的。其中对于"铁浮屠"和"拐子马"作了更具体的解释，那就是：所谓"铁浮屠"者，除为《顺昌战胜破贼录》所说的"重铠全装"作了更详细的说明，如"被两重铁兜牟，周匝皆缀长檐，其下乃有毡枕"诸事之外，还要"三人为伍，以皮索相连"；所谓"拐子马"者，则是列置在左右两翼的女真铁骑的一种简称。

汪若海对拐子马所作的解释是正确的，对"铁浮屠"所增加的"三人为伍"等解释则全然错误。然而到岳珂编写《鄂王行实编年》时，却又合二而一，把汪若海对"铁浮屠"所作的错误解释移用于"拐子马"身上去了。从此便以讹传讹，贻误千载，故不可不加辨正。

三、岳珂《鄂王行实编年》所载郾城战役中的"拐子马"

岳飞是一个喜欢招揽文士的人，在他的军营中经常有大批的"效用使臣"。当他的军队在绍兴十年（1140）夏、秋间在颍昌府、郾城县等地与金军对战时，随同部队在战地的这类文士必也不少。他们亲眼看到了这几次战役的实况，必也有人将其全过程记载下来，像杨汝翼记载顺昌战役那样。不幸的是，到绍兴十一年底（1142年初），秦桧便对岳飞下了毒手，使他父子惨遭杀身横祸。从此以后，凡与岳飞往还较多的人，便被目为"交通叛将"，曾做过他的幕僚的人，更都不免被深文周纳地加以这样那样的罪名，他们的身家性命全受到严重灾祸。因此，凡属记述岳飞生平事迹特别是战功的文字，以及和岳飞相往还的书札之类，在这时便大都由原作者自行销毁，希图借此灭迹免祸。郾城战役的经过，虽然也必有身临其境的文士、使臣之流曾加记述，但在岳飞身遭横祸之后，这些记载也必然都

①《三朝北盟会编》卷二○二，绍兴十年六月十一日甲寅，第1454—1455页。

随之而灰飞烟灭，自也可以断言。基于这些因由，我们现时所能看到的关于郾城战役的最早记录，是在岳飞身死60多年之后，由他的孙子岳珂写入《鄂王行实编年》中的如下一段文字：

> 先臣自以轻骑驻于郾城县，方日进未已。……日出一军挑虏，且骂之。兀术怒其败，（绍兴十年七月）初八日，果合龙虎大王、盖天大王及伪昭武大将军韩常之兵逼郾城。先臣遗臣云领背嵬、游奕马军直贯虏阵，……鏖战数十合，贼尸布野，得马数百匹。……

> 初，兀术有劲军，皆重铠，贯以韦索，凡三人为联，号"拐子马"，又号"铁浮图"，堵墙而进，官军不能当，所至屡胜。是战也，以万五千骑来，诸将惧，先臣笑曰："易耳！"乃命步人以麻札刀入阵，勿仰视，第斫马足。"拐子马"既相联合，一马偾，二马皆不能行，坐而待毙。官军奋击，僵尸如丘。兀术大恸，曰："自海上起兵，皆以此胜；今已矣！"拐子马由是遂废。[①]

岳珂之编写《行实编年》，是在宋宁宗嘉泰三年（1203），其时上距岳飞之死已经62年，岳飞生前所带领的兵将，假如在岳飞受害时有年仅二十五六岁的，到这年也已将近90岁了，必不可能还有几个活在人间的。因而岳珂对于郾城战役的那段叙述，必不会是从亲身参与那次战役的兵将口中听来的。但岳珂编写此书时所依据的文字资料，绝大部分我们现时都还可以看到，有一部分较为冷僻的，后来也被岳珂收录在《金佗稡编》和《金佗续编》当中了，而在上述这些资料当中，却全无详述郾城战役的文字。岳珂为求能把这一空白补充起来，而且要把它补充得有声有色，他便东拼西凑，把杨汝翼、汪若海记载顺昌战役的两文取来参考，摘录了两文中的某些段落，稍加窜改，即移用了过来，充作郾城战役的具体内容。例如，"贯以韦索"和"三人为联"，即是把汪若海《札子》中的"三人为

[①] 《鄂国金佗稡编续编校注·稡编》卷八《经进鄂王行实编年卷之五·绍兴十年庚申岁》，第524、530页。

伍，以皮索相连"稍加改动而成的。而把"铁浮图"和"拐子马"合二而为一，则是岳珂把见于杨、汪二文中的两个各不相干的名词有意加以混淆的。"一马偾，二马皆不能行"，更是岳珂专凭臆想而创为之说的。

在《鄂王行实编年》成书三年之后，即1206年，南宋王朝的史官章颖以为，刘锜、岳飞、李显忠和魏胜这四员大将的遭遇都很不幸，遂为他们各写一传以事表扬，合编为《南渡四将传》一书，并且表上于朝（事实上即献诸史馆），以备修撰国史时的采择。其中的《岳飞传》，完完全全是以《鄂王行实编年》为蓝本，稍加删润而成的。在记述郾城战役中大破金军拐子马一段，则只是把《行实编年》中的"堵墙"改为"如墙"，"是战也"改为"是役也"，"步人"改为"步卒"，"既相联合"改为"相连"，"一马偾"改为"一马仆"，此外再没有不同之处。后来元朝晚年编修的《宋史》，其中的《岳飞传》果然是照抄了章颖的《南渡四将传》中的那一篇，连字句间的改动也很少。明、清两代有好几种记述岳飞事迹的小说《说岳精忠全传》之类行世，其内容虽不尽相同，却全都在叙述郾城战役时插入了大破拐子马一节，而且也都是以《宋史·岳飞传》或《鄂王行实编年》为其依据的。这样一来，就使得一般人对于所谓拐子马者统一在同一种理解之下："三人为联，贯以韦索"，而且是只要"一马仆"，其余二马自然也都"不能行"了。

四、"铁浮图"和"拐子马"全都不是"三人为联，贯以韦索"的

岳珂在《鄂王行实编年》当中把"铁浮图"和"拐子马"混同起来，做史官的章颖又完全依照《行实编年》改写了一篇《岳飞传》而上之史馆，可以想见，南宋《国史》中的《岳飞传》必即是毫不改动地照抄了章颖的那一篇，而元朝官修《宋史》中的《岳飞传》，若非直接从章颖著作中抄来，便必是从南宋《国史》中抄来的，两篇文字之间的差异处，真可说绝无而仅有。于是，"三人为联，贯以韦索，号拐子马，又号铁浮图"之说，从此便成了大家公认的"定说"了。在明、清两代人所编辑的《宋

史纪事本末》《续通鉴》等书中，更无不沿用其说。到18世纪后期，清朝的乾隆皇帝令其臣僚以他的名义编纂《御批通鉴辑览》时，才察觉到此说之不通，因而写了一条"御批"，对之进行驳斥，说道：

> 北人使马，惟以控纵便捷为主。若三马联络，马力既有参差，势必此前彼却；而三人相连，或勇怯不齐，勇者且为怯者所累，此理之易明者。
>
> 拐子马之说，《金史·本纪·兵志》及兀术等传皆不载，唯见于《宋史·岳飞传》《刘锜传》，本不足为确据。况兀术战阵素娴，必知得进则进，得退则退之道，岂肯羁绊己马以受制于人？此或彼时列队齐进，所向披靡，宋人见其势不可当，遂从而妄加之名目耳。①

这段话虽是直接针对《宋史·岳飞传》《刘锜传》中的"拐子马"一词而发的，但在《宋史·岳飞传》中，却正是辗转因袭了《鄂王行实编年》之误，把"拐子马"和"铁浮图"合二而为一的，而《行实编年》中对拐子马的解释，则是把汪若海对铁浮图的解释照搬来的，因此，这段"御批"还等于间接地对汪若海在其《札子》中对"铁浮图"的解释进行了批驳。

如在上文中所已说过的，铁浮图和铁塔兵，都只能是出自汉人口中的一种称呼，而其所以得此称呼，则又只能按照杨汝翼在《顺昌战胜破贼录》中所说，是指金军中之"重铠全装"的那部分士兵而言的，如在此外再附加任何涵义，便必然发生错误。汪若海没有亲身参与顺昌战役，对于金方军人和战马的装备全不曾目睹，却偏要在杨汝翼的记载和解释之外，凭空增加了"三人为伍，以皮索相连"等无稽之谈，既不近情，也不合理，当然不会是从"临阵之人"或"被掳之士"询访得来的。

《通鉴辑览》中的这条"御批"，不论用以驳斥"铁浮图"或"拐子马"，全都是切中要害，很有说服力的。但是在杨汝翼的《顺昌战胜破贼

---

① 〔清〕傅桓：《御批历代通鉴辑览》卷八六《宋高宗皇帝》，上海商务印书馆1904年版，第13页。

录》中对铁浮图已经给予了正确的解释，在驳斥了汪若海的谬说之后，当会很自然地回到杨汝翼的正确解释上去；而杨汝翼、汪若海二人对于"拐子马"一词却全未给予任何解释。在《通鉴辑览》的这条"御批"当中，虽然论证了"三马联络"与"三人相连"之不合情理，然而说，拐子马乃是南宋人见金兵"列队齐进，所向披靡，势不可当，遂从而妄加之名目"，却也仍然是一个不能使人信服的解释。因此，人们仍不免要问：拐子马既与铁浮图同样不是"三人相连"或"三马联络"的，那么，它究竟是指金军中的什么部队而说的呢？

五、"拐子马"就是左右翼骑兵

李焘的《续资治通鉴长编》卷五六，于宋真宗景德元年（1004）七月乙未有一条记载说：

> 诏北面都部署，自今与敌斗，阵既成列，除东西拐子马及无地分马外，更募使臣、军校拳勇者，量地形远近，押轻骑以备应援。
>
> 先是，以大阵步骑相半。敌谍知王师不敢擅离本处，多尽力偏攻一面，既众寡不敌，罕能成功。故有是诏。[①]

宋仁宗康定元年（1040），曾公亮等人编纂的《武经总要前集》卷七，也有一段记载说：

> 东西拐子马阵，为大阵之左右翼也。本朝西北面行营拐子阵，并选精骑。夷狄用兵，每弓骑暴集，偏攻大阵，一面捍御不及，则有奔

突之患。因置拐子马阵，以为救援，其兵量大阵之数，临时抽拣。①

从上边的两段引文中，可知“拐子马”一词在北宋的前期便已出现。而见于这两段引文中的“拐子马”，又全不是指敌人（当时北方敌人为辽）方面的某种骑兵，而是宋人自指其前线上某一种骑兵说的。《长编》所载诏令以“东西拐子马”与“无地分马”对举，所谓“无地分马”者，乃是指没有固定列阵的方位和地点，只准备随时听令相机策应或赴援某部之用的骑兵；而“东西拐子马”者，则是有固定列阵方位的，亦即《武经总要》中所说“为大阵之左右翼”的骑兵。

以上引两条记载与杨汝翼、汪若海记顺昌战役的文字相参证，我们就可对“拐子马”一词得出确切理解了：

一、《续通鉴长编》和《武经总要》中的“东西拐子马”“大阵之左右翼”，和见于杨汝翼、汪若海二人文章中的“两拐子马”“以铁骑为左右翼，号拐子马”，是完全相对应的；所谓“两拐子”，实即等于说“两翼”；所谓“东西拐子马”，实即等于说“左右翼骑兵”。

二、《续通鉴长编》和《武经总要》中的“拐子马”是北宋人自指其“大阵左右翼”的骑兵而言，而见于杨汝翼记载中的“两拐子马”，却又恰恰是出诸“河北签军”之口，而非出于女真族士兵口中的。所谓“河北签军”者，照我们在上文所考释，其人本皆汉人，其话也全是汉话，则从他们口中说出的“拐子马”，自然也只是沿用北宋以来已在习用的一个名词，不会另有新加的涵义在内，也是可以断言的。

在北宋时期内的词汇中，不但有“拐子马”，还常见有“拐子城”的称呼。在《三朝北盟会编》卷六六，靖康元年（1126）闰十一月记金兵围攻开封城时，即屡次谈及守御拐子城的事。例如：

---

① 〔宋〕曾公亮撰，陈建中、黄明珍点校：《武经总要前集》卷七，商务印书馆2017年版，第107页。编者按：原文作“‘东西拐子马阵’，为大阵之左右翼也。本朝西北面行营，‘拐子阵’并选精骑。夷狄用兵，每弓骑暴集，偏攻大阵一面，捍御不及则有奔突之患，因置‘拐子马阵’以为救援。其兵，量大阵之数，临时抽拣。”现据《武经总要》作如是改动。

一日壬辰条有云:"车驾幸京城南壁,……已而幸宣化门,徒步登拐子城,亲视虏营。"①

四日乙未条有云:"贼初到即力攻东壁通津门拐子城,时刘延庆颇练兵事,措置独有法。"②

六日丁酉条有云:"金人犯阙几旬日,……攻城日急,而善和、通津、宣化三门尤为紧地。……姚仲友于三门两拐子城别置两圆门,……"③

九日庚子条有云:"宣化门告急,姚仲友领兵守南北拐子城。所以不捍御水门者,以水门不可遽犯,故急攻二拐子。矢石如雨,楼橹皆坏。"④

孟元老的《东京梦华录》卷一《东都外城》条亦载:"东城一边,其门有四。东南曰东水门,乃汴河下流水门也,其门跨河,有铁裹窗门,遇夜如闸垂下水面。两岸各有门通人行路,出拐子城,夹岸百余丈。"⑤

据上引各条资料可以证明,修筑在汴京城的各城门外,用以拱卫城门的两道各呈直角的对立垣壁,北宋人称之为拐子城;设置在正面大阵两翼的骑兵部队,北宋人称之为拐子马阵。拐子一词乃北宋人的习用语词,当无疑义。不幸的是,在北宋灭亡之后,这一语词竟跟随着中原和华北地区而一同沦陷,它虽还保存在中原和两河地区居民的口语当中,却不曾被南渡的军民人等带往南方。他们听到这一名词虽也完全懂得,却不再用以称呼自己的两翼骑兵。故南宋初年的杨汝翼和汪若海,对拐子马这一名称还能通晓其涵义,还不曾在其记述顺昌战役的文字中对它作任何曲解和附会;到南宋中叶的朱熹,他已不知此事之原委、曲折,便不免对之茫然不知其为何物了。例如:

① 《三朝北盟会编》卷六六,靖康元年闰十一月一日壬辰,第494页。
② 《三朝北盟会编》卷六六,靖康元年闰十一月四日乙未,第496页。
③ 《三朝北盟会编》卷六六,靖康元年闰十一月六日丁酉,第498页。
④ 《三朝北盟会编》卷六六,靖康元年闰十一月九日庚子,第498页。
⑤ 〔宋〕孟元老撰,伊永文笺注:《东京梦华录笺注》卷一《东都外城》,中华书局2007年版,第1页。编者按:原文为作"东城一边,其门有四。东南曰东水门,乃汴河下流水门也,其门跨河,有铁裹窗门,遇夜,如闸垂下水面。两岸各有门通人行,路出拐子城,夹岸百余丈。"现据《东京梦华录笺注》作如是改动。

　　黎靖德编《朱子语类》卷一三三《夷狄》门载，朱熹曾向他的学生说，当宋徽宗派人去与金人联系夹攻辽朝时，高丽国王向北宋派往高丽的两位医师说："女真不是好人，胜契丹后必及宋，而吾国亦不能自存。"又说："女真作一阵法甚好，我今思得一法胜之。"对于被高丽国王称为"甚好"的女真阵法，朱熹继即加以解释说："盖如拐子马之类。"[1]按照《武经总要》所说，"拐子马阵"乃是北宋对敌作战时所常摆布的一种阵式，怎么被说成是女真的一种甚好的阵法呢？可见朱熹已不知拐子马的确凿涵义了。

　　岳珂和章颖，较朱熹更为晚出，对于拐子马一词自然更莫名其妙，于是就只能望文生义，硬把"铁浮图"和"拐子马"二者牵合为一，并借用汪若海对"铁浮图"的错误解释来解释"拐子马"，另外还附益了"三人相连，一马仆，二马不能行"等话语，以致与"拐子马"的确切涵义就不能不愈去愈远了。

六、纠驳岳珂的"自海上起兵皆以此胜"和"拐子马由此遂废"诸谬说

（一）

　　金朝的军队，是以骑兵为主的。凡是由女真本族的丁壮所组成的部队，或从其所统辖的各少数民族征调来的部族兵，大致上都是骑兵。只有从汉族地区征签的兵丁，才编制为步兵队伍，而且在作战时，总要他们首先去"冲冒矢石"。如《归潜志》所说，每当金朝下令签军之时，居民则"号泣怨嗟"，州县均为之"骚然"，"驱此辈战，欲其克胜"，当然是不可能的。因此，金军的主力，及其恃以取胜的，当然只有骑兵，包括被汉族士兵称作铁浮图和拐子马的那些部队。打了胜仗，固应归功于他们；打了败仗，也同样得归咎于他们。而从宋、金间发生战争以来，金的主力部队

---

[1]〔宋〕黎靖德：《朱子语类》卷一三三《本朝七·夷狄》，中华书局1986年版，第3191—3192页。

被宋军打败的事却也是不少的。《鄂王行实编年》以为，自金人起兵以来，只要铁浮图、拐子马一上阵，便战无不胜，只在郾城战役中，才被岳飞识破其弱点，"乃命步人以麻扎刀入阵，勿仰视，第斫马足"，才第一次把铁浮图、拐子马打败，"拐子马由是遂废"。这显然是不合情理，也不符合史实的。

首先，宋军以大刀、长斧入金阵而砍其马足，并因此而战胜金军的事，在郾城战前就已有了不止一次了。例如：

一、《建炎以来系年要录》卷八十一载：绍兴四年（1134）十月韩世忠在扬州大仪镇打败金军，其过程是："韩世忠引兵次大仪镇，勒兵为五阵，设伏二十余处。"金将挞也"拥铁骑过五阵之东"，世忠"传小麾，鸣鼓，伏者四起"。"背嵬军（按，即韩世忠的侍卫军）各持长斧，上揸人胸，下削马足。"金的骑兵"全装陷泥淖中，人马俱毙。遂擒挞也"[1]。

二、《朱子语类》卷一三二，记有朱熹关于绍兴十年（1140）顺昌战役的一段谈话：

> 张栋（字彦辅）。谓刘信叔（按，即刘锜）亲与他言，顺昌之战，时金人上十万人围了城，城中兵甚不多。刘使人下书约战日，虏人笑。是日早，虏骑迫城下而阵，连山铁阵甚密不动。刘先以……肉饭犒师。……以所犒一队持斧出，令只掀起虏骑（马甲），斫断马脚。人马都全装，一骑倒，又粘倒数骑。虏人全无下手处。……杀甚多，虏觉得势败，遂遁走。[2]（《语类》卷一三六载有另一人所记此次谈

---

[1] 〔宋〕李心传撰，胡坤点校：《建炎以来系年要录》卷八一，绍兴四年十月戊子，中华书局2013年版，第1532、1533页。编者按：原文作"全装陷泥潭中，人马俱毙"，有误，现据《建炎以来系年要录》作如是改动。

[2] 《朱子语类》卷一三二《本朝六·中兴至今日人物下》，第3167页。编者按：原文作"张栋（字彦辅）谓刘信叔（按，即刘锜）亲与他言：顺昌之战，时金人上十万人围了城，城中兵甚不多。刘使人下书，约战。虏人笑。是日早，虏骑迫城下而阵，连山铁阵，甚密，不动。刘先以……肉饭犒师，……以所犒一队持斧出，令只掀起虏骑（马甲），斫断马脚。人马都全装，一骑倒，又粘倒数骑。虏人全无下手处。……杀甚多。虏觉得势败，遂遁走"。现据《朱子语类》作如是改动。

话，末段作："但闻多遣轻锐之卒，以大刀斫马足，每斫马一足，则和人皆仆，又有相踩践者。大率一马仆，则从旁而毙不下数十人。"①）

上引这些资料中所说的，全都是宋军用斧或长斧或大刀斫断马足而战胜金军的事，而所战胜的金军，又都是"人马都全装"的"铁骑"，其中自也必然包括有铁浮图和拐子马。因为，既然以上十万的大军作战，而其中竟无劲旅，当然是不可想象的。更何况在杨汝翼、汪若海两人记述顺昌战役的文字中，分明提到金军中的铁浮图和拐子马都已参战，而且都被打败了。既然如此，则说在郾城战役以前，铁浮图、拐子马不曾被宋军打败过，这显然是不符合史实真相的。

（二）

在任何一次规模较大、用兵较多的战役当中，断无只在正面摆布大阵，而不配置左右两翼的道理。拐子马的正确解释既然是左右翼骑兵，则说在郾城战役之后，金人在作战时就不再配置左右翼骑兵，这显然不成道理，正面的大阵如一旦打了败仗，难道也要从此不再设置正面大阵吗！事实上，金国自从发动侵宋之师以来，一直就在使用着所谓"三生阵"，而这"三生阵"就正是包括正面和左右两翼在内的一个统名。石茂良的《避戎夜话》②中有专记此事的一段文字：

> 顷在殿前，见御宝批降到金人三生阵同命队法，令姚仲友以下各陈己见以闻。
>
> 凡敌人遇我师，必布围圆阵当锋，次张两翼，左右夹攻，故谓之三生阵。每队一十五人，以一人为旗头，二人为角，三人为从，四人

---

① 《朱子语类》卷一三六《历代三》，第3240页。编者按：原文作"但闻多遣轻锐之卒，以大刀斫马足。每斫马一足，则和人皆仆，又有相踩践者。大率一马仆，则从旁而毙不下数十人。"现据《朱子语类》作如是改动。

② 《三朝北盟会编》卷九八《诸录杂记》，第721页。

为副，五人为缴。旗头死，从（者）不生还，还者并斩。得胜受赏，亦然。故谓之同命队。

圆阵当锋，两翼夹攻，既为金军经常采用的战术，是不可能因某个局部的一次胜败而从根本上进行改变的。

从南宋的许多史书记载上，在郾城战役之后，也仍可看到，金军在与宋军作战时，还照样在两翼配置精骑，亦即照样使用"拐子马阵"。例如：

《三朝北盟会编》卷二〇五，于绍兴十一年（1141）二月十八日记宋军于柘皋镇大破金军事，说道：

> 兀术率铁骑十余万，分两隅，夹道而阵。……王德麾军济渡，奋勇先登，薄其右隅，贼阵动。……金人以拐子马两翼而进，德率众鏖战，大破之。①

另据《建炎以来系年要录》卷一三九所记这次战役的文字，还可得到一些补充材料：

> 金人以拐子马两翼而进，德率众鏖战。（杨）沂中曰："虏便习在弓矢，当有以屈其技。"乃令万兵各持长斧堵而前，奋锐击之。金人大败。②

可见宋军这次之大破金方的拐子马阵，所使用的办法，和大仪镇、顺昌城诸战役完全相同，是以长斧人阵，"上揕人胸，下斫马足"的。这既可说明，用麻扎刀砍断马足，从而使金的骑兵大受挫败，这并不是岳飞创造发明的一种办法，而是在其前其后全都使用过的；还可说明，岳珂所说，在郾城战役之后，"拐子马由此遂废"，完全是不顾事实的无稽之谈。

---

① 《三朝北盟会编》卷二〇五，绍兴十一年二月十八日丁亥，第1475、1476页。
② 《建炎以来系年要录》卷一三九，绍兴十三年正月丁亥，第2617页。编者按：原文作"金人以拐子马两翼而进，德率众鏖战，（杨）沂中曰：'敌便习在弓矢，当有以去其技。'乃令万兵各持长斧，堵而前，奋锐击之，金人大败"。现据《建炎以来系年要录》作如是改动。

而且，不只是在晚于郾城战役一年的柘皋战役中有拐子马的出现，在郾城战役20多年之后，在宋方的记载当中，仍然说金方使用拐子马参加战斗。如《宋史》卷三六七《李显忠传》所载：

> 孝宗即位，……隆兴元年（1163），……显忠阴结金统军萧琦为内应，请出师自宿、亳趋汴，由汴京以逼关陕；……时张浚开都督府，四月，命显忠渡江督战。乃自濠梁渡淮，至陡沟，琦背约，用拐子马来拒，与战，败之。①

尽管在此以后，"拐子马"一词确实是极少出现了，但是，它之所以极少出现，也仍然不是因为"拐子马由此遂废"，而是因为，这时宋、金军队中的将官与士兵（包括金军中的签军在内），全已换了一代人，在他们的口语和词汇当中，全已不再存在"拐子马"这个词儿，都不再以此称呼金军的两翼骑兵，从而在南宋人的文字记载当中，这一名词也随之而逐渐消失了。

（选自邓广铭：《岳飞传》，人民出版社1983年版，第414—428页）

---

① 《宋史》卷三六七《李显忠传》，中华书局1985年版，第11431页。编者按：原文作"孝宗即位，隆兴元年（1163），……显忠阴结金统军萧琦为内应，请出师，自宿、亳出汴，由汴京以逼关陕。……时张浚开都督府，四月，命显忠渡江督战，乃自濠梁渡淮，至陡沟。琦背约，用拐子马来拒，与战，败之。"现据《宋史》作如是改动。

中国早期火药火器史概观

钟少异

火药是中国古代四大发明之一。中国古人发明火药，包括发明火炸药家族中的鼻祖黑色火药（又称黑火药，泛称火药），以及率先利用黑色火药创造出世界上最早的火器。所谓火器，就是运用火药制成、能够产生燃爆作用的器具，其中最主要的就是用于战争的火药武器。中国早期火药火器的历史，从古人发明火药起到宋元时期创制出一系列早期火器，开启了人类对火药能的利用，引发了世界战争史从冷兵器时代向火器时代的过渡。

一、火药的发明

火药的主要成分是硝石、硫黄和木炭，是由人工按一定比例合成的一种混合物，点火后能够速燃或爆炸。中国古人之所以能够率先合成这种物质并发现其燃爆作用而加以利用，根源于中国古代文明对自然的独特认识和利用。

以农业为基础的中国古代文明，很早就广泛探索利用自然物以保障人的生存，包括解决食物来源、医治疾病，以及满足生活生产的各种需要。其中对自然物医药功能的探索，首先关注植物，神农尝百草的传说是其反映，但很快就扩展到无机的矿物质。先秦时期逐渐形成的"阴阳五行"理论，认为世界万物都由阴阳二气和金、木、水、火、土五种基本物质相生相克、对立统一构成，这是中国古人对自然进行广泛探索的认识结晶，这种观念也极大促进了对无机矿物质医药功能的探索，因为按照这个理论，人的疾病源于阴阳失和，自然要运用金、木、水、火、土的阴阳属性和相生相克原理进行调治，金、土（石）等矿物质在其中占据了重要位置。

战国时期，道家、阴阳家等对阴阳五行理论进行了较深入地探讨和大量阐说，此后这个理论便成为中国古代社会长期占统治地位的自然观。秦汉时期，阴阳五行理论、岐黄之学、神仙方术等相融合产生了炼丹术，包括内丹、外丹两种方法。内丹讲求个体自身精气神的调息锻炼；外丹讲求杂炼矿石草木各种物质以获得具有神效的丹药，通过服食丹药以祛病延年乃至长生不老。两者经常结合在一起。这时道家、阴阳家、神仙方士、炼丹家等又渐趋合流并演变形成道教，炼丹术于是成为道教的主要法术，与传统医学紧密联系，互相影响。在这个过程中，医、道两方面都对无机矿物质的药用功能进行了大量探索。因此，秦汉时期对于后来成为火药主要组分的两种矿物质硝石和硫黄已经有了认识，普遍视之为药物，有关的知识大多见于当时有关医、道的书籍文献中，如《神农本草经》《黄帝内经》和长沙马王堆汉墓出土的《五十二病方》等。

在认识硝、硫的基础上，医家、炼丹家不断改进硝石、硫黄的提炼方法。与此同时，炼丹家为了炼成仙丹神药，极其大胆地把包括硝石、硫黄在内的多种矿物质和一些草木药纳入丹炉加热合炼，而且经常独出心裁地尝试各种不同组配，因此不可避免地发生爆燃甚至爆炸事故。正是在此过程中，炼丹家逐渐发现了硝、硫、炭混合物的爆燃爆炸功能，进而有意识地加以制备利用，从而发明了火药。由于中国古代视硝石、硫黄为药物，炼丹就是炼药，所以这种产生于炼丹术的会爆燃爆炸的混合物就被称为火药。

中国古代炼丹家发明火药，必然经历了长期曲折的过程。目前，中外研究者通过对浩如烟海的有关中国古代道教、炼丹术和医学的文献资料的爬梳分析，已经形成了比较一致的看法，不迟于唐代晚期（公元9世纪），中国炼丹家已经发明了火药，或者说掌握了火药的秘密。因为在这个时期的炼丹术著作中，已经有了以硝、硫、炭为主要组分的炼丹配方，而且出现了关于硝、硫等合烧会爆燃的经验记述，比如说："有以硫黄、雄黄合硝石并蜜烧之，焰起烧手面及烬屋舍者"，"硝石宜佐诸药，多则败药，生者不可合三黄（硫黄、雄黄、雌黄）等烧，立见祸事"。[①]

二、早期火器的创制

炼丹是极其保密的事情，炼丹的配料、方法和成果是炼丹家的大机密。炼丹家发明火药后，起先必然也作为秘密加以保守，之后才渐渐传出得到应用。据《宋史·兵志》《续资治通鉴长编》等文献记载，从北宋开宝三年到咸平五年（970—1002），先后有兵部令史冯继升、神卫水军队长唐福、冀州团练使石普等人向朝廷进献火箭、火毬等火器。这是目前所知关于应用火药创制火器的最早确切资料。中外学人也挖掘提出了一些唐末五代时期（9世纪末至10世纪初）有关火器及其战争应用的资料，但深入分析后都不够确实，[②]所以目前还只能将中国古代创制运用火器的开始时间定在北宋之初（10世纪后期），这也是世界战争史从冷兵器时代向火器时代过渡的开始。从这个时候开始，在宋元时期的300多年中，中国古人创造发展出了多种类型的火器，不断提升火器战争应用的水平。

（一）火药箭

这大概是古人创制的第一种火器，它是在箭矢的前端安装一个小火药包，点燃后用弓弩发射出去纵火攻敌。早在火药发明前，人们就把火攻用的箭矢（用棉麻浸染油脂作纵火物）称为火箭、火矢，火药箭出来后，也经常被称为"火箭"。可见古人最先是利用火药来改进传统火攻器具。宋人还用一种投枪（鞭箭）装上火药包投射纵火，称为"火药鞭箭"。[③]

---

① 编者按：〔唐〕郑思远撰：《真元妙道要略》，《正统道藏》第596册，上海涵芬楼影印本1924年，无页码。（原文脚注：佚名：《真元妙道要略》）

② 钟少异主编：《中国古代火药火器史研究》，中国社会科学出版社1995年版。

③ 〔宋〕曾公亮等撰，陈建中、黄明珍点校：《武经总要前集》卷一二，商务印书馆2017年版，第200页。

（二）火毬

毬是球的古字，火毬就是球状火器。它用松脂、沥青等物和火药团成球，外裹纸、麻为壳，用时点燃，以抛石机发射纵火攻敌。有的火毬中掺入发烟物和有毒药料，以施烟播毒，称为烟毬、毒药烟毬；有的团入铁蒺藜、碎瓷片等物，燃尽后可布障伤敌，称为蒺藜火毬；还有一种火毬，火药里混有碎瓷片，毬中间贯穿一截干竹子，燃烧时竹子爆裂炸响，瓷片可飞击伤人，称为霹雳火毬、霹雳毬。用竹子来助爆，说明火药烈度不够。北宋庆历年间（1041—1048），朝廷编成汇集各方面军事知识的《武经总要》，书中记录了多种火毬及制法，包括三个火药配方（图1），这是迄今见于记载的世界上最早的火药配方。

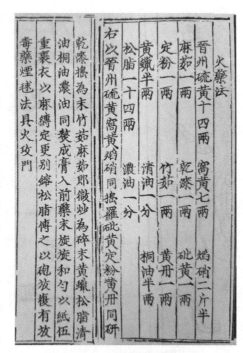

图1　北宋《武经总要》
著录的火药配方

火毬是《武经总要》中记录最多、11世纪时最主要的火器品种，大多属于燃烧性火器，火药最初应用于战争，应是利用其爆燃特性来纵火燃烧攻敌。但古人也开始探索爆炸性火器，霹雳火毬就是一个例子。古人称抛石机为"砲"，发射火攻器具的抛石机又被称为"火砲"，于是用抛石机发射的火毬，也经常被称为"火砲"或"砲"。特别是北宋晚期以后，火毬（按：作者原文"毯"字，疑"毬"之笔误。）之名渐少使用，而普遍将球形火器称为"火砲"或"砲"。

（三）霹雳砲

也称霹雳火砲。北宋末（1126）金军攻汴京，宋军"夜发霹雳砲以击贼军，皆惊呼"。[①]南宋初宋金采石之战（1161），宋军也使用了霹雳砲，以纸为壳，"其声如雷"。[②]12世纪出现的这些霹雳砲，未见有贯穿竹子助爆的记载，可能已是依靠火药爆炸的球形火器，这就是真正的爆炸性火器了。

宋元时期，宋、辽、西夏、金、蒙古各方长期对抗争战，推动了宋朝的火药火器技术在各方中传播扩散，进而形成了各方共同推进早期火器发展的局面。汴京围攻战，宋、金双方都大量使用球形火器，以致出现"火礮（砲）如雨"[③]的情景。12世纪的火砲，既有燃烧性球弹，如沿自北宋前期的各种火毬；也有爆炸性球弹，如北宋后期新出的霹雳砲。宋元时期，用作火器名称的"火砲"和"砲"，都指燃烧性或爆炸性的球弹，主要用抛石机抛射；把重型管形射击火器称为"砲"和"火砲"，是明代初期以后的事，但即使在明清时期，沿袭宋元传统，仍普遍把各种爆炸弹，包括地雷、水雷，称为"砲"。

（四）陶弹

金朝元好问《续夷坚志》卷二载，金大定（1161—1189）末，山西阳曲有猎户用"火罐"炸狐狸，"药火发，猛作大声"。[④]研究者普遍认为，这是在陶罐中装入火药的陶弹。在北方地区的金朝遗址中，曾出土一类小口鼓腹的小陶罐或瓷罐，有的外表做成蒺藜形，许多人称之为陶雷、蒺藜陶弹或瓷蒺藜、瓷雷；但也有研究者认为，这是猛火油罐（这个问题还可继续探讨）。此外，南宋绍兴三年（1133）镇压钟相、杨幺起义时，宋朝水军使用一种"灰礮"，"用极脆薄瓦罐，置毒药、石灰、铁蒺藜于其中，

① 〔宋〕李纲：《梁溪先生文集》卷一七二《靖康传信录中》，《宋集珍本丛刊》第37册，线装书局2004年版，第705页。

② 〔宋〕杨万里：《诚斋集》卷四四《海䖝集》，《宋集珍本丛刊》第53册，线装书局2004年版，第528页。

③ 〔宋〕徐梦莘：《三朝北盟会编》卷六八，靖康元年闰十一月二十三日甲寅，上海古籍出版社2008年版，第518页。编者按：原文作"火砲如雨"，现据《三朝北盟会编》作如是改动。

④ 〔金〕元好问撰，常振国点校：《续夷坚志》卷二《狐锯树》，中华书局2006年版，第25页。

临阵以击贼船，灰飞如烟雾，贼兵不能开目"。[1]这种灰砲又称灰瓶，用于水战也用于攻守城，以抛石机抛掷，陶罐碰击船板或城墙、地面碎裂，沾染毒药的石灰飞扬，迷人眼目，铁蒺藜散布甲板或地面伤敌。这并非火器。有研究者把陆游文中的"毒药"解作火药，认为灰砲是陶壳炸弹，未免牵强。

（五）铁火砲

随着火药性能提升，13世纪初有了重大发展，创造出了铁壳爆炸弹，时人称之为铁火砲、铁砲或震天雷。据记，"其形如匏状而口小，用生铁铸成"；[2]"铁罐盛药，以火点之，砲起火发，其声如雷，闻百里外，所爇围半亩之上，火点著甲铁皆透"。[3]铁火砲是金军首先使用的，宋军、蒙古军随之也制造使用。在13世纪宋、金、蒙古的激烈战争中，铁火砲成为最重要的火器，被各方大量运用。

这种爆炸性火器第一次把高性能火药和金属材料相结合，显著提升了爆炸威力和杀伤力，是现代一切爆炸弹的鼻祖。和早先的非金属质球形火器（火毬、火砲、霹雳砲）一样，铁火砲也用抛石机抛射，有时也可手投使用，比如从城头往下抛掷。近年在重庆合川钓鱼城和奉节白帝城的南宋遗址中，出土了多件铁火砲实物（图2），为生铁铸成，形如圆瓜，高约10厘米，壁厚约1厘米，器口窄小，与文献记载相符。当年宋、蒙曾在四川激烈交战，1259年蒙哥死于攻钓鱼城之役，宋元之际无名氏《钓鱼城

图2　钓鱼城出土的南宋铁火砲

①〔宋〕陆游：《老学庵笔记》卷一，中华书局1979年版，第2页。编者按：原文作"灰砲"，现据《老学庵笔记》作如是改动。

②〔宋〕赵与褣：《辛巳泣蕲录》，《全宋笔记》第七编第二册，大象出版社2018年版，第146页。

③〔元〕脱脱等：《金史》卷一一三《赤盏合喜》，中华书局1975年版，第2496页。

记》记其"为砲风所震",伤重不治而亡。[1]以前都解读为被抛石机所伤。钓鱼城遗址出土铁火砲,可佐证蒙哥也许是被铁火砲炸伤。

(六)火枪

南宋绍兴二年(1132)陈规守德安,用"火砲药"即球形燃烧性火器的火药制成"长竹竿火枪",用以焚烧敌军的攻城天桥。[2]这是把火药装填入管状物(长竹竿)中,靠火药在管子中燃烧的气体压力向前喷射火焰以焚烧敌方战具。因它只是喷射火焰,可以称为管形喷火枪。陈规火枪是管形火器的创始,其出现为探索利用火药燃气压力发射子弹提供了可能性。

但探索以火药作为发射药还是经历了较长时间。金天兴元年(1232),金军创制出飞火枪,"以敕黄纸十六重为筒,长二尺许,实以柳炭、铁滓、磁末、硫黄、砒霜之属,以绳系枪端。军士各悬小铁罐藏火,临阵烧之,焰出枪前丈余,药尽而筒不损"。[3]飞火枪的火药中掺入铁渣子和碎瓷渣,借助火药燃气推力和火焰一同喷出伤人,这是火药发射子弹的开始,是管形射击火器的创始。此后几百年,射击火器发射的子弹主要就是铁滓磁末一类的散弹。南宋开庆元年(1259),就在蒙哥殒命钓鱼城之际,宋人又造出突火枪,"以巨竹为筒,内安子窠,如烧放,焰绝然后子窠发出,如砲声,远闻百五十余步"。[4]其子弹不随火焰一同喷出,可能已采取火药和子弹分层填装,技术又进了一步,威力也比飞火枪更大。宋人又把突火枪、飞火枪等管形射击火器称为突火筒、火筒,在抗击蒙古军的战争中迅速加以推广。蒙古军则在灭金攻宋的战争中很快获得了这些管形射击火器,也大力加以运用。

---

[1] 〔清〕黄廷桂修,张晋生等纂:《(雍正)四川通志》卷四二《艺文·合州钓鱼城记》,《景印文渊阁四库全书》第561册,台湾商务印书馆1986年版,第437页。(原文脚注:《万历合州志》卷一、《古今图书集成·职方典·重庆府》等)

[2] 〔宋〕陈规、汤璹:《守城录》卷四《李横寇德安六十五日引去》,中华书局1985年版,第3页。(原文脚注为:汤璹《德安守御录》)

[3] 《金史》卷一一三《赤盏合喜》,第2497页;《金史》卷一一六《蒲察官奴》,第2548页。

[4] 《宋史》卷一九七《兵志一一》,中华书局1985年版,第4923页。

（七）火铳

在宋金火枪的基础上，元朝时创制出了金属管形射击火器——火铳。这是射击火器发展的一个重要里程碑。元代火铳普遍用铜铸造，有两种类型：一种身管细小，口径也小，装长木柄手持射击；一种身管较粗重，口径较大，安装于木架上发射。明代前期继承了这两类火铳并大力发展，分别称为手铳和碗口铳，它们是现代所有枪炮的鼻祖。

中国国家博物馆收藏的一件元代铜碗口铳，器身上有"至顺三年"（1332）铭文，曾被认为是现存年代最早的火铳。2004年在内蒙古又发现一件铜碗口铳（图3），器身有八思巴字"大德二年"（1298）铭文，这就把元代创制火铳的时间前推到了13世纪晚期。综合上述可见，13世纪是火器史上很重要的一个时期，在这个百年中，火器技术融合了冶金技术，火药与金属材料走到了一起，从而使现代军队使用最多最广的武器——金属壳炸弹和金属管枪炮的鼻祖铁火砲和铜火铳，都在这个百年中相继问世。

图3　元大德二年铜火铳

元人初时沿袭宋人称管形射击火器为火筒的习惯，把火铳也称为火筒，后来才逐渐改称为火铳、铳。"铳"字的读音当时与"筒"字相同，本意是金属筒、金属管，火铳的意思就是喷火的金属筒。从此，火铳、铳便成为中国古代对射击火器最主要的名称，也是包含大小轻重各种射击火器的通称、泛称。明代初期，开始把碗口铳称为砲。山东蓬莱曾出土两门洪武八年（1375）造的铜碗口铳，铭文中都称为"大砲筒"（图4），这是

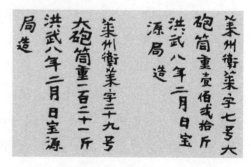

图4　山东蓬莱出土明洪武八年铜铳铭文

中国古代将架射的重型射击火器称为砲（炮）的起始。明代中后期，人们又渐把手铳称为火枪，如明人尹耕《乡约》中绘有一幅《火枪图》，就是一件装柄的手铳（图5）。这样就形成了明清时期射击火器的名称体系：火铳、铳是通称、泛称；砲（炮）、火砲（炮）指重型架射者；火枪、枪指轻型手持射击者。

（八）烟火

与火药进入军事应用差不多同时，中国古人也利用火药制成烟火，用于娱乐。宋元时期，在汴梁、临安、大名府等繁华都市生活引领推动下，烟火业繁荣发展，烟火匠师创出了名目繁多的新奇烟火品种，他们的重要贡献是尝试了对火药能的多种利用和开发。比如：利用火药的速燃特性燃火燃烟制造烟焰效果；利用火药的爆炸特性制成炮仗，取代了传统的爆竹；利用火药燃气

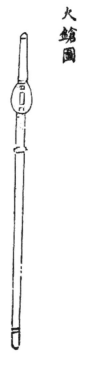

图5　明尹耕《乡约》上的《火枪图》

压力向前喷射烟火，制成筒花、喷筒；利用火药燃气压力向后喷射火焰实现反向推进飞行，制成起火、流星、地老鼠等。宋元时期，烟火技术和军用火器技术存在密切的联系和互相影响，早期火器创制者有的就来自烟火匠师，烟火匠师的一些尝试和创意则对军用火器创制有启发作用，如宋金火枪很可能就受到了烟火筒花的启发。特别是由烟火匠师制出起火、流星、地老鼠等烟火品种，发现了反向推进原理，开创了把火药用作推进剂的路径，这在后来启发了现代火箭技术。但在宋元时期，反向推进式火箭的军事应用还不显著。

中国早期火药火器史是中国也是世界火药火器史的第一个阶段，在这个阶段，火药能的主要利用方式——燃烧、爆炸、发射、推进，都已经被中国古人发现并加以运用。13世纪，通过南宋与阿拉伯的海上丝路贸易和蒙古军西征，中国的火药火器技术传入了阿拉伯地区，进

而传到了欧洲。15世纪前后，欧洲逐渐走出中世纪的黑暗，科学文化苏醒，资本主义萌芽，殖民主义兴起，火药火器受到高度重视，在近代科学工业的基础上得到突飞猛进的发展，对世界历史进程产生了巨大影响。

（原载《文史知识》2021年第10期）

后　记

　　去年，浙江人民出版社筹划推出《知宋》系列书籍，总主编包伟民先生约我承担宋代军事卷，虽然实在诸事缠身，但出于多年老友关系的考虑，我只有允诺。经过半年多的付出，总算完稿。

　　我作为本书的主编，主要做了两方面的工作，即选取论文与撰写导言。其中第一项工作看似简单，其实并不容易，因为百年来的研究论著数量相当庞大，要挑选符合本书主旨的论文还是颇费心思。承蒙我所在西北大学宋辽金史研究院的三位同事（也是我曾经的学生）张明副教授、王军营副教授和贾连港副教授的慷慨参与，按照我们共同商议的类别及标准，借用司马光编纂《资治通鉴》的方式，先选取了六七十篇，然后经过讨论从中选出二十余篇，再请我们的学生帮忙录为电子文档。其间，因字数问题又与编辑多次沟通，几经调整，最终才确定下来。而第二项工作亦具挑战性，因为在有限的篇幅内，既要在对比以往历史背景的基础上，对宋代军事与边防的基本面貌予以概括，还要对百年研究成果加以总结，为此颇耗了一番心力。需要说明的是，受限于篇幅以及版权上的问题，选目难免存在许多遗憾，惟有请读者批评指正。

　　本书所收论文分为三编，各编的按语由张明副教授、王军营副教授和贾连港副教授分别承担。字数虽不多，难度却也不小，三位同仁可谓字斟句酌，几易其稿，方才完成。对他们的辛劳工作，深表感谢！我的三位博士生吴海峰、朱晨鹭、蒲圣同学，对本书所收论文的注释做了核校、增补工作，还有多位同学（因人数较多，恕不一一道出大名）帮忙录入文字，在此一并表示谢意！最后，对各位原著作者慷慨允诺收编其论文，致以衷心的谢忱！

陈　峰

2022年4月于终南山下